인텔리제이
IntelliJ IDEA

자바 프로그래밍 필수 도구

인텔리제이 IntelliJ IDEA – 자바 프로그래밍 필수 도구

ⓒ 박상도, 2024

초판 1쇄 발행 2024년 4월 8일

지은이   박상도
펴낸이   이기봉
편집   좋은땅 편집팀
펴낸곳   도서출판 좋은땅
주소   서울특별시 마포구 양화로12길 26 지월드빌딩 (서교동 395-7)
전화   02)374-8616~7
팩스   02)374-8614
이메일   gworldbook@naver.com
홈페이지   www.g-world.co.kr

ISBN   979-11-388-2923-6 (13000)

인텔리제이
IntelliJ IDEA

자바 프로그래밍 필수 도구

Give me six hours to chop down a tree
and I will spend the first four sharpening the axe.

- Abraham Lincoln -

소중한 _____ 님, 감사합니다.

_____

.   .   .

목차

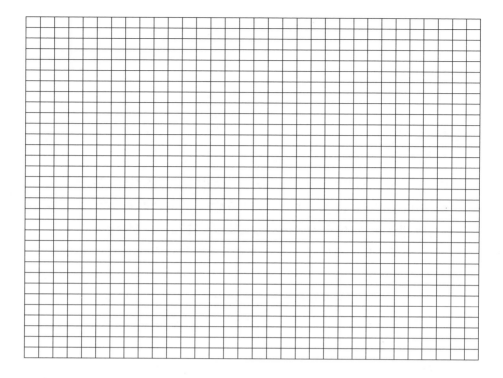

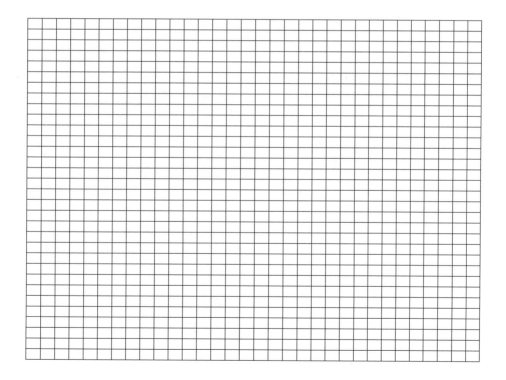

서문

지은이의 말

많은 개발자들이 인텔리제이가 좋다고 말하지만, 무엇이 좋다고 시원하게 알려주는 사람이 없었다. 인텔리제이를 배우라 하면서 정작 어떻게 사용하는건지 시간내 보여달라 하면 시원하게 보여주는 사람이 없었다. 목 마른 자가 우물을 판다고, 약 5년 전 아무것도 모르는 상태에서 인텔리제이 연습 영상을 '개발라디오' 유튜브 채널에 올렸다. 누구도 보지 않을 것 같았으나 첫 영상에 무려 2만 3천명이 낚여 미안한 마음이 들었다. 정말 아무것도 몰라 메뉴 버튼을 하나 하나 누르고 감탄하는 아주 초보적인 영상이었다. 아무래도 이대로는 안되겠다는 생각을 했고, 기어이 책을 쓰자는 생각에 다다랐다. 최초의 엉터리 유튜브 채널 A/S 교재 발행이라 생각한다.

지금은 인텔리제이를 사용하지 않던 시절을 생각하기 어려운만큼 많은 기업과 개발자가 인텔리제이를 사용하고 있다 생각한다. 구글이 안드로이드 프로그램 개발도구를 '안드로이드 스튜디오'로 바꾼 일이나, 젯브레인사의 '코틀린' 언어가 많은 개발자들로부터 사랑받고 있음은 굳이 자료를 보이지 않아도 될만큼이 되었다.

이 책은 프로그래밍을 공부하기로 다짐한 초급자부터 인텔리제이의 기능을 모조리 끌어다 사용해보고 싶은 전문 사용자까지 모두 만족할 수 있도록 3라운드로 작성하였다. 책을 추천할 때, 보통 세 번은 보라 권하는데, 한 권을 읽고 세 번 본 것 같이 만들어보자는 생각을 했다.

1라운드는 가볍게 설치와 구성을 살펴보고, 폰트와 테마 설정으로 마음에 드는 인텔리제이를 만들어보는 과정으로 했다. 간단한 설정과 단축키를 살펴보면서 익숙해지는 과정을 담아냈다. 2라운드는 익숙해진 인텔리제이의 필수 기능을 소개하고 드러나지 않은 기능이나 단축키가 지정되지 않은 기능을 빠르게 불러내고 사용하는 방법까지 담아내려고 노력했다. 특히 리팩토링 기능은 코드의 위치마다 적합한 리팩토링이 제안되는 인텔리제이의 스마트한 기능 덕에 가능한 많은 기능을 찾아 소개해보고자 노력했다. 3라운드는 꼭 알아야 하는 추가 기능과 문제 발생시 대응할 수 있도록 설정관련 내용을 강화했다. 새로 시작되는 젯브레인의 인텔리제이 'A.I. Assistant' 기능도 Github Copilot과 함께 미리 경험하며 담았다.

한 권으로 입문서부터 기술서까지 경험하는 효과를 기대한 의도가 잘 전달하고자 고민하고 노력한 시간을 뒤로 한 채, 이 책을 만난 모든 이가 인텔리제이를 훌륭한 도구로 잘 활용할 수 있게 되기를 바란다.

< 서문 >

Thanks To

먼저 이 책이 NULL 상태에서 0으로 시작되어 1이 되는 마무리 단계까지 '책은 잘 진행되고 있나요?'로 압박과 응원을 동시에 전한 오시영 님과 베타 리뷰와 추천사에 기꺼이 응해주신 강대권 님, 김은호 님, 김지헌 님, 나민성 님, 문혜영 님, 박명철 님, 박성철 님, 신형기 님, 오시영 님, 이광운 님, 이수훈 님, 임지연 님, 장회수 님, 전홍 님, 주환석 님 모두 감사합니다.

개발자라는 직업을 시작하고 책 한 권이 나올 때까지 길고 긴 시간동안 많은 분들의 도움이 있었습니다. 특히 개발자 커뮤니티 활동을 통해 만나 단지 개발자라는 이유만으로 도움 주신 많은 분들의 선한 동기와 노력이 담긴 공헌은 늘 마음속에 담고 있습니다. 가장 먼저 이 책이 전달될 수 있도록 놓치지 않겠습니다.

감사합니다.

2024년 3월
박상도

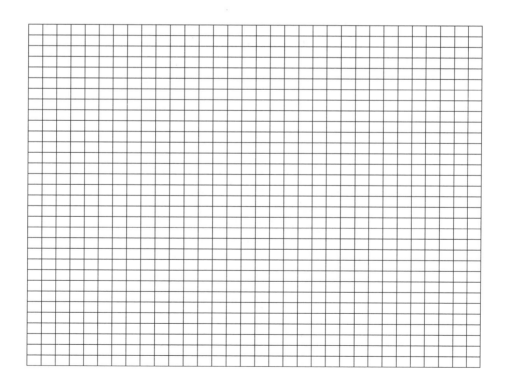

베타리더 리뷰와 추천사

강대권 / 쿠팡

인텔리제이의 기초 사용법부터 고급 사용법까지 저자의 풍부한 경험이 책에 녹아 있어 자신만의 능력으로 활용할 수 있을 것입니다. 인텔리제이를 선호하는 이유는 개발 생산성 측면에서 그 뛰어난 성능 때문입니다. 이런 이유로 빅테크 기업 중에서는 인텔리제이를 사용하지 않는 곳을 찾기가 더 어려울 것입니다.

인텔리제이의 기본 사용법만 익히더라도 기존보다 효과적인 개발이 가능해지며, 고급 코드 분석 및 리팩터링 도구, 스마트 코드 완성, 문맥에 맞는 제안 및 신속한 수정을 통해 코딩 생산성을 크게 향상시킬 수 있습니다. 인텔리제이를 도입하여 이러한 효과를 누리고자 하는 분들에게는 이 책을 적극 추천합니다.

김은호 / 엑스트라이버, 패스트캠퍼스 강사

처음 가는 길은 누구에게나 낯설고, 어렵게 느껴지기 마련입니다. 이제 겨우 개발 도구를 선택하고 사용하려는 순간에도, 하다 보면 옆에 물어볼 친구가 있으면 좋겠다는 생각이 들곤 합니다. 이 책이 처음 인텔리제이를 시작하는 독자분들께 2024년 최신 꿀팁을 귀띔해 주는 편안한 친구로 다가갈 수 있기를 바랍니다.

김지헌 / 컬리

'퀵(Quick)! 퀵! 퀵!' 누군가에게 설명하는 것에 익숙하지 않았던 주니어를 갓 벗어나기 시작한 시절에 갓 자바 프로그래밍 교육을 마치고 팀에 합류한 신입직원에게 거칠게 외치며 반복적으로 내뱉었던 순간이 떠오릅니다. IDE가 제공하는 "Quick Assist"를 활용하지 못하는 답답함에 짜증을 내었던 과거의 저를 떠올리며 반성합니다. 지금은 그렇지 않습니다. 짜증을 드러내지 않고 부드럽게 이야기할 수 있습니다. 개발자라면 익숙하게 다룰 수 있는 IDE 하나는 가지고 있어야 코드 생산성을 높일 수 있습니다.

이 책은 '조금 과하다' 싶을 만큼 인텔리제이가 제공하는 다양한 기능을 세세하게 소개합니다. 하지만 '호오? 이런 기능도 있었네?'라고 훑어봤습니다. 비싼 금액을 지불하고 쓰는 개발도구이니, 이왕이면 비용 이상의 효능을 뽑아내길 바랍니다. 이 책을 통해 그 값어치를 뽑아낼 수 있는 촉매로 활용하시길 바랍니다. 저도 'Tip of the day'와 'Search Everywhere'를 통해 반복적으로 새로운 기능과 단축키를 익힙니다.

< 서문 >

나민성 / 일본 IT 개발자

'나는 인텔리제이를 제대로 활용하고 있다'고 말할 수 있는가'. 이런 의문을 가진 분들에게 이 책을 꼭 추천하고 싶습니다. 우리가 무엇을 모르는지 알게 되면, 그때부터 배움의 여정이 시작됩니다. 하지만 무엇을 모르는지조차 모르는 상태라면, 그 첫걸음조차 내딛기 어렵죠.

이 책은 바로 그 시작점을 제공합니다. 인텔리제이를 통해 더욱 효율적으로 개발하고 싶지만, 어디서부터 시작해야 할지 막막한 분들에게 길잡이가 되어줄 것입니다. 이미 인텔리제이를 사용하는 개발자들에게는 더 깊이 있고 풍부한 활용 방법을 찾는 데 있어 체크리스트와 같은 역할을 할 것입니다.

문혜영 / 부릉

때로는 인텔리제이를 사용하더라도 모르는 기능들을 찾기 위해 메모장이나 인터넷 검색을 하는 경우가 있어요. 또한, 단축키 설명만 있는데 그 기능이 무엇인지 이해하기 어려울 때도 있어요. 하지만 이 책은 캡처와 자세한 설명으로 기능을 직관적으로 알려주어요. 그 결과, 제가 사용하는 도구에 대한 지식과 이해가 높아졌어요!

박명철 / 오토플러스

IDE 툴을 사용하면서 종종 나만 뒤처진 것 같은 느낌을 받곤 했습니다. 주변에서는 마치 예술 작품처럼 자신만의 개성을 IDE에 녹여내는 동료들을 보며, 나 역시 그런 개성을 표현하고 싶었지만, 어디서부터 시작해야 할지 막막했습니다. 이 책을 만나기 전까지는 말이죠. 이 책은 제가 필요로 했던 바로 그 안내서였습니다.

복잡하고 방대한 설명 대신, 각 설정에 대한 명확하고 실용적인 예시와 설명이 담긴 이해하기 쉬운 분량으로 구성되어 있어 처음부터 끝까지 부담 없이 읽을 수 있었습니다. 저만의 개성을 IDE에 반영하는 방법, 그동안 모르고 지나쳤던 유용한 기능들을 발견하게 해주며, 마치 보물찾기를 하는 듯한 즐거움을 선사했습니다. 나만의 화면 구성과 단축키를 고민하고 설정하는 과정에서, '나만의 개발 환경을 만드는 것'이 무엇인지 깨닫게 해준 책입니다.

이 책을 통해, 저처럼 자신의 IDE 환경에 개성을 더하고 싶지만 어떻게 해야 할지 몰랐던 개발자들이 자신만의 개발 공간을 만들어가는 데 큰 도움을 받을 수 있을 것입니다.

박병률 / 유쾌한 스프링방

슈퍼 개발자가 되라는 말씀으로 받아드리고 열심히 정진하겠습니다. 책의 빈 공간은 오목을 위한 모눈종이를 넣어주세요.

박성철 / 컬리

개발자를 포함해서, 기술을 몸에 익혀서 어떤 일을 하는 사람의 역량은 그 기술에 숙달되면서 점차 향상됩니다. 처음에는 성장 속도가 느리지만, 꾸준히 노력하면 점차 빨라지면서 기술을 능숙하게 다룰 수 있게 됩니다. 하지만 이렇게 숙달되는 것으로는 끝없이 역량이 향상되지 못합니다. 언젠가는 그 기술에서 얻을 수 있는 효용성의 끝에 다다르게 됩니다. 그때는 다른 기술로 갈아타야 하지요. 그리고 다시 숙달의 과정은 시작됩니다.

오랫동안 이클립스에 가려서 빛을 못 보던 인텔리제이 아이디어가 요즘은 자바 개발자 사이에 지배적인 IDE로 자리매김했습니다. 그런데 정작 이 도구를 잘 쓰는 방법을 충실하게 설명한 자료를 찾으려면 마땅히 눈에 띄는 것이 보이지 않습니다.

이 책은 이미 기존 이클립스에 익숙하지만, 더 나은 IDE를 찾는 사람, 인텔리제이를 막 사용하기 시작한 사람, 사용하기는 하지만 기본적인 사용법만 파편적으로 익혀서 쓰고 있는 사람, 좀 더 깊이 알고 싶은 진지한 사람 모두에게 도움이 되도록 독특한 방식으로 구성되어 있습니다. 책을 읽는 분은 자신에게 맞는 위치로 바로 이동하거나 앞부분은 대충 훑고 지나고도 좋습니다. 핸드북처럼 늘 옆에 두고 수시로 참고해도 좋고요.

따라 하기가 아닌 주제별 설명 방식인데도 딱딱하지 않고, 깔끔하고 친절하게 작성되어 가벼운 마음으로 기분 좋게 읽을 수 있습니다. 저자가 기울인 정성이 느껴집니다.

신형기 / 하나투어

처음에는 인텔리제이의 방대한 기능에 압도될 수 있지만, 이 책을 통해 필요한 기능을 쉽게 찾아 활용할 수 있게 될 것입니다. 저도 처음에는 필요한 기능을 찾기 위해 여러 곳을 봐야 했지만, 이 책 덕분에 많은 기능들을 한눈에 파악하고, 심지어 제가 이름을 기억하지 못했던 유용한 기능도 쉽게 찾아 사용할 수 있게 되었습니다.

이 책을 읽으면서 옆자리 동료와 새로운 단축키를 공유하는 재미도 쏠쏠합니다. 동료의 반응이 너무 좋아서, 인텔리제이를 사용하는 모든 이들에게 이 책을 자신 있게 추천드립니다.

< 서문 >

오시영 / 코딩하러 오시영, KSUG

IDE로서 인텔리제이는 코드 작성, 디버깅, 테스팅, 버전 관리 등 개발 과정의 다양한 단계를 통합하는 인터페이스를 제공함으로써, 개발자의 작업 흐름을 원활하게 하고 생산성을 극대화하는 필수적인 도구입니다. 이 책은 인텔리제이의 기능을 단순히 나열하는 것을 넘어, 저자의 실무 경험을 통해 얻은 깊은 이해를 바탕으로 개발 과정에서 꼭 필요한 기능과 팁을 풍부하게 소개합니다.

책이 제공하는 주요 가치는 경험 기반 학습입니다. 저자는 인텔리제이의 다양한 기능을 자신의 경험을 통해 필터링하여, 실무에 직접 적용할 수 있는 핵심 기능과 실용적인 팁을 제공합니다. 이를 통해 독자는 이론적 지식을 넘어 실제 프로젝트에 바로 적용할 수 있는 실질적인 인사이트를 얻게 됩니다. 아울러, 실무 중심으로 기능을 소개합니다. 이 책은 개발 과정에서 필수적인 기능인 코드 작성, 디버깅, 테스팅, 버전 관리 등을 중점적으로 다루며, 이러한 기능을 효과적으로 활용하는 방법을 소개합니다.

아직 인텔리제이를 사용해보지 않은 개발자에게 이 책은 학습 곡선을 낮추는 데 도움이 되며, 인텔리제이의 기능을 체계적으로 이해하는 데 필요한 첫걸음이 됩니다. 이미 인텔리제이를 사용하고 있는 개발자들에게도 유용한 팁과 고급 기능을 소개하여 개발 생산성을 한 단계 향상할 기회를 제공합니다. 이 책은 인텔리제이를 통해 개발 효율성을 극대화하고자 하는 모든 개발자에게 권장됩니다. 저자의 경험에서 우러나온 실무 중심의 접근 방식은 개발자가 자신의 작업 방식을 개선하고, 더 나은 개발 결과를 달성하는 데 큰 도움이 될 것입니다.

이광운 / 트렌비

저자를 처음 만난 것은 'SLiPP 스터디' 모임이었습니다. 저자와의 첫 만남에서도 동료 개발자에게 도움이 될 수 있는 '지식'을 '책'으로 만드는 것에 굉장한 관심과 노력을 하고 있다는 것을 느낄 수 있었습니다. 이 책은 바로 저자의 이런 관심과 노력의 첫 결실이라고 할 수 있습니다. 이 책은 단순히 인텔리제이의 메뉴와 기능을 나열하는 것을 넘어, 독자에게 보다 깊은 이해와 활용을 제공합니다. 저자는 자신의 풍부한 경험을 토대로 인텔리제이의 각 기능과 메뉴를 세심하게 설명하고 있습니다.

마치 '여행 가이드'가 관광객에게 친절하고 상세하게 가이드해주는 것처럼, 독자가 인텔리제이를 사용하며 평소에 놓치거나 간과할 수 있는 부분을 강조하고 있습니다. 특히, 인텔리제이와 관련된 유용한 외부 자료도 함께 제공하여 독자가 더욱 실용적인 지식을 얻을 수 있도록 도와줍니다. 더불어 저자의 실무 경험에서 나온 팁은 독자가 인텔리제이를 더욱 효율적으로 활용하는 데 도움이 될 것입니다. 인텔리제이를 처음 다루는 초보 개발자부터 저처럼 이미 인텔리제이를 잘 활용하는 개발자까지 모두에게 유익한 정보를 제공하며, 소프트웨어 개발에 있어 이제는 필수 도구인 인텔리제이를 보다 깊이 이해하고 활용할 수 있도록 도와줍니다. 만일 여러분들이 인텔리제이를 사용하고자 한다면, 이 책은 당신의 개발 여정을 더욱 풍요롭게 만들 것입니다.

이수훈 / 리브애니웨어

처음 읽었을 때 분량에 깜짝 놀랐다. 어느 메뉴얼도 이보다 더 상세하기 힘들 것 같다. 10여 년 전부터 Jetbrains 제품을 사용하며, 인텔리제이와 친해지기 위해 단축키를 적극적으로 사용하였다. 인터넷 자료를 참고하며 배웠고, 경험이 쌓이다 보니 주변인이 내게 팁 같은 것을 알려달라고 요청했었다. 막연하기에 그냥 유튜브 찾아보라는 식으로 넘기고 했었는데, 이제는 이 책을 책장에 두고 함께 할 것을 권하고 싶다. 제품을 하나하나 다 뜯어 본 느낌이다.

나에게 인텔리제이는 하루 중 가장 많은 시간을 함께하는 도구다. 이 책을 책장에 두고 인텔리제이의 기본기를 충실히 훈련한다면, 새로 출시되는 인텔리제이의 모든 기능과 플러그인의 조합으로 자신만의 인텔리제이를 무기로 만들 수 있을 것이다.

임지연 / 코딩열차 유튜브채널 / 라일락

코드 에디터는 단순한 도구를 넘어 개발자의 생산성과 효율성을 결정짓는 중요한 역할을 합니다. 코드 에디터를 효과적으로 "잘" 사용하게 된다면 처음에는 작은 차이로 보일 수 있지만, 시간이 지나면서 개발 경험과 그 결과물에 큰 차이를 만들어내는 것을 우리는 종종 목격할 수 있습니다. 이 책은 인텔리제이를 단순히 '사용'하는 것을 넘어서, 다양한 작업을 효율적으로 수행하며 개발자 스스로가 개발 능력을 한 단계 업그레이드하며 성장할 수 있도록 도와줍니다. 이 책과 함께 인텔리제이의 깊고 넓은 기능을 탐험하고, 자신만의 작업방식을 개선하여 여러분의 개발 여정이 한층 더 발전하기를 진심으로 바랍니다.

장회수 / 올리브영

AI가 코드를 도와주고 Copilot이 개발을 도와주는 도구가 창궐하는 이 시기에 개발 툴 책인가? 할 수도 있습니다. 그러나 개발자가 Notepad로 개발하는 시기부터 각종 에디터 툴로 발전했고, Eclipse를 통해 개발자들이 IDE(통합개발환경)에 익숙해졌으며 IntelliJ라는 툴이 등장하며 MS 개발 솔루션을 제외한 시장은 Jetbrains이 평정했다고 생각합니다. 개발자가 본인의 영역에서 개발 생산성을 돕고 협업을 가능하게 하며 최신 트렌드를 반영하는 친절하고 파워풀한 도구인 IntelliJ를 잘 사용하면 본인의 생산성에 큰 도움이 될 것입니다. 그런 관점에서 이 책은 개발 툴 사용을 충실하게 설명하고 저자가 삽질하고 배워나간 흔적을 잘 기술했다고 생각합니다.

개발자와 개발팀의 생산성을 높이기 위한 훌륭한 가이드가 되길 바랍니다. 개발을 처음 접하는 분들도 이 툴을 어떻게 사용해야 하는지 수많은 메뉴에 대해 알게 되는 계기가 되어 더 좋은 개발자로 성장할 수 있길 응원합니다.

< 서문 >

전홍 (피로곰) / 모두의프린터

IDE의 사용법은 개발 언어 강의에서 다루는 기본적인 부분으로 얻는 경우가 많습니다. 코드 작성과 빌드 부분의 일부 지식으로 충분할 수 있으나, 현대의 통합개발환경은 생각보다 많은 마법의 지팡이를 개발자에게 제공하고 있습니다. 그 중 젯브레인사의 IDE 제품군은 전 세계적으로 가장 유명하고 많이 사용하는 개발 툴로 주옥같은 라인업을 자랑합니다. 그 가운데 많은 사용자를 확보한 인텔리제이를 설명하는 책 입니다.

생산성 높은 개발을 위해 IDE를 얼마나 잘 사용하느냐는 단축키 활용을 얼마나 잘 활용하는가라 생각하는데, 이 책은 모든 설명을 단축키를 기반하여 제공하기에, 단순한 설명을 넘어 실 사용하는 실무자로서 가지게 된 비결이 녹아 있는, 정말 다양한 케이스에서 유용할 활용법을 담고 있습니다. 또한 한 번에 전체를 살펴보기도에도, 두고두고 찾는 참고서의 목적으로도 부담 없이 읽을 만한 책이라 생각합니다.

주환석 / 키다리스튜디오

많은 개발자가 인텔리제이를 기본으로 쓰고 있지만 잘 활용하는 사람은 드물다. 개발할 때 IDE를 통해서 어떤 도움을 어떻게, 어디까지 받을 수 있는지 몰라서 그런 게 아닐까 싶다. 이 책은 단순하게 제공하는 기능의 나열이 아니라 실무에 자주 사용하는 기능들 위주로 설명이 되어 있어 인텔리제이를 사용하면서 궁금했던 부분들을 많이 해소할 수 있었다

인텔리 제이를 처음 접하는 사람들은 물론이고 인텔리 제이를 사용하면서 기본적인 기능은 어느 정도 알겠는데 추가로 어떤 기능들이 있고 어떻게, 얼마나 활용할 수 있는지 궁금한 사람들한테 적극 추천한다. 이 책을 통해 개발 생산성이 많이 높아질 것이라는 확신이 든다.

이 책이 라면 받침대로 쓰이기보다는
오목게임에라도 쓰임이 생기길 바라는 마음을 담아
책의 빈 공간에 모눈종이를 담아 드립니다.

많은 사람의 손에서 이 책이
너덜너덜 해질 때까지 읽히기를 바라는 간절한 마음입니다.
소중한 이와 오목을 둘 수 있는 기회로 쓰이길 바랍니다.

들어가며

단축키 표시 방법

맥OS MacOS

Cmd = Command	Opt = Option	Ctrl = Control	Shift = Shift

윈도우 리눅스 Win / Linux

Ctrl = Control	Alt = Alt	Shift = Shift

공통

BS = Backspace	Up	Down	Left	Right

《 윈도우 & 리눅스 단축키 :: 맥 단축키 》 or 《 공통 단축키 》

《 와 》 사이에 단축키를 적으며, 앞에 윈도우와 리눅스 OS의 단축키를 적고, 뒤에 맥 OS의 단축키를 적는다. 같은 경우 한 번만 표시한다. 혼동을 방지하기 위해, 각각 Ctrl, Alt, Shift와 Cmd, Ctrl, Opt, Shift 순으로 기재한다. 화살표 키는 방향에 따라 Up, Down, Left, Right로 기재한다.

예시 《 Ctrl + Alt + Shift + 1 :: Cmd + Ctrl + Opt + Shift + 1 》

> Tip : 단축키 설정에 앞서
>
> 키 배열에 의해 차이점은 있을 수 있으므로, 반드시 매칭되는 것은 아니지만, 윈도우의 Ctrl과 Alt는 맥의 Command와 Option과 대부분 매칭된다. 책의 모든 단축키는 설명 부분에 함께 표시하겠으나, 혹 누락되는 단축키는 쉽게 유추할 수 있다. OS에 맞는 키맵을 출력해두는 것도 방법이다. 다만, 윈도우의 단축키를 맥에서 사용할 수 있도록 맵핑 하거나, 반대로 맥의 단축키를 윈도우에 매핑하는 일은 추천하지 않는다. 아울러, 익숙하다는 이유로, 이클립스의 키맵을 인텔리제이에 적용하는 일은 하지 않기를 간곡히 부탁한다. 더 오래 혼란이 지속될 뿐이다. 혼용해서 사용할 경우 단축키 동작으로 인한 오동작이 오히려 문제를 만들 수 있다. 특히 협업에 치명적일 수 있다.

< 통합개발환경 IDE >

통합개발환경 IDE

IDE(Integrated Development Environments)는 '통합 개발 환경'으로 번역될 수 있다. 소프트웨어 개발이 필요한 코드 편집, 디버그, 컴파일, 실행, 배포를 하는데 도움을 주는 도구나 기능을 제공한다. 주로, IDE라고 약칭하며, 프로그래머가 코드를 작성할 때 필요한 기본 편집 기능과 개발 진행 단계에 필요한 각 도구와 기능을 통합하여 GUI 환경에서 제공하는 목적의 응용 소프트웨어 혹은 프로그램이라 할 수 있겠다.

> 코딩 – 컴파일 – 실행 – 배포의 전 과정에 활용되는 통합개발환경 IDE

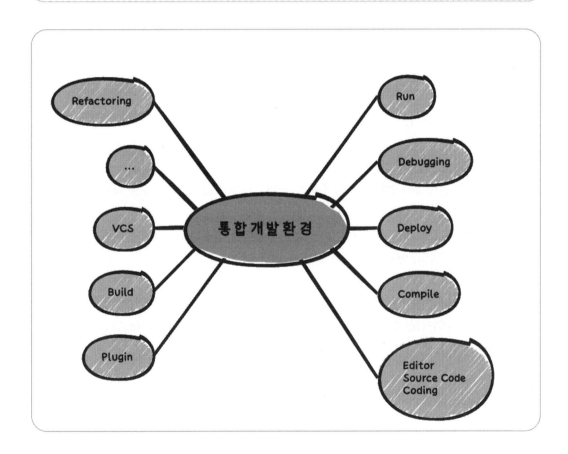

통합개발환경의 주요 기능

IDE(Integrated Development Environments)의 주요 기능을 살펴보자.

코드 편집기(Editor) : 코드를 작성하고 편집하는 기능이다. 빠르게 혹은 정확하게 코드를 작성하는 목적으로 코드 하이라이팅, 자동 완성, 들여쓰기(혹은 포맷 자동 지원) 등 많은 보조 기능을 제공한다.

디버거(Debugger) : 코드를 작성하고 실행하는 과정에서 생기는 버그를 찾고 감시하고 수정하는데 필요한 기능을 제공한다. IDE를 사용하는 가장 강력한 이유가 되는 기능이다.

컴파일러(Compiler) 혹은 인터프리터(Interpreter) : 소스 코드를 실행이 가능한 파일로 컴파일(변환)하거나, 바로 실행할 수 있는 인터프리터 언어의 코드를 실행하는데 사용하는 기능이다.

빌드 도구(Build Tools) : 소프트웨어를 빌드하고 배포하는 과정에서 필요한 기능을 제공한다.

VCS (버전관리시스템) 통합 : 소스코드의 버전 관리시스템(Version Control System)이 대부분의 IDE에 통합되어 있어 협업에 도움을 주며, 대부분 Git을 기본으로 사용하는 추세다.

프로젝트 관리 : 프로젝트를 구성하는 여러 파일과 폴더를 관리하고 구조화하여 코드 작성부터 라이브러리 통합, 빌드, 배포에 문제가 없도록 한다.

확장 기능 : IDE 마다 용어는 다를 수 있지만, 플러그인(Plugin) 혹은 추가(Add-On)를 통해 사용자가 원하는 기능을 추가하거나 확장한다. 외부에서 플러그인을 구하거나 혹은 사용자 스스로 기능 확장을 진행할 수 있도록 플러그인 개발 툴을 제공하기도 한다.

결국 IDE는 사용자가 선택한 프로그래밍 언어와 개발 환경에 대해 지원하며, 동시에 생산성 향상을 위한 다양한 지원을 하는 소프트웨어라 할 수 있겠다.

< 통합개발환경 IDE >

통합개발환경의 종류

특정 프로그래밍 언어를 지원하는 IDE 뿐 아니라, 다양한 언어를 지원하는 IDE도 있다. 비주얼 스튜디오와 이클립스를 대표적인 예로 들 수 있는데, 이클립스는 기본적으로 자바를 지원하는 것으로 여기기 쉬우나 대중적인 C, C++, Python, PHP는 물론이고 Perl, Ruby, Fortran, Cobol도 플러그인 형태로 추가하여 설치 가능하다.

선택의 영역이기에 선호하는 IDE를 선택하여 사용하면 되지만, 가장 대중적이고 알려진 IDE 를 소개하면 비쥬얼 스튜디오, 비쥬얼 스튜디오 코드, 이클립스, 인텔리제이가 있다.

공통점으로는 다양한 개발 언어를 지원하는 것과 플러그인을 지원하여 확장된 기능을 추가로 수행하는 점이다. IDE의 역할에 모두 충분하지만 각각의 특징을 살펴본다.

이클립스와 인텔리제이는 자바 언어 진영의 개발자에게 주로 사용되고, 비주얼 스튜디오(코드) 는 주로 마이크로소프트(MS) 진영의 개발자가 사용한다. 그러나 반드시 지켜야 하는 정해진 법은 아니니 언어와 프로젝트 환경, 개인의 성향이나 선호에 따라 선택하면 된다.

인텔리제이의 라이선스는 무료(Community 버전)와 유료인 상용(Ultimate 버전)이 있다. 강력한 자동 완성 및 리팩토링을 지원한다. 아울러, 스마트 코드 분석 및 디버깅을 지원한다. 아직 무슨 뜻인지 알 수 없겠지만, 곧 이클립스와의 비교 과정을 거쳐 알 수 있게 되리라 생각한다. 자동 완성 기능을 통해 코드 검사가 작동된다. IDE인 만큼 다양한 언어 및 프레임워크를 지원하며, Git을 중심으로 버전 관리 시스템 기능이 통합되어 있다. 책의 후반부에 설명하겠지만, 플러그인으로 할 수 있는 많은 일로 하여금 인텔리제이를 더욱 막강하게 작동하는데 기여한다.

	Visual Studio	Visual Studio Code	Eclipse
라이선스	상용	무료	오픈 소스
특징	.NET/C# 개발 지원 웹&애플리케이션 개발 Azure 클라우드 통합 풍부한 GUI 디자인 도구 Azure DevOps 통합	텍스트 에디터 Git 통합 다양한 테마 커스터마이징 통합 터미널 풍부한 플러그인	Java 개발 지원 다양한 언어 및 프레임워크 지원 개발자 커뮤니티 지원 풍부한 개발자 생태계

< 통합개발환경 IDE >

이클립스 VS 인텔리제이

'훌륭한 목수는 연장 탓을 하지 않는다.'라는 말이 있다. 하지만 잠시 그 생각을 내려놓기로 하자. 훌륭한 도구가 있다면 굳이 무료라는 이유로 기존의 도구를 고집 부릴 이유는 없다. 이클립스(Eclipse)는 훌륭한 무료 개발 도구이며, 다양한 개발 언어와 환경을 지원하는 범용 개발도구 플랫폼이다. 그러나 잘 만들어진 소프트웨어에 합당한 사용료를 지불할 의향이 있다면 젯브레인(JetBrains)사의 인텔리제이(Intellij)를 사용할 수 있다.

이 책을 보고 있다는 것은 이미 프로그래밍 언어를 배웠지만 더 많은 내용을 쉽게 배우고 간접 경험하고자 함일 것이다. 어느 정도의 책 가격을 지불하고 저자의 경험과 지식이 담긴 책을 구입함으로 프로그래밍 능력과 생산성을 끌어올리려는 기대가 있을 것이다. 그만큼 가치의 교환으로 주어지는 상품이 기대에 합당한 만족을 주지 못한다면 더 이상 시장에서 버틸 수 없는 것으로 본다. 그런 맥락에서 약 23년 동안 독보적 지위로 살아남아 지금까지 IDE(통합개발환경)의 대표 선수로 국내외 많은 개발 회사에서 사용되고 있음은 그 어떤 수식어구가 필요할까 싶다.

이 책을 읽는 독자는 자바 혹은 코틀린 언어에 대한 관심 혹은 경험과 이클립스에 대한 어느 정도의 경험이 있다는 것을 전제하고 있다고 가정했다. 프로그래밍을 배울 때 처음부터 인텔리제이를 통해 입문하는 경우도 많다는 이야기를 지인을 통해 전해 들었다. 최근 온라인 프로그래밍 교육 사이트에서 인텔리제이 사용을 기본으로 전제하고 강의 내용을 진행하는 것도 종종 목격된다.

이클립스에 대한 소개와 특장점을 먼저 짧게 소개하고 인텔리제이를 소개하는 순으로 구성하였다. 이클립스와 인텔리제이의 대표적인 차이점을 살펴보고, 각각의 특징과 장점을 살펴보자. 개발을 위한 필수 설정과 유용한 플러그인 설치를 통해 IDE라고 하기에 부족함이 없음을 살펴보기로 한다. 이클립스에 대한 정보를 높은 수준으로 충분히 알고 있으며, 인텔리제이에만 관심이 있다면 다음 장으로 바로 넘겨도 좋다.

IDE의 예제로 살펴보는 이클립스

자바 개발을 배우다 보면 처음에 대부분 무료로 사용 가능한 IDE인 이클립스(Eclipse)를 만나게 된다. 개발에 필요한 기능이 모두 담겨 있음에도 무료로 사용할 수 있다는 장점도 크지만 너무나 많은 기능을 한번에 만나게 되어 혼란스럽다는 것은 초보자에게 단점으로 작용한다.

IDE의 주요 기능 중 하나인 코드 자동완성 기능 때문에 오히려 학습에 방해가 될 수 있다는 이유로 프로그래밍 언어 습득 초기 단계에는 단순 편집 기능만 제공되는 텍스트 에디터로 진행하기를 권하기도 하는데 빠르게 지나가자. 오토바이를 배우는데, 자전거는 큰 도움이 되겠지만, 자전거를 고집하면 안된다.

어떤 선택을 하여 무엇으로 시작하였든 한 번은 알고 지나가면 도움되므로, 빠르게 지나가고, 바로 이클립스를 살펴보자. 이클립스를 살펴보며 동시에 IDE에 바라는 기능을 살펴보거나 혹은 IDE가 당연 갖추어야 할 기본 기능에 관한 관점을 습득하기를 바라는 마음이다.

이클립스의 특징

Eclipse(이클립스)와 Eclipse Rich Client Platform(RCP)의 큰 특징은 OSGi(Open Service Gateway Initiative) 플랫폼 위에서 구동되는 프로그램이다. 이로써 다양한 플러그인이 수행되거나 Stand-Alone 형식으로 독립 실행 가능한 애플리케이션이다. 이클립스 자기 자신조차 플랫폼 위에 플러그인 형태로 작동되고 있는 애플리케이션이란 사실을 알고 처음부터 접근을 하게 되면 고급 사용자가 되었을 때 이클립스를 효과적으로 사용할 수 있는 밑거름이 된다.

확장성이 뛰어나다는 장점은 다양한 플러그인를 쉽게 구할 수 있고 커스텀이 수월하다는 점으로 뒷받침된다. 이클립스 마켓플레이스에는 수 많은 플러그인을 검색만으로 쉽게 구하고 설치할 수 있도록 해준다. 오랜 기간 성숙되어 활발하게 진행되는 개발자 커뮤니티와 문서화된 자료들이 있기에 필요한 내용이나 궁금한 부분을 쉽게 지원받을 수 있는 장점도 있다.

Windows, Linux, MacOS 구분 없이 사용할 수 있는 플랫폼 중립성도 강점이지만, 무엇보다 오픈소스 라이선스(Eclipse Public License, EPL)인 이유로 누구나 무료로 사용할 수 있다는 점은 초급자에게 매우 큰 유인 요소로 작용한다.

< IDE의 예제로 살펴보는 이클립스 >

> 이클립스의 공식 홈페이지 https://www.eclipse.org/downloads/

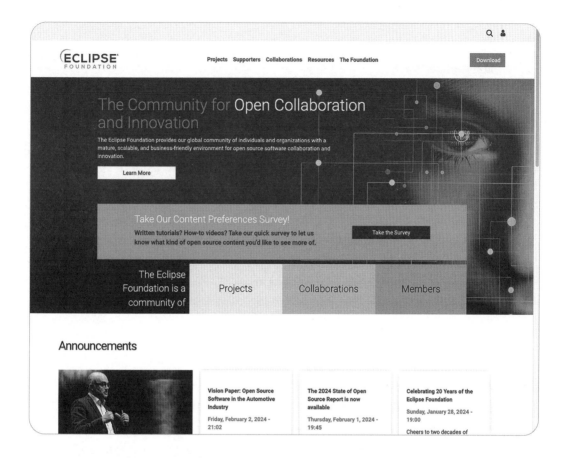

회사 또는 조직에서 특별히 인텔리제이나 비주얼 스튜디오 같은 IDE를 공통으로 지정하거나 개인의 관심 같은 특별한 사유가 없다면 지금까지 이클립스를 많이 사용해 왔을 것으로 본다. Workspace를 열고 프로젝트 생성 후, 적어도 수십 여 프로그램을 실행해 보았을 것이다.

아직 자바 경험이 부족하다 생각된다면, 이 책을 잠시 보류하고 자바 문법 책을 먼저 완독하기를 바란다. 자바 문법은 아이디어나 생각을 컴퓨터에게 정확히 전달하는 매개체 역할을 하는 수단이라 할 수 있다. 그 후, IDE가 제공하는 다양한 기능을 익혀 효과적으로 코드를 작성하는 방법을 체득하는 과정이 필요하다. 이런 노력은 프로그래밍을 진행하는 동안 생각의 속도를 컴퓨터가 빠르게 따라올 수 있도록 돕는 훈련이라 생각한다. 이 책에서는 이제 자바 문법을 익힌 여러분들이 이클립스를 보다 효과적으로 활용할 수 있는 팁 몇 가지를 소개한다.

퍼스펙티브 Perspective

> 퍼스펙티브 메뉴 버튼

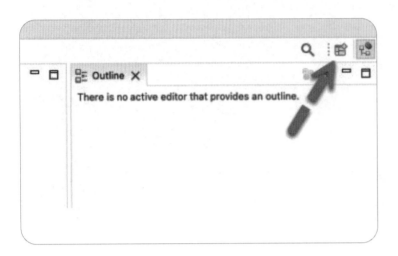

이클립스를 한 단어로 표현하자면 퍼스펙티브(Perspective)의 자유로운 전환이라고 말하고 싶다. 이클립스의 고급 활용이 아직 부족하다면, 인터넷 검색 창에 '이클립스 퍼스펙티브 전환'이라고 검색을 하자. 개발자에게 필요한 기능을 담은 뷰(View)를 모아 특정 목적을 위한 작업에 적합하도록 미리 구성하여 담은 레이아웃(Layout)을 하나의 퍼스펙티브라고 한다.

개발자는 자신의 목적에 부합하는 퍼스펙티브로 언제든 전환하여 작업하거나 임의로 뷰와 레이아웃을 재구성하여 커스텀 퍼스펙티브를 구성할 수도 있다. 이클립스가 기본으로 제공하는 뷰 외에도 플러그인 형태의 뷰 혹은 마켓 플레이스에서 추가 설치할 수 있는 뷰를 조합하여 자신이 원하는 퍼스펙티브를 직접 만들어 생산성을 향상하는 방법도 권장한다. 개발자의 모니터가 대형화되고 멀티 모니터가 기본이 된 현 시점에 아주 강력한 힘을 발휘한다.

< IDE의 예제로 살펴보는 이클립스 >

> 퍼스펙티브는 View 와의 조합에 의해 만들어진다.

이와 더불어 대표적인 뷰 중에 필수로 알고 있어야 하는 Todo(Tasks), Problems, Console 뷰가 있다. 코드상에 직접 구현해야 하거나 별도의 작업이 필요한 부분을 Todo 항목으로 표시한다. 코드 실행 순서를 추적함으로 프로그램을 검증하고 오류를 확인하는 디버깅은 이 책의 디버깅 챕터에서 상세히 설명하기로 한다.

Tip

플러그인을 설치한 후, 어떤 변화도 없는 경우에 해당 플러그인을 동작시키거나 확인하는 뷰가 추가되어 있는 경우가 많다. 메뉴에서 [Windows > Show View]를 통해 확인하자.

워크스페이스 Workspace

또 한편으로 이클립스가 다른 IDE와 특별히 다른 장점은 단위 프로젝트 여러 개를 하나의 작업 공간에서 관리할 수 있는 워크스페이스(Workspace)이다. 곧 소개하겠지만 인텔리제이로 IDE를 전환하는 개발자가 처음 난해하게 부딪히는 부분이 이클립스의 Workspace & Project와 인텔리제이의 Project & Modules의 관계이다.

이클립스의 Workspace는 최상위의 Root로써 하나 이상의 Project를 포함하며 각각의 Project는 독립된 애플리케이션으로 이루어진다. 인텔리제이의 Project는 최상위에서 독립적으로 사용되기도 하고, 편의상 빈 Project 하위에 Module을 하나 이상 추가하여 여러 애플리케이션을 포함할 수도 있다. 영어보다 어려운 것이 용어의 정확한 이해라 생각한다. 개발자로 살아가면서 매일 마음에 새기는 말이다. 그림으로 보면 이해가 쉽다.

> 워크스페이스 시작 또는 변경

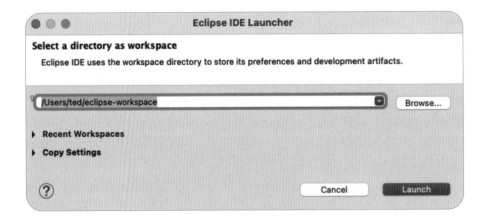

< IDE의 예제로 살펴보는 이클립스 >

프로젝트 생성

> 미리 구성된 프로젝트 Presets

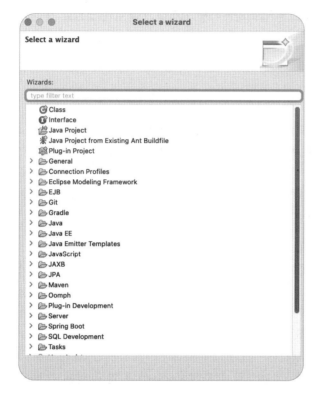

학습 또는 실습 과정을 통해 프로젝트를 생성해 본 경험이 있을 것이다. 이클립스는 IDE라는 지위에 어울리는 다양한 Preset(미리 구성된 프로젝트 형태)을 제공한다. [File > New]에서 눈여겨볼 곳은 메이븐(Maven)과 그레이들(Gradle) 부분이다.

이들은 여러분의 프로그램 소스 코드를 단순 코드 수준에서 머무르지 않고 프로젝트 내 파일들을 프로그램과 리소스, 라이브러리와 설정 파일 등 각각 역할을 할 수 있도록 배치하며 빌드하는 과정을 거쳐 최종적으로 하나의 애플리케이션으로 구동될 수 있도록 하는 빌드 도구이다. 메이븐과 그레이들에 대한 빌드 도구의 자세한 설명은 이 책의 [컴파일과 빌드] 챕터에서 별도로 자세히 설명하도록 하겠다.

스프링(Spring)에 관심이 있거나 혹은 업무가 진행 중이라면 STS(Spring Tool Suite)를 설치했을 것이고, [메뉴 File > New]에서 Spring Starter Project를 선택해서 프로젝트를 생성하는 경우도 있을 것이다. 이들은 필수적으로 메이븐 또는 그레이들이 함께 포함되어 설정된다. 이만큼 단순히 자바 파일의 실행을 넘어 하나의 잘 갖추어진 구조화된 애플리케이션을 완성하기 위해서 필연적으로 빌드(Build) 도구의 도움을 받게 되어있다.

"이클립스 메이븐/그레이들 프로젝트 만들기"로 검색하여 인터넷 자료들을 살펴보자.

코드 입력 줄이기

처음 IDE를 만나면 어떤 코드를 입력해야 하는가에 대한 고민보다 어떻게 빠르게 입력하고 효율적으로 편집을 할 수 있는지 고민하게 된다. IDE가 제공하는 편집 기능들을 가능한 빠르게 숙련하여 개발자는 오로지 어떤 코드를 입력하는가를 고민하고 빠르게 코드로 표현할 수 있기를 바란다.

빠른 수정 Quick Fix

맥락에 맞는 추천 문장을 완성시켜주는 《 Ctrl + Space 》로 더 유명한 Context Assistance 기능과 별도로, 이클립스에는 자체적으로 프로그래밍의 잘못된 부분을 고쳐주는 기능이 있다. 이는 소스 편집 창에서 단축키 《 Ctrl + 1 :: Cmd + 1 》을 누르면 동작한다. 작성 중에 어떤 내용이든 주의 혹은 경고 표시가 나오는 부분에 커서를 위치한 후, 이 Quick Fix를 통해 이클립스가 제안하는 내용을 검토하고 의도한 바를 선택하면 대부분의 문제가 해결된다. 여기서 제안하는 내용을 유심히 살펴보면 전혀 예상치 못한 내용으로 놀라는 경우도 있다. 그 내용을 고민해보고 적용함으로써 효과적인 프로그램을 작성하는 방향의 문법을 학습하게 되는 효과도 있다.

자동 세미콜론 Auto Semicolons

최근의 모던한 IDE들은 대부분 지원하는 기능으로 괄호(Braces)의 열고 닫는 부분은 자동으로 처리해주며 혹여 프로그래머가 실수를 하더라도 경고를 보여준다. 다만, 이클립스는 유독 자동으로 문장 끝에 세미콜론(;)을 찍어주는 기능의 단축키가 없어서 불만이었다. 주변에 물어봐도 모르는 사람이 많았는데, 어느 버전에서부터 시작되었는지는 알 수 없으나 자동 세미콜론 기능은 설정 값이 디폴트가 비활성 상태임을 알았다.

세미콜론 찍느라 커서를 우측으로 끌고 가는 노력은 이제 그만해도 될 듯하다. 설정하는 방법은 [Menu > Preferences > Java > Editor > Typing]에서 가운데에 있는 Automatically Insert at correct position에서 Semicolons에 체크를 해주면 된다. 이제 편집 창에서 코드를 입력하다 어디서든 세미콜론을 입력해보자.

< IDE의 예제로 살펴보는 이클립스 >

> Preferences

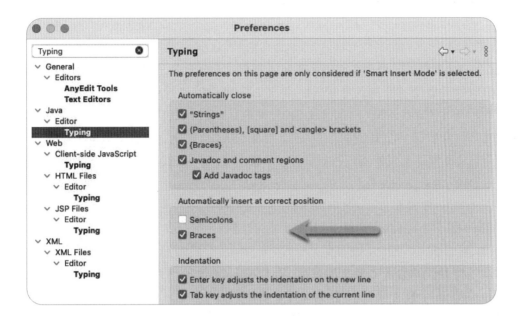

소스 자동 생성 Source Auto Generate

자바 공부를 한 여러분은 이제 생성자, 멤버 변수, 인터페이스 구현, toString( )을 포함한 다양한 오버라이드를 에디터 창에서 어떻게 입력해야 하는지 문법을 모두 알고 있다고 생각한다. 이제 이런 것은 이클립스가 자동으로 입력하도록 할 수 있는 자격을 갖췄다고 생각한다. 편집 창에서 [마우스 우클릭 > Source]를 누르면 나오는 항목 중 Generate로 시작되는 항목들을 유심히 바라보면 된다.

자동 정렬 포맷 Auto Format, ReFormat

프로그램을 작성하다 보면 들여쓰기를 맞추려 노력해도 수정이 반복되거나 복사 붙여넣기가 반복되다 보면 프로그램 라인이 점점 지저분해 질 때가 많다. 이때 프로그램을 문맥에 맞게 한 번에 정리해주는 기능이 있다. ≪ Ctrl + Shift + F : Cmd + Shift + F ≫를 눌러주면 자동으로 정렬이 된다.

임포트 정리 Organize Imports

다른 패키지를 import 하여 프로그램을 작성하다 더 이상 필요가 없어지거나, 필히 import 를 해줘야 하는 경우 import 구문을 자동으로 정렬하는 단축키가 있다. ≪ Ctrl + Shift + O :: Cmd + Shift + O ≫를 눌러주면 된다. 특히 다른 곳에서 소스를 복사해 온 경우 적절한 import 구문이 작성되지 않은 경우 아주 편리하게 이용할 수 있는 기능이다.

편하게 이동하기

이클립스는 퍼스펙티브의 자유로운 이동을 통해 평면의 단조로운 스크린을 마치 한 차원 더 높이듯 다양한 작업 환경을 빠르게 넘나들 수 있도록 제공한다. 바로 《 Ctrl + F8, Ctrl + Shift + F8 :: Cmd + F8 , Cmd + Shift + F8 》을 누르면 이클립스가 준비한 작업 환경을 넘나들 수 있다. 작업을 진행할 퍼스펙티브가 정해졌다면 어떤 뷰에서 커서가 위치하든 코드 편집창으로 바로 커서를 옮기는 단축키 《 F12 :: Cmd + F12 》를 익히고 이클립스가 제공하는 편의기능을 살펴보자.

링크 위드 에디터 Link With Editor

파일 목록에서 특정 파일을 선택하면 해당 파일이 에디터 창에 바로 열려 나타나게 하거나, 열려 있는 여러 파일 중 선택 및 편집 상태에서 해당 파일이 자동으로 파일 목록에 선택되어 나타나게 하는 기능이다. 필자는 이 기능을 몰라 파일을 찾기 위한 마우스 휠 돌리기 덕에 손가락이 관절염이 걸릴 뻔한 흑역사가 있다. 파일 목록 혹은 패키지 목록에서 노란색 화살표가 좌우 방향으로 향해 있는 버튼을 클릭하면 된다.

화면 분할과 최대화 Split Window & Maximize

개발자를 보면 흔히 큰 모니터에 동시에 여러 파일을 열어 놓고 작업하는 경우가 많다. 이는 화면의 Split 기능을 이용하는 것으로 《 Ctrl + Shift + { :: Cmd + Shift + [》를 통해 토글키처럼 켜고 끌 수 있다.

아울러 에디터 창을 포함하여 특정 뷰를 화면 가득하게 채우는 단축키가 있는데, 《 Ctrl + M 》을 누르면 된다. 파일 목록이나 뷰 혹은 에디터 창에서 마우스로 클릭하여 포커스를 준 후 누르면 동작하며, 한 번 더 누르면 다시 원위치 된다. 화면이 작은 노트북을 사용하는 경우 특히 유용하다.

< IDE의 예제로 살펴보는 이클립스 >

클래스 탐색

코드가 점점 길어지면 많은 메서드들이 하나의 클래스에 위치하게 되며 협업을 통해 서로의 코드를 사용해야 하는 경우도 많다. 내가 작성하지 않은 코드라도 클래스 구조를 빠르게 파악하고 코드 작성자가 메서드에 직접 남긴 Javadoc을 살펴보는 기능을 알아보자.

선언부 찾기 Find Declaration

프로그램 작성 중 현재 사용하는 변수 혹은 메서드가 어떤 형태로 어디에서 선언되었는지 궁금한 경우가 생기는데, 이때는 살며시 《 F3 》 키를 눌러준다. 혹은 《 Ctrl :: Cmd 》 키를 누른 상태에서 마우스를 위치시키면 선언부 혹은 구현부로 한 번에 점프가 가능하다.

클래스 구조 한눈에 보기

현재 작성 중인 클래스 오브젝트 구조는 《 Cmd + O : Ctrl + O 》 또는 《 Cmd + F3 》 를 누르고, 타입의 구조를 보고 싶을 땐 《 Ctrl + T :: Cmd + T 》 혹은 《 F4 》를 누른다.

자바 문서 호출

클래스나 메서드에 마우스를 가져다 대면 해당 기능의 설명이 hover 기능 팝업처럼 나타나게 된다. 마우스 없이 호출하는 방법은 커서를 위치시킨 후 F2를 누르면 된다. 마우스로 열린 창을 자동으로 닫히지 않게 하는 방법도 《 F2 》키로 커서를 위치시킴으로 가능하다. 이미 만들어진 라이브러리의 매뉴얼을 보는 방법으로 유용하다. 아울러 필자의 경우 개인이 만든 유틸리티성 클래스들의 Javadoc을 상세히 적어 두는 것을 원칙으로 한다. 팀원들이 가져다 쓰는 경우 클래스 파일을 직접 열어보지 않고도 자신의 화면에 바로 매뉴얼을 팝업시킬 수 있는 효과를 톡톡히 볼 수 있다.

이클립스와 리팩터링 Refactoring

리팩터링은 한 권의 책으로도 설명하기에 부족하며, 이클립스의 메뉴를 보아도 대 메뉴의 한 칸을 차지하고 있을 만큼 접근해야 하는 정보의 규모가 크다. 이클립스의 리팩터링 메뉴에서 Extract Method(메서드 발췌) 기능으로 최소한만 경험하는 선에서 만족하도록 하자. 이는 복잡한 로직에서 특정 부분을 별도의 메서드로 추출하여 프로그램의 가독성을 높이고 단순화시킴으로써 리팩터링 효과를 얻는 기능으로 동작하게 된다.

리팩터링에 대한 본격적인 학습이 없는 상태라도 여러분의 프로그램 코드에서 일정 부분을 선택한 후, 《 Alt + Shift + M :: Cmd + Opt + M 》을 눌러 해당 기능을 수행해보면 즉각적으로 인사이트가 번뜩일 것으로 충분히 기대한다.

> 리팩토링 메뉴

Refactor	Source	Navigate	Search	Projec
Rename...				⌥⌘R
Move...				⌥⌘V
Change Method Signature...				⌥⌘C
Extract Method...				⌥⌘M
Extract Local Variable...				⌥⌘L
Extract Constant...				
Inline...				⌥⌘I
Convert Local Variable to Field...				
Convert Anonymous Class to Nested...				
Move Type to New File...				
Extract Interface...				
Extract Superclass...				
Use Supertype Where Possible...				
Pull Up...				
Push Down...				
Extract Class...				
Introduce Parameter Object...				
Introduce Indirection...				
Introduce Factory...				
Introduce Parameter...				
Encapsulate Field...				
Generalize Declared Type...				
Infer Generic Type Arguments...				
Migrate JAR File...				
Create Script...				
Apply Script...				
History...				

< IDE의 예제로 살펴보는 이클립스 >

유용한 플러그인 Helpful Plugin

자바 문법을 공부했다면 이클립스에 롬복 플러그인이 설치되어 있을 것으로 여겨진다. 이처럼 많은 개발자들은 이클립스에 플러그인 혹은 애플리케이션 형태로 기능을 추가했다. 플러그인은 필요에 따라 설치하는 것이 옳지만, 당장 이클립스를 더 효율적으로 활용하고 싶은 여러분에게 추천하고 싶은 플러그인을 소개한다. 인터넷 검색 혹은 지인의 추천을 받아 알게 된 플러그인을 스스로 설치할 수 있는 방법을 익혀 두면, 이클립스가 이클립스를 이기는 멋진 개발 환경을 만나게 된다.

이클립스의 구글의 Play나 애플의 App Store처럼, 이클립스에 "마켓플레이스"가 있다. 메뉴 [Help > Eclipse Market Place]를 선택하고, "anyedit"를 검색하면 AnyEdit Tools X.xx(버전)이 나타난다.

AnyEdit Tools는 텍스트와 코드 편집 작업에 다양한 기능을 부여한다. 공백이나 탭 문자 처리, CRLF로 불리는 라인의 끝 처리, 인코딩 문제와 들여쓰기를 비롯한 텍스트 처리와 함께, XML, HTML, JSON 등의 포맷팅을 지원하기도 한다. 텍스트 편집 중 마우스 우클릭을 하면 플러그인이 지원하는 기능이 추가되어 있음을 알 수 있는데, 당장 무슨 기능인지 모르더라도 차차 기능을 쓰게 되면서 필수 플러그인 임을 알게 될 것으로 생각된다. 이클립스를 설치할 땐 바로 설치하자.

>   AanyEdit Tools 설치

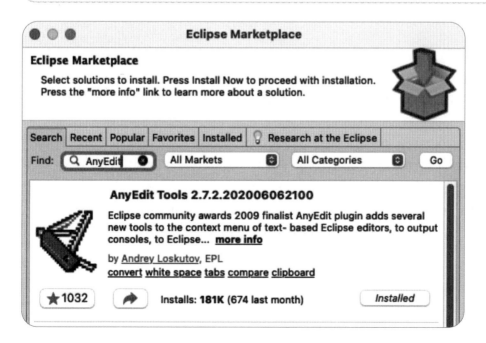

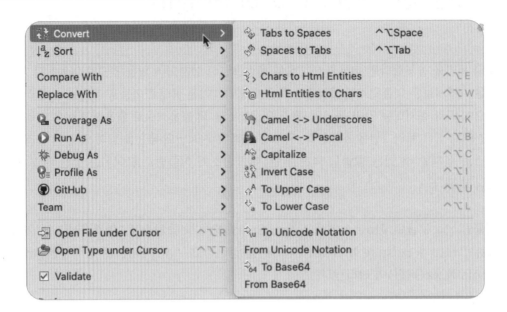

이클립스 설명 마무리 정리

이클립스를 간단하게 소개하며 유용한 기능을 설명하고 정리했다. 모든 내용을 충분히 전달하기 위해서는 별도의 책 한 권도 부족할 정도로 방대하다. 이 책에서 이클립스 장점과 기능을 설명한다지만 IDE가 갖춘 기본기를 소개하고 한 편으로 이클립스에서 벗어나 또 다른 IDE를 소개하려는 목적이 더 크다. 그렇기에 혹여나 이클립스가 이런 기능이 있었다고 알게 되거나 몰랐던 장점들을 알게 되어 오히려 이클립스와 더 친해지는 결과로 이어질까 우려된다.

꼭 알리고 싶은 인텔리제이 내용이 시작될 테니 말이다. 단축키는 마지막에 부록으로 첨부할 예정이나 이클립스를 앞으로도 사용하겠다고 생각한다면 《 Ctrl + 3 :: Cmd + 3 》 단축키를 꼭 외우자. 이클립스를 사용하기 위해서 꼭 알아야 하는 비장의 무기 같은 단축키다.

이클립스는 최신의 상업용 전문 IDE보다는 필연적으로 기능이나 편의성이 부족한 것이 사실이다. 그러나 여러분이 필요에 따른 플러그인을 설치하고 혹은 플랫폼 위에 필요한 플러그인을 만들어서 사용할 수 있는 툴이다. 한때 독보적인 IDE였지만 개선과 사용자 지원이 늦은 단점은 감출 수 없다. 이클립스는 분명 좋은 툴임에 틀림없지만, 아직 이클립스를 능숙하게 다룰 수 있는 단계가 아니라면 인텔리제이를 학습하는 것을 권한다.

< IDE의 예제로 살펴보는 인텔리제이 >

IDE의 예제로 살펴보는 인텔리제이

인텔리제이 특징

IDE 통합 개발 환경 중 강력하다. 단순히 소스코드를 자동 완성해주는 기능뿐 아니라 사용자의 의도와 코드의 맥락에 맞는 다양한 기법의 코드 자동 완성 기능을 제공해 사용자에게 더 나은 경험을 제공한다. 이는 인텔리제이를 처음 사용하는 다수의 개발자에게 공통적으로 발견할 수 있는 피드백이다. 경험을 텍스트로 옮기지 못하는 부분이 안타깝지만, 인텔리제이를 사용한 후, 다시 다른 IDE를 사용하게 되면 역체감이 크다는 여러 목격담이 이를 증명한다.

젯브레인 제품은 상용 소프트웨어이며, 저렴하게 구입하거나 무료로 이용하는 방법도 있다. 가격 정보와 라이선스 발급 내용은 마지막 장에 별도 부록으로 남기도록 하겠다. 우선은 학습에 집중하자.

> 인텔리제이 웹사이트 https://www.jetbrains.com/idea/

생산성

소프트웨어 생산성을 판단하는 것은 프로그래머 개인의 능력이 변수로 작용될 수 있으며 서로 다른 개발 툴을 동일한 숙련도를 가진 것이 아니기에 객관적인 지표로 나타내기 힘들다. 인텔리제이의 생산성은 문맥 추천 기능에 출현 빈도수에 따른 코드 어시스턴스 기능에서 빛을 발하며, 프로젝트의 생성부터 편집, 패키징, 빌드까지의 과정을 모두 지원한다.

인텔리제이의 자동완성은 기본 자동완성인 Basic completion과 명세 자동완성인 Statement completion을 비롯하여, 타입 매칭 자동완성인 Type-matching completion을 지원한다. 여기서 더 부족한지 문서 내에서 커서와 가까운 위치의 모든 의미있는 단어를 검색해서 단어를 자동 추천하는 히피 자동완성 Hippie Code completion까지 지원한다. 숙련되지 않은 사용자의 동작이라도 다음에 필요한 작업을 마치 예상이라도 했다는 듯 보여주는 모습을 보고 있노라면 누군가 옆에서 프로그래밍을 가이드 하고 있다는 착각마저 들게 하기 충분하다. 아울러, 거의 대부분의 데이터베이스에 접속 및 쿼리 질의 연동에서 그치지 않고 코드 편집에 테이블 스키마가 연계된 자동 입력 기능은 감탄사가 절로 나온다.

다른 IDE 툴도 있고 무료로 사용할 수도 있는 IDE도 있다. 인텔리제이를 추천하는 이유는 이 책의 전부를 통해서도 인텔리제이의 기능을 모두 설명할 수 없을 만큼 강력한 기능이 많으며, 기능을 발견하는 재미와 알게 되었을 때 뒷받침되는 생산성 향상에 큰 도움이 되기 때문이라 생각한다. 인텔리제이를 통해 코드를 빌드하고 디버깅하고 실행하는 IDE의 기본적인 기능 외에도 젯브레인사 생태계를 전부 아우르는 제품군과 플러그인을 사용할 수 있는 장점을 가진다. 여러 장점과 기능에 덧 붙여, 높은 성능과 안정성은 두말할 나위 없다.

인텔리제이를 이미 사용하고 있는 개발자라면 대부분 '인텔리제이만 있으면 된다'는 말에 동의할 것으로 본다. 인텔리제이의 가장 도드라진 특징은 개발과 관련된 주변 프로그램을 별도 사용하지 않고 인텔리제이 만으로도 충분히 대체하여 사용할 수 있다는 점에 있다. 거기에 더해 거의 완벽에 가까운 코드 영역의 입력 편집 효율성은 인텔리제이 기경험자를 다시는 이클립스로 되돌릴 수 없는 마법에 가깝다.

이 책 전체를 통해 인텔리제이의 특징과 장점을 보이도록 하겠다. IDE의 점유율은 조사기관이나 조사된 시기에 따라 조금씩 차이가 있지만, 인텔리제이가 점점 높아지고 있음은 여러 곳에서 실감된다. 이 책을 통해 인텔리제이를 만나게 되면, 어느 순간 인텔리제이 애호가가 되어 있을 것이라는 사실은 의심하지 않는다.

< IDE의 예제로 살펴보는 인텔리제이 >

다양한 언어 지원

자바 개발을 이클립스가 JDT를 통해 훌륭하게 지원하면서도 플랫폼을 이용해 다른 언어들을 지원하는 것처럼, 젯브레인의 인텔리제이도 자바와 더불어 주요 프로그래밍 언어를 지원한다.

어린 아이는 걷는 것이 Java 언어로 설명하겠지만, Kotlin, Groovy, Scala와 같은 JVM기반 언어를 함께 지원한다. 대표적으로 Python을 위한 PyCharm, PHP를 위한 PhpStorm 이 있다. 웹 개발에 주로 사용되는 JavaScript와 TypeScript를 지원하며, 물론 디버깅도 지원한다. 그 외 지원하는 언어들은 플러그인을 통해 Go, Ruby, SQL을 지원한다.

무엇보다 특별히 온라인으로 연결된 AI 도구를 사용하지 않더라도 효율적인 코드 자동완성 기능과 검사, 리팩토링 기능을 제공한다. 막강하다! 코드 작성을 진행하다 보면 조력자가 있는 듯한 착각을 들 정도로 세세히 많은 제안을 해준다. 이와 관련된 내용이 책 내용의 절반을 차지할 것으로 보인다. 그만큼 꼭 잘 익혀 활용하길 바란다.

인텔리제이를 만드는 젯브레인 회사에서 자바와 완벽하게 호환되는 크로스 플랫폼 범용 프로그래밍 언어인 코틀린(Kotlin)을 만들었다. 젯브레인 회사에서 만든 프로그래밍 언어를 개발에 사용하는 목적과 JVM(Java Virtual Machine)에서 완벽하게 구동되는 Java 언어와의 호환성을 미루어 볼 때, 최적의 IDE임은 분명하다.

물론 인텔리제이가 코틀린 언어의 공식 IDE기도 하지만, 꼭 인텔리제이를 사용해야 하는 것은 아니다. 앞서 설명하였듯 다른 IDE인 비주얼 스튜디오 코드나 이클립스도 플러그인 설치를 통해 코틀린 언어로 개발이 가능하다.

아울러, 안드로이드 앱 개발을 위한 전용 개발 툴 "Android Studio"는 인텔리제이를 기반으로 구성되어 있다. Google 안드로이드 앱 개발 기능이 추가된 채로 배포가 되어 누구나 무료로 이용할 수 있다. 모바일 화면 개발을 위한 디자인 기능을 제외하면 사실상 거의 비슷하여 젯브레인 제품 어느 것이든 익숙하다면 짧은 시간에 적응할 수 있다. 심지어 단축키도 거의 80% 이상 동일하다.

강력한 디버깅

특히 버그가 발생할지 모를 부분에서 미리 경고를 해주거나 제안을 통해 수정해주는 기능은 코드를 작성하는 개발자로 하여금 든든한 조력자가 있는 듯한 착각을 불러 일으킨다. 어떤 상황에서든 작성하는 코드의 전체 구조와 맥락을 파악하여 다음 액션을 제안하는 Context Action (Quick Fix) 기능은 생산성 향상에 큰 도움이 된다. 작성하게 될 코드 부분의 완성뿐 아니라, 이미 작성된 코드에서 개선될 수 있거나 효율적인 코드가 있다면 제안하고 바로 적용될 수 있도록 돕는다.

작성 후 또는 테스트 코드를 통해 실행할 때 디버깅을 하게 되는데, 디버깅은 이 책에서 챕터를 별도로 두고 다룰만큼 다양하고 강력한 기능을 제공한다. 쉬우면서도 많은 정보를 살펴볼 수 있는 인텔리제이의 디버깅은 개발자로 하여금 코드에서 발생할 수 있는 문제를 사전에 빠르게 찾아낼 수 있도록 돕는다.

프로젝트 생성하기

[File > New Project]를 통해 여러 프리셋을 제공하는데, 이클립스에 비해 더 다양한 언어와 프레임워크, 빌드 툴 기반의 프로젝트 구성을 제공한다. 프로젝트의 언어, 프레임워크, 빌드 툴 중 하나를 선택하면 아주 상세한 옵션 등을 선택할 수 있다. 아울러, 사용자가 놓칠 수 있는 부분에 현시점에 가장 최적화된 기본값을 설정해 둠으로써 복잡한 환경설정에 익숙하지 않더라도 편하게 사용할 수 있다.

자바 개발을 하기로 결정하였다면 스프링 프레임워크를 설정한 후 빌드 툴 그레이들(Gradle)을 추가해도 좋고, 그레이들을 먼저 설정한 후 "Add Framework Support"를 통해 스프링 프레임워크를 추가해도 된다. 프리셋 설정에서 놓쳤더라도 언제든지 추가할 수 있다는 점에서 자유도가 굉장히 높다. 어떤 프로젝트를 설정해도 큰 문제가 생기는 것은 아니므로 다양한 프로젝트 설정을 직접 해보기를 권한다.

가장 최신의 프로젝트 구성을 추천하는 것뿐 아니라 필요한 파일은 자동으로 다운로드하고, 구성에 필요한 항목들의 버전 관리도 자동으로 지원한다. 미처 생각 못한 부분도 디테일한 항목 입력 칸을 보여주기에 인텔리제이의 New Project 화면을 탐색하는 것만으로도 다양한 개발 환경설정을 학습하는 기회가 된다. 호기심이 많은 개발자에게 추천한다.

< IDE의 예제로 살펴보는 인텔리제이 >

> 프로젝트 설정 첫 화면

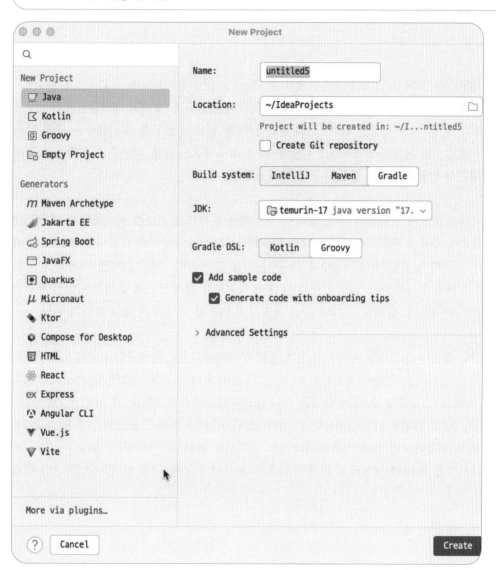

코드 입력 줄이기

문장 자동완성은 코드를 입력하다가 언제든 《 Ctrl + Shift + Enter :: Cmd + Shift + Enter 》를 누르면 되며, 자동으로 괄호를 짝에 맞추어 닫아주며, 필요시 세미콜론을 자동으로 입력해준다. 문장 자동 정렬은 덤이다. 아울러 문맥상 필요한 코드를 추천해주는 코드 완성 기능은 이클립스와 동일하게 《 Ctrl + Space 》를 누른다. 이때, 무언가 편하다는 느낌이 드는데 여기서 인텔리제이의 장점이 조용히 드러난다.

한참을 사용하고 나서야 깨달을 수 있겠지만, 프로젝트의 전체 스코프를 분석하여 현재 위치에 가장 어울리는 코드를 자동으로 추천하며 놀랍도록 정확하다. 이는 자동으로 추천한 코드 중에 사용자가 선택한 항목들이 늘어날수록 더 큰 능력을 발휘한다. 최근 선택한 내용과 빈도를 바탕으로 추천을 하기에 어느 정도 진행이 된 후에 사용자가 실제 코드를 입력하는 타건 횟수가 획기적으로 줄어든다. 실제로 경험해보자. 개발자의 의도를 파악하는 힘에 놀라게 된다.

라인 단위의 코드 수준이 아닌 클래스의 전체 범위 수준에서 자동으로 필요한 항목을 입력하고자 한다면 코드 입력하는 곳에서 《 Alt + Insert :: Cmd + N 》키를 누르면 Generate 창이 열린다. 자동으로 입력할 수 있는 항목들이 나열되며 대표적으로 생성자와 getter/setter, 그리고 인스턴스 비교를 위한 .equals( ) 와hashCode( ) 등을 자동으로 입력할 수 있다. 편리한 팁을 소개하자면 상속이나 인터페이스 구현으로 인해 오버라이드가 필요한 경우, 《 Ctrl + O 》를 누르면 자동으로 목록이 나오고 필요한 항목을 다중 선택하여 한 번에 만들 수 있다.

< IDE의 예제로 살펴보는 인텔리제이 >

> 빈도에 의해 자동 추천되는 문맥 어시스턴스 화면

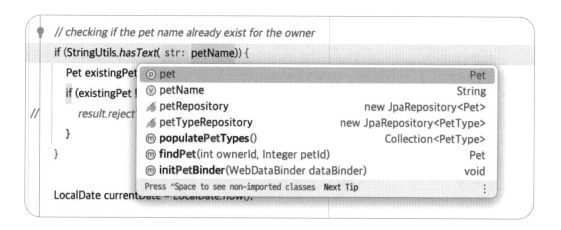

> 오버라이드 자동 화면

편한 코딩

학습 단계를 넘어 실무에서 코드를 작성하면 어느 순간 작든 크든 비슷한 패턴으로 반복이 되는 부분들이 보이기 시작한다. 어린 아이는 걷는 것으로 충분하지만 프로 육상 선수는 0.01초 빠르게 달리는 것으로 승패가 결정되듯 코드 작성의 익숙함을 넘어 효율성에 욕심을 내보자.

코드 템플릿 Code Template

코드의 맥락에 따라 자동으로 입력할 수 있는 어시스턴스 기능이 있다면, 프로그래머의 의도에 따라 필요한 시점에 코드를 자동으로 입력할 수 있는 기능은 코드 템플릿이라 한다. 주로 사용되는 코드들의 약어를 정해 두고 짧은 약어 입력만으로 입력함으로써 코드 작성의 편리함과 생산성을 극대화하는 기능이다. 사전에 정해져 있는 필수적인 약어로는 대표적으로 클래스에 메인 메서드를 자동으로 생성해주는 psvm과 화면 출력 기능인 sout이 있다.

자바 프로그래밍 경험이 있는 분이라면 누구나 바로 눈치를 챌 수 있으리라고 본다. 이러한 템플릿 기능이 코드 입력 시간을 얼마나 줄여 주는지를 더 설명할 필요는 없겠다. 단축키 《 Ctrl + J :: Cmd + J 》를 누르면 사전에 정해져 있는 다양한 약어들이 나타나 선택하여 사용할 수 있지만 가능하면 외워서 사용하기를 권한다. 또한, 사용자가 각자의 개발 언어 환경에 맞는 옵션을 선택한 후 직접 템플릿을 만들어서 추가할 수 있으니 스스로 조금이라도 반복되는 코드 작업이 보인다면 망설일 필요 없이 템플릿을 등록하여 사용하기를 추천한다. 당장의 수고가 여러분의 생산성에 크게 기여하리라 믿는다.

> 사용자 정의 코드 템플릿 호출 화면

⏚ @ast	문제풀이심플템플릿
⏚ @psd	@sangdo.park
⏚ @ㅁㄴㅅ	문제풀이심플템플릿
⏚ @ㅔㄴㅇ	@sangdo.park
⏚ geti	Inserts singleton method getInstance
⏚ lii	list 객체
⏚ main	main() method declaration
⏚ prsf	private static final
⏚ ps	private String
⏚ psf	public static final
⏚ psfi	public static final int
⏚ psfs	public static final String
⏚ psvm	main() method declaration
⏚ rn	return null quick..
⏚ St	String
⏚ todo	// TODO: @sangdo.park
⏚ 새애	TODO

< IDE의 예제로 살펴보는 인텔리제이 >

파라미터 인포 Parameter Info

클래스 생성자에 전달할 인자 값 또는 메소드에 파라미터를 전달하거나 오버 로딩을 통해 다양한 파라미터를 입력할 수 있을 때, 이를 전부 기억하거나 알고 사용하기는 어렵다. 파라미터를 전달하는 입력을 할 때 꼭 필요하기에 정해진 입력을 해야 하는 경우, 순서에 따라 입력해야 하는 경우, 다양한 입력을 해야 하는 경우가 생기기 마련인데, 이때 파라미터 인포 기능인 《 Ctrl + P :: Cmd + P 》를 누르게 되면 입력할 수 있는 파라미터 입력 형식과 순서에 대한 정보를 상세히 알려준다.

직접 작성해 놓고도 기억에 의존해서 입력해 실수를 하게 되는 일을 막거나, 혹은 라이브러리를 가져다 쓸 때 자신의 데이터 또는 인스턴스의 타입에 따라 입력할 수 있는지 여부가 즉시 나타나기 때문에 큰 도움이 된다. 아울러 미리 작성해 둔 코드에 미처 예상하지 못하여 추가로 입력되는 파라미터가 생기는 경우에 강제로 입력한 후 컨텍스트 액션 기능을 눌러보자. 파라미터가 없는 기본 메서드를 자동으로 만들거나, 파라미터에 사용되는 값이 미리 선언되어 있지 않은 경우, 실수를 방지하기 위해 필드 영역으로 인스턴스 변수로 설정하는 등의 기능은 인텔리제이가 얼마나 편리한 도구인가를 새삼 느끼게 한다.

> 파라미터 인포 자동 입력과 추천 항목

```
    }

    LocalDate currentDate = LocalD
💡  if (pet.getBirthDate() != null &&
        result.rejectValue( field: "birthDate", errorCode: "typeMismatch.birthDate");
    }
```
```
✓ @Nullable String field, String errorCode
  @Nullable String field, String errorCode, String defaultMessage
  @Nullable String field, String errorCode, @Nullable Object[] errorArgs, @Nullable String defaultMessage
```

자동 정렬 Code Formatter, Reformat code

코드를 자동 정렬해주는 단축키 《 Ctrl + Alt + L :: Cmd + Opt + L 》 기능은 코드를 작성하는 어떤 순간에도 자주 누르게 될 것으로 본다. 코드 작성이 학습의 수준에서 머물 것이 아니라면, IDE가 기본으로 제공하는 Code Formatter 기능에 만족하지 말고 자신이 따르는 혹은 프로젝트 협업을 하는 이들과 상호 합의된 코드 컨벤션(Code Conventions)을 따라야 하는 경우를 꼭 살펴보자.

일반적으로는 기본적으로 Sun(Sun Java Conventions)에서 정한 자바 컨벤션을 다르겠지만, 자동 정렬 옵션을 살펴보면 최근은 Google에서 사용하는 코드 컨벤션 규칙을 따르는 팀 혹은 프로젝트, 회사들이 많아졌다. 기존 이클립스의 포맷 기능과 일치를 위한 옵션을 선택하기도 하는데, 어느 것을 선택하든 서로 합의된 포맷터를 사용해야 하는 것이다. 그렇지 아니한다면 차후에 설명하게 될 협업 부분의 Git에서 제대로 매운맛을 보게 될 거라 확신한다.

'Code Conventions' 혹은 'java conventions'로 검색해보자.

임포트 정리 Organize Import

자바에서 기본으로 제공하는 기능 이외에도 다양한 라이브러리나 프레임워크를 필연적으로 사용하게 되면서 Import 하는 기능도 점점 스마트해지고 있다. 단축키는 《 Ctrl + Alt + O :: Ctrl + Opt + O 》로 이클립스와 기능은 유사하나 중복된 클래스명에 대한 선택의 편리성이 돋보인다. 코드 입력 즉시 맥락에 없던 클래스라면 어떤 패키지의 클래스명을 쓴 것인지 물어보게 된다. 커서가 이미 옮겨져 있거나 복사 붙여 넣기를 한 경우라도 컨텍스트 액션 기능으로 해당 위치에 마우스를 클릭하거나 단축키 《 Alt + Enter :: Opt + Enter 》를 누르면 즉시 반영되는 모습은 프로그래머의 실수를 철저히 막는 효과가 크다. 물론 코드 작성 중 필요가 사라져 지워진 코드로 인해 import 영역에 필요가 없게 된 구문들도 단축키를 누르면 한 번에 깔끔히 정리가 된다.

> 코드 컨벤션 선택 화면

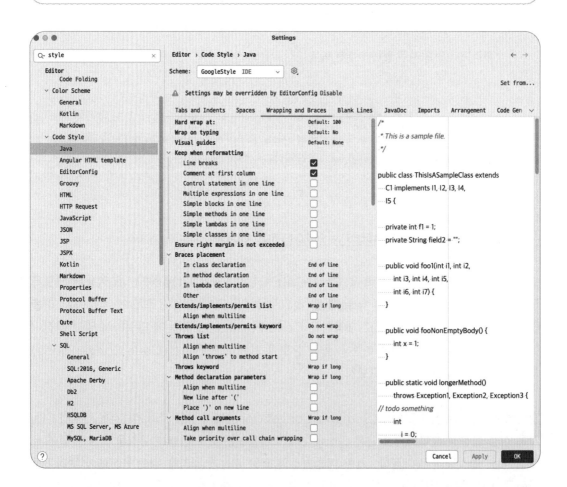

< IDE의 예제로 살펴보는 인텔리제이 >

에디터 창(Editor Window)

프로젝트의 수 많은 파일에서 편집을 원하는 파일을 쉽게 찾고 이동하는 방법이 있다. 동시에 큰 모니터에서 여러 코드를 동시에 편집하거나 작은 모니터에서 코드 에디터 창을 전체화면으로 보는 방법을 알아보자. 유난히 코드 에디터 창의 확대와 분할에는 단축키 제공에 인색한 인텔리제이에 단축키를 사용자가 직접 지정하는 방법도 아울러 살펴보자.

프로젝트 목록과 에디터 창 연결 Always Select Opened File

인텔리제이에 프로젝트 뷰 화면과 에디터 창 연결은 프로젝트 파일 목록 화면 우측 상단에 메뉴 버튼을 선택한 후, Always Select Opened File을 선택하면 된다. 이 메뉴에 표시되는 항목들은 각자의 선호도에 따라 선택을 다양하게 할 수 있으니 따로 권장하는 내용을 설명하지는 않는다. 다만 어떤 것을 선택하든 어떤 문제가 생기거나 내용이 변경되는 것은 아니니 메뉴의 항목들이 영어로 무엇을 의미하는지 알기 힘들더라도 꼭 한 번씩은 선택해 보길 바란다. 취향과 선호의 폭을 넓힐 수 있다.

> 프로젝트 파일 목록 화면과 에디트 창 연결

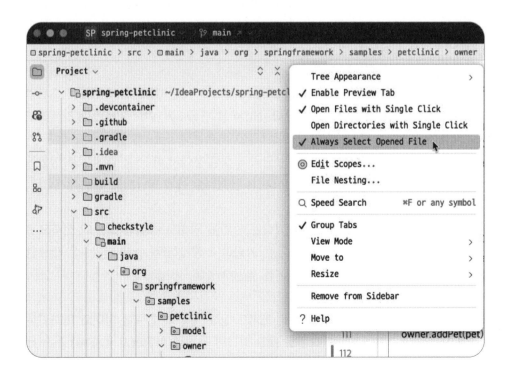

화면 분할과 최대화 Split & Maximize

인텔리제이를 처음 만났을 때 가장 의아했던 부분이 화면의 확대와 분할 기능이다. 우선 대부분 프로그래머들이 모니터 크기의 물리적 한계로 인해 답답함을 느끼는 바, 코드 편집 창에 최대한 많은 코드를 한 번에 보려고 할 것으로 예상된다. 그러나 인텔리제이의 코드 편집 창에 대한 크기 변경 대응에 의문을 던지지 않을 수 없다.

우선 이클립스는 에디터 창과 각 뷰 화면과 상관없이 Maximize 기능으로 《 Ctrl + M 》을 토글 형식으로 전체 화면 전환 기능을 한다. 그런데 인텔리제이는 에디터 창을 확대하는 개념이 아닌 사이드의 뷰 화면을 숨기는 쪽으로 방향을 잡았다. 각 뷰 화면을 《 Shift + Esc 》로 감추거나, 전체 뷰 화면을 한 번에 감추는 《 Ctrl + Shift + F12 :: Cmd + Shift + F12 》 키를 할당했다. 더 놀라운 사실은 노트북을 사용하는 프로그래머가 이 기능을 자주 사용하는 것은 예상 가능할 텐데 왜 어려운 키를 굳이 할당했을까 하는 의문도 잠시 Split 기능인 화면 분할에 대한 단축키는 아예 없다.

Search Everywhere

여기서 사용자는 아주 자연스럽게 더블 시프트를 배우게 된다. 인텔리제이의 고도의 전략이 아닌가 합리적인 의심도 드는 심심한 생각도 든다. 우선 이 책을 직접 선택한 분이거나 자바 개발에 어느 정도 수준으로 이미 올라온 개발자라면 너무나 당연하게도 한 화면에 여러 편집 창을 띄우고 작업을 할 것이다. 심지어 여러 모니터로 코드를 작성하는 경우도 많은데 굳이 Split 기능에 단축키를 할당하지 않았을까 싶다.

검색 엔진에 검색해보면 대부분의 내용은 Search Everywhere인 Double Shift(시프트키 두 번 연타)를 통해 split을 검색하라고 나온다. Search Every Where는 인텔리제이의 모든 기능을 검색할 수 있다. 흔히 "더블 시프트"라고 부르는데 split를 찾는 것도 좋지만, 개인적으로는 keymap으로 검색하여 나타나는 단축키 설정 창에서 split을 검색한 후 방향에 따른 화면 분할 split 단축키와 분할 해제인 unsplit 단축키를 함께 할당하는 것을 추천한다.

사용자가 필요한 기능에 단축키를 스스로 설정하는 방법을 익히도록 하는 고도의 전략으로 의심하는 바이다. 조금 불편해도 무엇이든 배우는 기회라고 생각하자. 이제 여러분은 필요한 기능이 몇 번 반복되다 보면 자연스럽게 단축키를 할당하게 될 것이다.

 Search Everywhere는 파일명 및 클래스, 메서드 등 사용자가 입력한 단어와 매치되는 온갖 정보들이 전부 나열되기에 카테고리별로 보고 싶다면 검색된 화면에서 《 TAB (Shift + TAB) :: Alt + Left / Right 》 키로 선택적으로 볼 수 있다. 처음부터 인텔리제이의 기능만을 대상으로 검색하고 싶다면 《 Ctrl+Shift+A :: Cmd + Shift + A 》로 Actions 를 별도 검색하는 것은 팁이다.

< IDE의 예제로 살펴보는 인텔리제이 >

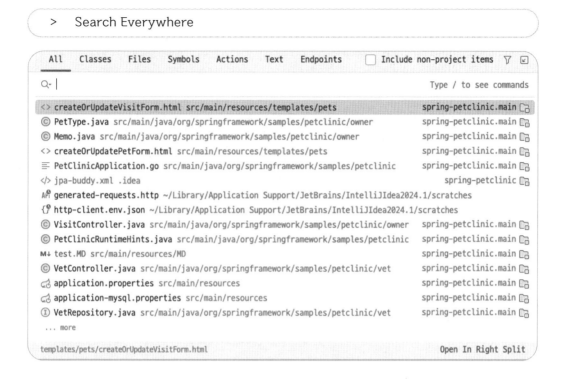

빠른 이동과 복사

코드를 작성하던 중 현재 사용하고 있는 변수나 메서드가 어디서 선언되어 있는지 궁금하거나 해당 위치로 빠르게 이동하여 선언부에 대한 수정이 필요하다고 하면 《 Ctrl + B :: Cmd + B 》 키를 누르거나, 《 Ctrl + Click :: Cmd + Click 》 하면 된다. 또한, 현재 사용하는 변수 혹은 메서드가 전체 코드에서 얼마나 어디에서 사용되고 있는지를 살펴보고 싶다면 《 Alt + F7 :: Opt + F7 》, 《 Ctrl + F7 :: Cmd + F7 》을 누르면 Find 창에 목록이 나오게 된다. 코드를 추적하기 정말 편리해서 자주 사용한다.

코드를 편리하게 입력하는 팁도 중요하게 생각하지만, 코드를 편리하게 정리하고 옮기는 일도 빈번하게 발생한다 생각하며 이를 효율적으로 도울 단축키도 존재한다. 우선 직접 단축키 설정에서 키워드 move를 사용하여 찾아보는 경험을 통해 학습하는 방법을 권장한다. 필수적으로 알아야 하는 기능은 Statement move와 Line Up/Down이다. 《 Ctrl + Shift + Up/Down :: Cmd + Shift + Up/Down 》과 《 Alt + Shift + Up/Down :: Opt + Shift + Up/Down 》이므로 반드시 코드 편집 창에서 커서를 메서드 명에 위치하고 직접 눌러 보기 바란다. 이 차이를 알게 된다면 실수로 코드 라인 순서가 꼬여 곤란해지는 일을 막게 될 것이다.

자바 문서 표시

코드를 작성하는 중에 현재 사용하는 항목에 궁금한 점이 있다면 언제든 《 Ctrl + Q :: F1 》를 누른다. 클래스, 메소드, 변수, 파라미터 등 항목이 가지는 API 도움말이 팝업으로 자세한 내용으로 표시된다. 이에 대한 도움을 확실하게 받고 싶다면 본인도 함께 일하는 동료를 위해 JavaDoc 항목을 가능한 상세하게 적는 것이 좋다.

> Javadoc 표시

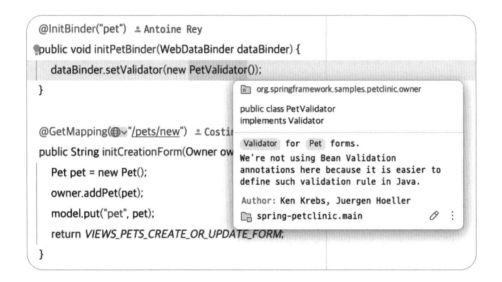

< IDE의 예제로 살펴보는 인텔리제이 >

인텔리제이와 리팩터링 Refactoring

리팩터링 챕터에서 상세히 설명하겠지만 여기서는 인텔리제이의 리팩터링 기능 중 이름 변경 기능과 변수 추출 기능을 우선 살펴보자. 파일 이름과 거의 동의어지만 클래스명, 패키지명, 메서드명과 변수명 중 한 항목의 이름을 일괄로 변경해야 하는 경우 《 Shift + F6 》을 누른다. 그러면 인텔리제이는 현재 선택된 항목이 사용된 프로젝트 내의 모든 요소를 찾아서 일괄로 변경한다. 미처 생각지도 못한 곳까지 찾아서 일괄로 변경하기에 편리하다.

> 일괄 리네임 일괄 변경 경고창

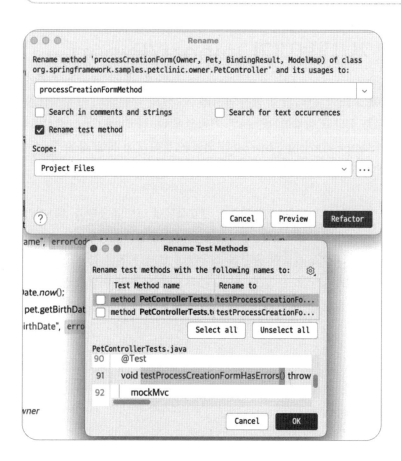

이클립스 파트에서 이미 경험했던 변수 추출은 《 Ctrl + Alt + M :: Cmd + Opt + M 》이므로 기능이 복잡해진 클래스를 기능 단위로 분리하여 메서드를 만드는데 적극적으로 활용하기 바란다.

디버깅 Debugging

이클립스는 별도의 디버깅 퍼스펙티브에서 디버깅이 동작하는 특징이 있으나 인텔리제이는
자체적으로 작동한다. 아울러, 매우 상세하게 프로그램의 내부까지 정보를 살펴볼 수 있다.
시각적으로도 상태를 빠르게 파악할 수 있도록 잘 구성되어 있다. 동시에 프로그래머가 다룰
수 있는 선택지가 넓어 코드의 흐름과 오류를 빠르게 찾아내는 데 효과적이다.

디버깅은 그 자체로도 충분한 설명이 필요하며 인텔리제이가 디버깅에 어떻게 활용되는지
상세한 설명을 위해 디버깅 챕터에서 별도로 다루기로 한다.

프로젝트 불러오기/내보내기 Import/Export

최근에는 대부분 Git을 통해 코드가 관리되고 공유되기에 사내/외 구분없이 프로젝트를
디스크에 직접 저장하는 경우는 적다고 생각하지만 분명 기능은 있다. [File > Open]이거나
[File > New > Project from Existing Sources] 기능을 통해 Zip 파일 혹은 폴더로
구성된 프로젝트를 인텔리제이 프로젝트로 불러온다.

내보내는 Export는 재미있게도 선택지가 있다. 이클립스의 프로젝트로 내보낼 것인가 순수하게
코드를 담는 zip 파일로 저장할 것인가의 선택이다. 추천하는 방식은 코드를 Git으로 관리하고
해당하는 프로젝트 Git 저장소에 URI와 적절한 권한을 소유하며 언제든 빠른 접근과 관리가
될 수 있도록 하는 것이 궁극적으로 바라보는 방향이다. 당장 Git 사용이 어렵다면 Git과
직접적으로 친해지도록 노력하길 바란다. 이는 VCS 챕터에서 설명하기로 한다.

> 프로젝트 내보내기

```
Manage IDE Settings          >
New Projects Setup           >
Save File as Template...

Export                       >    Files or Selection to HTML...
Print...                          Project to Eclipse...

Power Save Mode
```

< IDE의 예제로 살펴보는 인텔리제이 >

플러그인 (Plugin)

복잡하거나 특정 패턴이 반복되는 코드에 어노테이션을 활용하여 긴 코드를 축약하는 자바 라이브러리를 롬복(Lombok)이라 한다. 코드가 짧아지는 효과에서 머물지 않고, 가독성 향상에 상당한 도움을 주기에 많은 개발자들이 필수 라이브러리로 활용한다. 이클립스와 비주얼 스튜디오 코드를 포함하는 일반 IDE들은 롬복을 마치 일반 라이브러리처럼 파일을 다운로드하여 자신이 사용하는 IDE의에 특정 폴더에 위치시킴으로써 동작시키는 불편함이 있다.

이 책을 보는 수준의 개발자에게 롬복이 무엇인지 추가 설명은 필요 없겠지만, 굳이 언급하는 이유는 인텔리제이에서는 단순히 플러그인의 설치 기능이 편하다는 속성으로 그치지 않는다는 점이다. 이 특성은 인텔리제이가 상용 소프트웨어임에도 오픈소스 진영의 많은 프로그램과 아주 밀접하게 유기적으로 연결되어 있음을 보여준다. 그중 가명 유용한 플러그인이 롬복이다. 23년 12월 이후의 최신 버전의 인텔리제이에는 자체 내장되어 번들 플러그인으로 제공된다. 플러그인을 찾아보려고 검색할 때, 'bundled'라고 적혀 있다면 해당 빌드 이후에는 자체 내장된 플러그인이다. 인텔리제이는 [File > Settings > Plugin] 항목에서 필요한 플러그인을 찾아 검색한 후 설치하는 실습을 해본다.

Key Promoter X

생산적인 프로그래밍을 위해 필연적으로 단축키를 외워야 함은 누구도 부인할 수 없다. 이 플러그인은 특정 기능을 수행하거나 아이콘을 클릭하면 해당 기능의 이름과 단축키를 실시간으로 풍선 팁으로 보여준다. 추가로 현재 사용한 기능의 단축키를 지금까지 몇 번 눌렀는지 통계를 보여준다. 단축키가 익숙해져 더 이상 특정 기능의 단축키 안내가 필요 없다면 단축키 안내에서 "Don't show again"을 클릭하면 사라진다.

> Key Promoter X 샘플

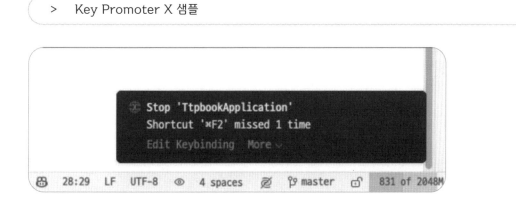

Rainbow Brackets

코드가 길어지면 괄호 또는 블록이 서로 짝을 찾기 힘들어진다. 특히 누락되거나 추가되었을 때 짝을 찾기 힘들 뿐 아니라 의도치 않은 괄호는 프로그램 실행 결과에도 영향을 미친다. 물론, 자동 정렬 기능을 사용하면 도움이 되지만, 시각적인 컬러로 서로 짝이 맞도록 매칭 시켜 바로 체크할 수 있는 기능은 충분히 이 플러그인을 추가 설치하는 이유를 충분히 제공한다.

설치 이후, 한 번은 재시작이 필요하지만, 설치 전과 후를 비교해보자. 특히, HTML, XML 과 같은 마크업 랭귀지에서 진가가 발휘하며 큰 힘이 된다.

> Tip : 안타깝게도, Rainbow Brackets은 인텔리제이 2024.01 버전부터 유료화가 되었다. LifeTime 라이선스이기에 한 번 지불하면 되지만, 아쉬운 부분이다.

그 외 플러그인

훌륭한 플러그인의 종류도 많고 모두 다 설명할 수 없어 두 가지만 더 소개하고 추가적인 설치는 여러분의 선택에 맡기려고 한다. 콘솔과 로그 화면에 빠르게 지나가 버리는 화면에서 놓칠 수 있는 중요한 정보를 시각적인 효과를 통해 보다 편하게 찾고 파악할 수 있도록 도와주는 Grep Console이 있으며, 앞으로 소개하게 될 Git을 사용할 때 필요한 .ignore 플러그인은 필수 플러그인으로 추천한다.

인터넷 검색 혹은 플러그인 마켓 플레이스에서 개발자들이 많이 쓰는 플러그인을 찾는 것도 즐거운 경험이지 않을까 생각한다. 아울러, 인텔리제이가 익숙해지고 프로그래밍에 자신감이 생겼다면 플러그인을 직접 제작하고 배포하여 전세계 개발자들에게 도움을 주는 기회를 만드는 것도 추천한다.

< IDE의 예제로 살펴보는 인텔리제이 >

단축키 설정 Keymap

개발자로서 어떤 생산도구 툴을 만나든 가장 먼저 할 일은 매뉴얼을 읽고 단축키 목록을 인쇄 또는 요약하여 외우는 일이다. 단순히 단축키를 외우는 것을 넘어 다른 툴과는 다른 숨은 기능을 알게 되는 경우도 생기며 습관처럼 반복하던 일이 단축키로 해결될 수 있는 것을 알게 되는 행운도 있다.

인텔리제이는 생산성 향상에 비중을 두고 중요도를 표시한 단축키 목록을 사용자의 운영체제에 맞추어 PDF 양식으로 제공한다. [Menu > Help > Keyboard Shortcuts PDF]를 클릭하면, 본인의 OS에 맞는 단축키 목록을 얻을 수 있다. 인텔리제이가 주요 단축키로 선별한만큼 많이 이용된다. PDF를 이용하여 상시 보이는 곳에 두고 익히자.

> 　주요 단축키 PDF

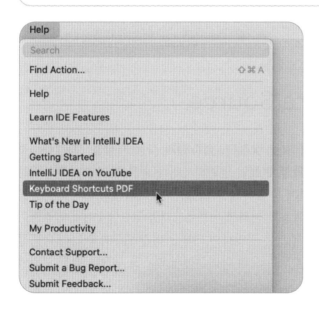

인텔리제이를 처음 실행하고 빈 에디터 창을 보면 시작함에 있어 반드시 필요한 필수 단축키를 알려준다. 무엇이든 찾고 싶을 때 더블 시프트, 어떤 파일을 찾아 열고 싶을 때 《 Ctrl + Shift + N :: Cmd + Shift + O 》, 최근 열었던 파일 목록은 《 Ctrl + E :: Cmd + E 》를 누른다.

현재 열린 파일을 내비게이션 바를 통해 계층을 따라 움직여 파일을 찾아가고 싶을 땐 《 Alt + Home :: Cmd + Up 》을 누른다. 필자 개인적으로 자주 쓰는 단축키는 화면 정렬에《 Ctrl + Alt + L :: Cmd + Opt + L 》을 누르고, 커서가 위치한 곳의 단어나 블록을 자동으로 선택하는 《 Ctrl + W :: Opt + Up 》는 거의 매번 습관적으로 누르게 된다.

메뉴에 [Help > Keymap Reference]를 선택하면, 현재 자신이 사용하고 있는 OS에 맞추어 단축키 목록을 PDF로 제공한다. 이를 프린트하여 전부 외우는 것은 비효율적이지만, 프로그래밍을 하는 도중 언제든지 볼 수 있도록 보이는 위치에 붙여 놓자. 틈틈이 호기심을 갖고 적용해보려는 노력은 큰 도움이 될 것으로 생각한다.

> 인텔리제이 메인 윈도우 단축키 소개

```
Search Everywhere Double ⇧
Project View ⌘1
Go to File ⇧⌘O
Recent Files ⌘E
Navigation Bar ⌘↑
Drop files here to open them
```

데이터베이스 연동 Data Source

IDE의 Integrated라는 단어가 여기서 빛을 발한다. 컴파일과 자동 저장을 지원하는 것 이외에 어쩌면 단순 텍스트 에디터에 불과할 뻔했던 인텔리제이에 숨을 불어넣는 기능이라 할 수 있겠다. 통합개발환경이라는 단어에 충실하게 거의 모든 데이터베이스와의 연동을 지원한다. 최근 활용이 많아진 JPA 지원 기능과 본격적인 프로그래밍 코드에 DB와 연결되어 필요한 항목들이 자동으로 연동되는 것에서 오는 편리함의 기쁨은 이건 도구가 아니라 마법을 부리는 요술봉에 가깝다. 인텔리제이 화면 우측 도구 아이콘에서 디스크 세장이 겹친 모양의 '데이터베이스' 아이콘을 선택하면, 데이터베이스 도구 창이 나타난다.

간단한 실습용으로 활용하기 좋은 H2는 기본으로 연동되며 클라우드 기반의 데이터베이스 서비스까지 연동이 되는 것이 장점이다. 우선 IDE 자체로 DB의 모든 기능을 연동하여 사용할 수 있음을 확인하고 다음 단계로 진행한다.

< IDE의 예제로 살펴보는 인텔리제이 >

> 데이터베이스 연결 및 연동

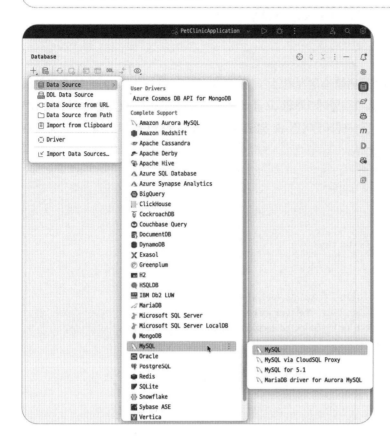

오늘의 팁 Tips of the day

대부분의 프로그램처럼 인텔리제이를 실행시키면 '오늘의 팁 !'을 알려준다. 하루에 한 번이라도 읽어 보고 꼭 습득하길 바란다. 1주일에 1개만 고급 스킬을 익혀도 1년은 약 52주 이므로 52개의 스킬을 익힐 수 있다. 만든 사람이 이건 좀 알고 넘어가세요 ~ 하는 것이니 그냥 넘기고 헤매기에는 우리 인생 너무 짧다.

> 오늘의 팁 예시

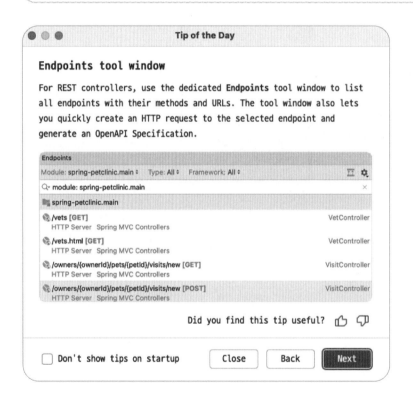

Tips of the day에서는 코드 작성 및 편집 중 빠르게 단축키를 활용하는 방법이나, 코드 검사와 정적 분석으로 코드 품질을 높이기 위한 도구 사용법을 알려준다. 템플릿과 코드 스타일은 물론, 플러그인 활용 또는 추천, 리팩토링 기능이나 데이터베이스 통합에 관한 내용도 보여준다. 아울러, 자동 완성, 코드 검색, 디버깅 팁들을 전한다. 한 번에 모든 것을 익히기는 어려울 수 있으나 나타날 때마다 하나씩 익혀 둔다면, 개발 생산성 향상에 큰 도움이 될 것이다.

< 1 라운드 시작 >

1 라운드 시작

시작

적게는 5년 이상 개발자 직업을 가진 경우 자신에게 익숙한 개발 도구를 고집하는 경우를 많이 목격했다. 새로운 도구를 받아들이고 학습하는 노력을 기피하지 않고 조금은 낯설고 어색할지라도 관심을 갖고 시간을 조금이라도 투자하면 좋겠다.

적게는 몇 일에서 길어야 한 달 정도면 익숙해지게 되고, 그 후에는 그동안 이렇게 훌륭한 도구를 이제서야 알게 되다니 하고 후회하게 될지 모른다. 생산성 향상이라는 목표는 개발자 개인 뿐 아니라 조직이나 팀의 구성원으로서 반드시 갖추어야 할 덕목이라 생각한다. 물론 언젠가 또 다른 훌륭한 도구가 나올 수 있다. 중요한 것은 많은 사람들이 감탄해 마지 않는 도구를 단지 낯설다는 이유로 덮어두진 말자.

인텔리제이를 설치하고, 함께 일하는 동료들과 소통에 문제가 없도록 용어를 통일한다. 아울러 꼭 필요한 설정에 대한 설명과 자신만의 인텔리제일르 만드는 커스텀 과정을 소개한다. 또한 이 책 전반과 여러분이 인텔리제이를 사용하여 코드를 작성하는 모든 시간에 가장 큰 도움이 될 단축키 사용과 설정 과정을 설명하며 1라운드를 준비했다.

준비

윈도우와 맥OS, 리눅스 운영체제에서 설치하는 과정을 소개하고, 인텔리제이 라이선스인 커뮤니티 에디션과 얼티밋 에디션에 각 다른 점을 비교해본다. 아울러, 커뮤니티 에디션 버전에서 자바 개발을 하는 방법을 소개한다.

> 라이선스 종류

인텔리제이를 설치하고 실행하고, 필수적인 설정을 진행해본다. 아울러, 플러그인 설치와 GitHub 에서 소스를 가져와 프로젝트를 열어 실행하는 단계를 거치면서 입문 과정을 진행해본다.

< 준비 >

인텔리제이 버전

IntelliJ IDEA Community Edition

'커뮤니티 에디션'은 Apache 2.0 에 따라 라이선스가 부여된다. 무료로 제공되는 강력한 IDE 중 하나로 주로 자바와 관련있는 환경에서 사용되는 기술을 사용하는 개발자들이 사용한다. JVM 및 Android (안드로이드 스튜디오) 개발을 위한 모든 기본 기능을 제공한다.

무료 사용 : 개인 프로젝트, 상용 프로젝트 관계없이 무료 사용 가능

기능 지원 : 커뮤니티 에디션은 자바 언어를 주로 지원하며, 코드 자동완성, 디버깅, 리팩토링 기능 지원

빌드 도구 통합 지원 : 자체 모듈관리 뿐 아니라 Maven, Gradle 빌드 도구를 지원한다.

테스트 : 단위 테스트를 지원하며, JUnit, TestNg 등 단위 테스트 프레임워크를 사용할 수 있다. 이는 TDD(Test Driven Development)를 가능하도록 돕는다.

VCS 지원 : 대부분의 IDE와 마찬가지로 버전 관리 시스템과의 통합을 지원하여, 협업은 물론 버전 관리를 지원한다. 특히, 외부 GUI 프로그램의 도움 없이도 Git을 직관적으로 사용할 수 있도록 GUI Git Client가 내장되어 있기에, 버전 관리를 편리하게 사용할 수 있도록 돕는다.

플러그인을 통한 기능 확장 : 플러그인을 통해 기능을 확장하여, 다른 언어를 개발에 사용할 수 있도록 하거나, 다른 프레임워크, 특정 작업을 간단히 도입하여 사용할 수 있도록 한다.

그외 기본적으로 영어, 한국어, 일어 등 다양한 언어를 지원하여, 언어 장벽없이 사용할 수 있다. 또한, 오픈 소스로 개발되어 있기에 직접 기여하거나, 사용자 피드백을 제공할 수 있다.

물론 무료로 사용할 수 있다는 아주 강력한 사용 동기와 장점을 갖고 있지만, 더 많은 기능을 활용하기 위해 '얼티밋 에디션'을 구독하여 사용하는 것을 고려해보는 것을 추천한다.

> Tips
>
> 처음부터 Ultimate를 선택하는 것을 한 번 더 추천한다. 여러분의 시간은 소중하다.

IntelliJ IDEA Ultimate

상업용, 즉 유료 버전이다. 웹 개발 및 엔터프라이즈 개발을 위한 도구와 기능들이 추가되어 있다. 얼티메이트의 대표적 기능 차이점은 다음과 같다.

데이터베이스 도구 및 프로파일러

웹 & 엔터프라이즈 프레임워크

원격 개발 (Remote)

기본 기능(커뮤니티 에디션) + 필요한 모든 기능

다양한 언어 및 프레임워크 지원 : 다양한 프로그래밍 언어와 프레임워크를 지원한다.

사용하면서 피부로 와 닿았던 기능적 차이점은 우선 Spring을 사용함에 있어 MVC, Boot, Security 등 통합된 스프링 환경의 지원을 해주지 않는다는 점이 가장 크게 느껴지는 점이다. 커뮤니티 에디션은 대부분의 모든 프레임워크 지원을 하지 않아 사용함에 불편함이 따른다. 방법이 아예 없진 않다.

< 준비 >

> 프로젝트 신규 진입 화면, 다양한 언어와 프레임워크 목록

자바 언어를 기본으로 Groovy 언어를 공식적으로 지원하고, 얼티밋 버전에서는 추가로 JSP, JavaScript, TypeScript, React, Angular, Bootstrap, Vue.js 프레임워크를 내장하여 공식 지원한다. 내장된 공식 지원 언어가 아니더라도 Kotlin, Flutter 개발에 주로 사용되는 Dart, Scala, Python, Rust 언어 등을 플러그인을 통해 사용할 수 있다. 또한 얼티밋 버전에 한해, Ruby, PHP, Node.js, Go 언어를 플러그인을 통해 사용할 수 있다.

최초 인스톨을 할 때, 추천 플러그인 형태로 표출되어 클릭 몇 번만으로 이미 설치되어 있는 경우가 많아 특정 언어로 개발을 시작하려 할 때도 이미 구성되어 있거나, 간단히 플러그인 설치로 개발을 시작할 수 있는 것이 IDE 역할에 충실한 인텔리제이의 장점이다.

얼티밋 버전에서는 특히 SQL, Database Tool을 내장하여 지원하여 별도의 DB Client를 사용하지 않아도 되는 장점이 있다. 데이터베이스 도구들이 포함되어 있기에 별도의 고난이도 기술의 DB 작업이 아니라면 인텔리제이 내에서 관리 및 SQL Query 작성 및 실행이 가능하다. 젯브레인의 DataGrip을 내장하고 있다고 해도 무리가 없을만큼 대부분의 기능을 제공한다.

Java 개발에 더해, Spring / Spring Boot 프레임워크와 Java EE와 같은 엔터프라이즈 프레임워크를 지원하며, 어플리케이션 개발과 개발 환경, 그리고 디버깅을 위한 다양한 도구를 갖추고 있다. 특히 얼티밋 버전부터는 웹 개발에 필요한 많은 도구와 기능이 포함되어, 기본적인 JavaScript, HTML, CSS 지원 뿐 아니라 Angular, React, Vue.js를 프레임워크와 라이브러리 차원에서 지원한다.

아울러, 테스트 진행에 필요한 프로파일링 도구를 지원하며, 디버깅을 위한 도구와 기능이 추가되어 어플리케이션 개발에 성능을 끌어올리고 버그를 빠르게 찾고 수정할 수 있도록 돕는다.

얼티밋 에디션은 기본적인 플러그인 사용을 넘어 커스텀 플러그인을 개발할 수 있도록 지원한다.

무엇보다 공식적인 상용 라이선스이기에 상업용 프로젝트나 대규모 프로젝트에서 사용하는데 적합하다. 인텔리제이 사용법을 우선 살펴보기 위해 라이선스 정책에 대한 자세한 이야기는 책 후반에 부록으로 전달한다. 프로젝트의 규모나 요구사항에 따라 혹은 개인이나 기업의 사용 목적에 따라 무료로 사용하거나 적합한 라이선스를 구독하여 사용하면 된다. 다양한 언어와 프레임워크를 사용하며, 플러그인 지원과 넓은 범위의 개발을 위해서는 얼티밋 에디션이 필요하지만, 커뮤니티 에디션으로 수행 할 수 있는 범위에서 충분히 실습 또는 학습을 한 후 기능을 충분히 활용할 수 있을 때, 유료 버전으로 사용해보자.

인텔리제이를 직접 설치하고 스프링 프로젝트를 구동해 본다.

< 설치 >

설치

직접 설치하는 방법

다운로드 페이지에서 다운로드를 받아 설치한다.

https://www.jetbrains.com/ko-kr/idea/download/

직접 설치하는 과정을 짧게 설명하는 이유는 사실 특별한 경우가 아니라면 Tool Box 를 이용하여 설치하게 되기 때문이다.

윈도우에서 설치

다운로드 하여 exe 파일을 실행한다. 참고로, '/S' 를 덧붙이는 사일런트 모드를 통해 기본값으로 빠르게 진행하는 특수한 기능이 있다.

맥OS에서 설치

다운로드 한 dmg 파일을 열고 어플리케이션 쪽으로 옮긴다.

리눅스에서 설치

다운로드 후, tar 를 이용하여 압축을 푸는 방법도 있지만, snap 을 이용하여 패키지로 설치할 수 있다. Snapcraft를 검색하여 설명서를 참조하자.

기타 버전 설치하기

설치 페이지에서 '기타버전'을 클릭하거나, 아래 링크로 접속하면 2012년에 발표된 버전부터 지금까지의 모든 인텔리제이 목록을 볼 수 있고 다운로드가 가능하다. EAP 버전을 사용하는 도중 문제가 생기거나 특정 버전으로 변경 후 문제가 생긴다면 재빠르게 이전 버전으로 돌아갈 수 있다.

https://www.jetbrains.com/ko-kr/idea/download/other.html

툴박스 설치

인텔리제이를 직접 다운로드 받아 설치하기 보다는 젯브레인사의 프로그램을 자동으로 관리해주는 툴박스를 통해 받는 것이 좋은 점이 몇 가지 있다. 인텔리제이를 사용하며 업그레이드 안내나 새로운 소식을 놓치지 않기 위해서라도 젯브레인에 아이디를 만들어 놓는 것이 유용하다.

https://www.jetbrains.com/

> 가입 & 툴박스 설치

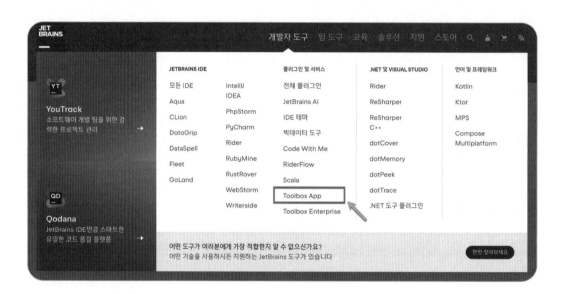

젯브레인에 아이디를 제출하고 가입 후, 툴박스를 다운로드하여 설치하면 해당 계정에서 설치할 수 있는 프로그램의 목록이 나온다. 인텔리제이 커뮤니티 버전 혹은 얼티밋 버전을 다운로드하고 설치하는 것 까지 클릭 한 번이면 된다.

클릭 한번에 자신의 시스템에 맞춰 자동으로 설치되면, 추가적으로 해당 어플리케이션이 사용하게 될 사용자의 언어, 경로, 테마(색상), 메모리, 임시파일을 설정할 수 있다. 설정 화면이 종종 업데이트 되지만, 근본적인 기본 값은 크게 변화되지 않으니 큰 걱정은 없다. 다만, 인터넷 환경이 자유롭지 않은 사설 망에서 프록시를 이용할 수 있는 기능을 추가한 것은 감동을 넘어 감사할 따름이다. 간혹 업무 환경에서 인터넷 환경이 자유롭지 않다면 Proxy, Advanced 옵션을 활용하여 대응하자.

< 설치 >

자동화된 업데이트를 선택하는 것은 새로운 버전을 자동으로 적용하는 방법이지만, EAP(Early Access Preview) 얼리엑세스 프리뷰 옵션은 선택하는 것을 추천하지는 않는다. 가능하면 안정화된 버전으로 유지하는 것을 추천한다. 급한 업무 처리나 중요한 작업 중, EAP 사용에 의한 오류나 장애 발생시 적절한 타이밍에 지원을 받지 못하면 곤란한 일이 발생할 가능성이 있다. 아울러, 특정 버전 이상부터 플러그인이나 기능이 유료화 되거나 지원되지 않는 문제가 발생하면 충분히 대응할 수 있는 타이밍을 놓칠 우려가 있다.

> 최근 작업 중인 프로젝트 목록 화면

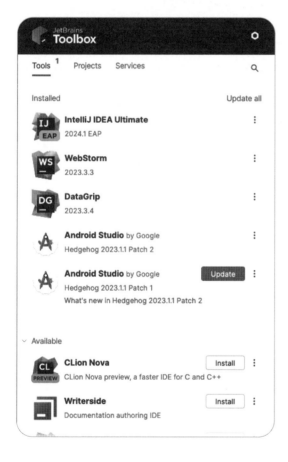

툴 박스를 사용하면 얻을 수 있는 장점은 다음과 같다.

우선 JetBrains에서 서비하는 모든 제품을 하나의 툴로 편리하게 관리하므로 다운로드나 설치에 별도 작업이 필요하지 않다. 자동 업데이트와 버전 관리는 덤이다. 최신 버전으로 자동 업데이트가 되는 것은 새로운 기능을 사용할 수 있다는 장점과 함께, 빠른 보안 업데이트를 적용 받을 수 있다는 장점이 있다.

아울러, JetBrains 제품에 대해 라이선스를 소지하고 있거나, 조직으로부터 부여 받은 경우 각 제품별로 자동으로 적용되어 관리 받을 수 있다. 툴박스에 이메일 주소로 할당되는 자신의 아이디가 등록되는 것은 자신의 다른 컴퓨터나 다른 운영체제에서도 모두 사용할 수 있다는 점과 함께 모든 플랫폼에서 작업 환경을 동일하게 유지할 수 있는 강력한 기능을 제공한다. 매번 새로운 설정 작업을 반복하지 않아도 된다. 특히 팀원과 공유할 수 있다는 장점은 협업에 효과를 발휘한다.

라이선스가 없는 경우라도 해당 제품에 관심이 있는 경우, 체험판을 자동으로 다운로드 받아 사용할 수 있는 기능과 함께 쉽게 삭제 및 재설치도 쉽고 간편하다. 참고로 인텔리제이 커뮤니티 에디션과는 별개로 얼티밋 버전은 1개월간 무료로 체험할 수 있다.

Toolbox App 본격적으로 사용하기

새로운 버전을 클릭 한 번으로 빠르게 업데이트가 가능하다. 새로운 버전에서 어떤 기능이 추가 혹은 개선되었는지 파악이 가능하다. 다양한 버전을 쉽게 전환하거나 체험해볼 수 있는 기회를 가질 수 있다. Early Access Programs (EAP) 버전을 먼저 접해보거나, 구글에서 배포하는 안드로이드 스튜디오의 카나리 빌드 버전을 선택하여 설치할 수 있다.

현재 진행되고 있는 많은 프로젝트를 찾기 목록을 통해 빠르게 검색하거나 즉시 열 수 있으며, 단 한 번의 클릭으로 해당 프로젝트에 적합한 IDE를 찾아 열어준다.

툴 박스 설치 후, 사용하는 브라우저에 플러그인을 설치하면, 소스 공유 사이트인 GitHub, GitLab, or Bitbucket 에 접속하면 해당 프로젝트 리파지토리를 Clone 하고 바로 열어볼 수 있는 기능의 버튼을 보여준다.

크롬이나 파이어폭스에서 확장 프로그램 JetBrains Toolbox Extension을 검색하여 설치하자. 설치 이후에는 젯브레인에서 제공하는 모든 프로그램들의 설치와 버전 관리, 버그 픽스, 릴리즈 버전 사전 체험 등에 드는 시간과 노력을 매우 효과적으로 줄일 수 있다.

툴 박스 사용 팁

팁을 하나 더하자면, 툴박스 설치 후 설정 창에서 시스템에 적용되는글로벌 단축키 지정을 통해 툴박스 호출하는 기능이 있다. 개발 도중 마우스에 손이 가는 것을 경계하는 프로그래머라면 지정해놓고 쓰자. 저자는 《 Shift + Ctrl + Cmd + Z 》로 지정했다. 툴 박스가 열린 후 Tools, Projects, Services 탭간 전환은 각각 《 Ctrl + 1, 2, 3 :: Cmd + 1, 2, 3 》 으로 전환하면 된다. 그리고 프로젝트 선택은 커서 키로 위, 아래 선택 후, 엔터를 누른다. 한 번 만 익혀 놓으면 마우스에 손이 가는 일이 점점 줄어든다.

< 실행 >

실행

IntelliJ IDE는 JetBrain Runtime 기반으로 실행되며 (2023, 2) 기준으로 JRE 17가 함께 번들로 제공되기에 실행을 목적으로 JAVA를 시스템에 별도로 설치할 필요는 없다. 다만, JAVA 어플리케이션을 개발하기 위해서는 Stand Alone JDK가 필요하다.

설치와 실행을 위한 시스템 요구사항은 있으나 현재 시점에서 구동되는 대부분의 시스템에는 문제없이 구동될 수 있는 수준이다. 대표적으로 8GB 이상의 램과 멀티코어 CPU, 최신의 64 Bit 구동 OS 등이 요구된다.

일반 실행

맥은 애플리케이션 폴더, 런치패드, 또는 Spotlight 에서 IntelliJ IDEA 찾아 실행한다.

윈도우는 시작메뉴, 혹은 바탕화면 아이콘, 설치 폴더의 bin 아래 IDEA.exe 실행 파일로 실행한다.

리눅스는 설치된 폴더의 idea.sh을 실행한다. 또는 설치 중 생성된 바탕화면에 바로가기를 사용한다.

용어 통일

어떤 도구나 언어를 배울 때 가장 먼저 진행하는 것은 용어의 정리가 아닐까 싶다. 영어를 처음 배울 때 8품사와 5형식이 그러하고, 프로그래밍 언어를 배울 때 변수와 상수가 그러하였다. 인텔리제이를 처음 실행하고 오픈을 하면 아래와 같은 화면이 뜨게 되는데, 여기서 보여지는 항목들의 위치 기준과 명칭에 대해 용어를 정함으로써 오인없이 진행할 수 있도록 한다. 대화의 경우 눈빛으로 잘 전달되고 있는지 상호 조율이 가능하겠으나 지면으로 하는 소통인 관계로 인텔리제이에서 제시되는 용어를 명칭 그대로 혹은 음차하여 용어를 정하기로 한다.

UI 용어

화면에서 보여지는 User interface의 용어를 통일하지 않으면 여러 우를 범하거나 혼동이 발행할 수 있다. 직접 확인 해 본 결과 지난 10 여년 전 2012 버전의 인텔리제이와 현재 사용되고 있는 최신 버전에서도 기본적인 UI 구조는 큰 차이가 없는 것으로 확인된다. 우선 UI 에서 사용되는 용어를 확인한다.

물론 내부적으로는 인텔리제이에 많은 기능이 추가되었으며, 매번 새로운 버전이 출시될 때마다 What's New 를 통해 움직이는 이미지로 보여주니 젯브레인사에 아이디를 등록하거나, 인텔리제이 시작시 보여주는 하일라이트 창에서 확인해보자.

> 2012년 화면

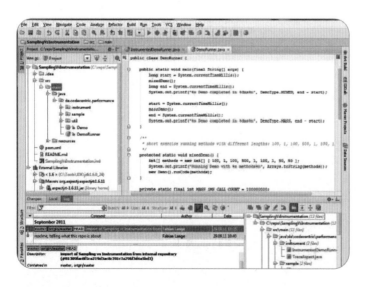

물론, 특정 플러그인이 적용되거나, 인텔리제이 에디션 종류가 다를 때, 혹은 사용자가 임의로 설정한 부분이 있다면 부분적으로는 다른 화면으로 보일 수 있으나, 대체로 동일한 형태와 구조를 갖게 된다.

< 용어 통일 >

네비게이션 바 Navigation bar

위치상 상단 좌측에 있는 바 형태로서 프로젝트에서 현재의 Depth 와 위치를 알려준다. 우측 끝에서는 현재 오픈되어 편집 중인 파일을 나타내게 된다. 편집 중 어디서나 《 Alt + Home :: Cmd + Up 》 단축키를 누르면 이동할 수 있으며 좌우는 깊이 이동, 상하는 동일 레벨에서 이동할 수 있다. 동일 레벨의 다른 파일이나 부모 레벨로 빠르게 이동할 때 유용하다. 특히, Git 과 같은 VCS와 연동이 되어 있는 경우, 해당 파일의 VCS 상태에 따라 구분되어 색상 및 강조 표시가 되므로 빠르게 파악할 수 있다.

> 　　네비게이션 바

```
springframework > samples > petclinic > owner > © PetController
              © PetTypeFormatter         │ © Owner              rmatter.java - Vis...
                                         │ © OwnerController
-petclinic      PetController            │ ① OwnerRepository
                                         │ © Pet
                              4 u        │ © PetController          String VIEWS_PETS_CI
                   44         pri        │ © PetType
                   45                    │ © PetTypeFormatter
                                         │ © PetValidator
1/3/24, 3:57 PM               6 u        │ © Visit
B 1/3/24, 3:57 PM  46         pri        │ © VisitController        pository owners;
 B 1/3/24, 3:57 F                        │
 1/3/24, 3:57 PM   47
```

동시에 우측에 있는 버튼은 작성 중인 프로젝트 어플리케이션을 빌드, 실행, 디버그하는 기능을 수행한다. 또한 사용자가 지정한 환경 설정에 따라 구성대로 실행하거나 빠르게 Ctrl 키를 두 번 눌러 수행하는 Run Anything 기능과 Shift 키를 두 번 눌러 수행하는 Search Everywhere 버튼도 여기에 포함된다.

> 　　네비게이션 바 우측의 버튼들

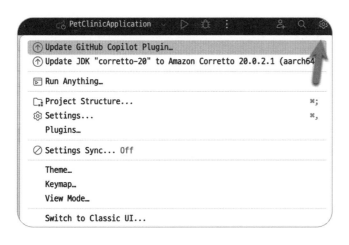

톱니 바퀴 모양의 아이콘은 직관적으로 알 수 있듯이 인텔리제이와 프로젝트의 설정 관련 메뉴를 보여준다.

프로젝트 도구 창 Project

가장 대표적인 프로젝트 도구 창은 위치상 좌측에 있는 트리 형태로 보이는 프로젝트 구조를
보여주는 창이다. 파일 목록, 패키지 목록을 나타내며, 사실상 프로젝트와 관련된 모든 파일을
관리하고 보여주는 중요한 창이다. 단연 중요성에 따라 단축키도 《 Ctrl + 1 :: Cmd + 1 》
으로 할당되어 있다. 프로젝트 내에서 편집 대상 파일을 이동하거나 파악할 때 자주 사용된다.

> 프로젝트 도구 창

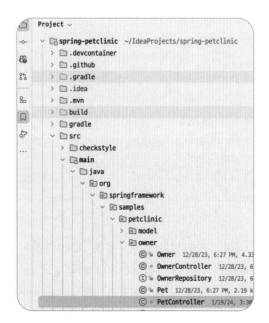

다양한 도구 창 중에 실행할 때 애플리케이션이
출력하는 내용을 표시하는 실행 도구 창이 있으며,
도구 창은 기본 메인 화면의 측면이나 하단에
도킹되어 표시된다. 정렬하거나 숨기거나 도킹을
해제하여 별도의 창으로 여는 작업을 수행할
수 있다. 프로젝트 도구 창이 1번에 할당되어
있는 것처럼 자주 사용하는 도구 창은 번호를
부여하여 사용할 수 있다.

< 용어 통일 >

> 프로젝트 탐색 창에서 자동 검색 기능

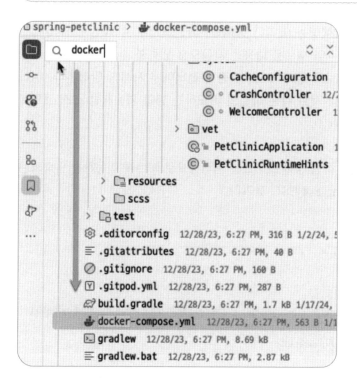

> 설정 창에서 자동 검색 기능

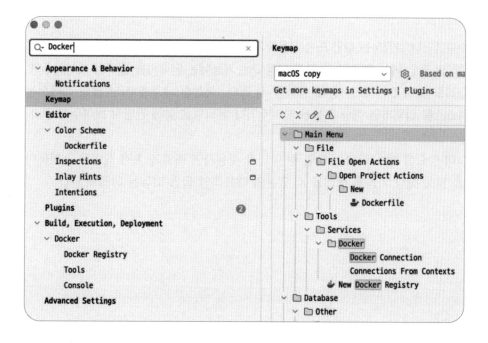

에디터 (편집기) Editor

소스 코드를 입력하고 편집하는 탐색하는 에디터 창이다. 마찬가지로 《 Alt + Insert :: Cmd + N 》을 누르면 맥락에 맞추어 새로운 내용을 자동으로 입력할 수 있으며, 소스코드 자동완성 기능과 문맥 지원 기능으로 무장되어 있다. 편집 챕터에서 자세히 알아본다. 여러 개의 창을 분할하여 열고 편집하거나 서로 다른 파일의 비교하는 병합 기능처럼 소스 코드에 관한 모든 작업이 여기서 이루어진다.

참고로, 편집창이 아닌 다른 곳에서 작업 중에 포커스를 편집창으로 빠르게 이동하는 단축키는 놀랍게도 탈출의 의미를 갖는 escape 《 ESC 》키다.

> 편집창 소스코드 작업 모습

```java
@ModelAttribute("owner")
public Owner findOwner(@PathVariable("ownerId") int ownerId) {  Complexity is 6 It's time to do something...

    Owner owner = this.owners.findById( id: ownerId);
    if (owner == null) {
        throw new IllegalArgumentException("Owner ID not found: " + ownerId);
    }
    return owner;
}
```

팝업 메뉴 Popup Menu

특정 기능을 수행하거나 설정하는 화면 또는 사용자가 빠르게 직접 선택을 해야 하는 상황에 주로 나타나는 기본적인 팝업 메뉴 화면이다. 자주 사용되는 기능에는 단축키를 동시에 표시해주며, 단축키가 없더라도 숫자 0 ~ 9 를 통해 선택할 수 있다. 복잡한 구조를 지닌 팝업 창에서는 마찬가지로 텍스트를 입력하면 해당 기능을 찾아주거나 필터링을 통해 간단히 보여주게 된다.

사용자의 액션이 필요할 때 나타나는 팝업 뿐 아니라 사용자가 빠르게 특정 작업을 수행해야 할 때 단축키를 통해 해당 기능을 불러올 수 있는데 대표적인 팝업 메뉴는 아래와 같다.

< 용어 통일 >

제네레이터 (생성기능)

현재 컨텍스트에서 생성할 수 있는 항목들을 빠르게 만들기 위한 팝업을 생성한다. 프로젝트 도구 창, 편집 창에서 각 맥락에 맞는 신규 생성 기능을 사용할 수 있다. 단축키는 《 Alt + Insert :: Cmd + N 》.

> 프로젝트 도구 창에서 각 Cmd + N 화면

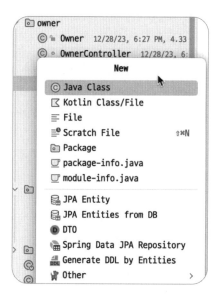

TIP. 대부분의 대화창에서 마찬가지로 문자 타이핑을 하면 해당하는 항목을 하일라이트 하여 찾아주며, 《 Alt + Insert :: Cmd + N 》 을 누르면 새 항목을 생성하는 Generate 기능이 동작한다.

> 편집 창에서 NEW 기능

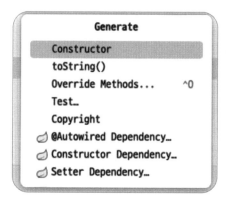

Refactor This

빠른 리팩토링 기능을 호출하는 단축키로, 리팩토링 가능한 목록을 빠르게 살펴보는 기능이다. 단축키는 《 Ctrl + Alt + Shift + T :: Ctrl + T 》를 사용한다.

> Refactor This

VCS 운영

VCS 의 상황에 맞는 작업이 포함된 팝업을 열어 작업을 지시한다. 단축키는《 Alt + ` :: Ctrl + V 》.

> VCS 운영

< 용어 통일 >

컨텍스트 메뉴 Context Menu

마우스 우측 버튼 혹은 각 상황에 맞추어 단축키로 조합되어 나타나게 만드는 메뉴 창이다.
현재 컨텍스트에서 사용하는 메뉴를 나타내므로 다른 위치 혹은 같은 위치에도 선택한 내용에
따라 메뉴가 달라진다.

마우스 오른쪽 버튼 이외에도 동일한 상황에도 어떤 기능 키와 조합하는가로 성격이 다른 다양한
작업이 가능하다. 팝업 메뉴에 대한 설명시 해당 화면이 나타나게 될 때 필요한 단축키를 함께
표시하여 빠른 작업이 가능하도록 한다.

> 컨텍스트 메뉴

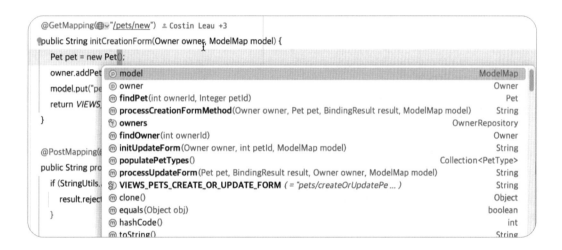

현 시점에서 놀라운 점은 편집 창에서 마우스 우측 버튼을 누르면 나오는 메뉴 중 가장 위에
A.I. Actions 라는 점이다. 곧 인공지능으로 코딩을 하는 시대가 도래하는 듯 하다. 관련된
내용은 후반부 챕터에서 인텔리제이 자체적인 소스코드 작성 보조기능과 깃허브의 코파일럿,
젯브레인의 AI 어시스턴스를 자세히 소개 하고자 한다.

상태 바 Status Bar

메인 창의 하단에 표시되는 상태바는 다른 여느 프로그램과 마찬가지로 직전에 수행된 내용에 대한 알림 텍스트를 표시한다. 특히, 작업 중 문제가 발생하거나 알 수 없는 오류가 발생한 경우에 메시지를 보여주는데, 바로 마우스 우측 버튼으로 클릭하면 텍스트가 복사되므로, 해결책을 검색하는데 필요한 문자열로써 활용하기 유용하게 사용된다.

> 상태바 예시

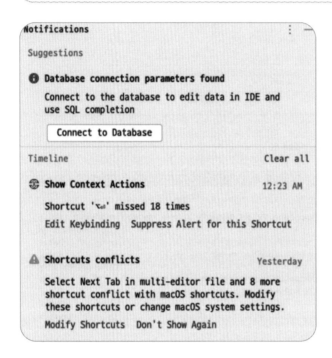

상태 표시줄 오른쪽에는 프로젝트 진행에 필요한 다양한 설정 값이나 IDE의 현재 상태를 나타내는 다양한 값이 표시되고 있는데, 마우스를 위치시키면 해당 위젯이 하는 역할명과 설정을 하기 위해 사용되는 단축키가 표시된다.

사용자가 설정한 상태 혹은 설치한 플러그인에 의존하여 여러 다른 위젯들이 표시될 수 있지만, 가장 대표적인 위젯을 살펴본다.

< 용어 통일 >

> 　　상태바 중 우측 표시 내용 위젯들

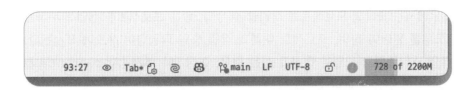

편집기에서 현재 위치를 나타내는 줄과 열 번호와 EOL(End Of Line 의 방식), 문자 인코딩을 보여주며, 자물쇠 모양을 통해 수정 모드인지 읽기 전용 모드인지를 보여준다. 아울러, 열 편집 모드 《 Alt + Shift + Insert :: Cmd + Shift + 8 》를 보여주거나, 절전 모드 상태를 보여주기도 한다.

4 space 라고 적힌 부분은 현재 파일에서 들여쓰기 (indent) 가 어떻게 설정되어 있는가를 보여준다. (최근에는 2가 유행따라 대세다.)

말 그대로 상태바로서 역할에 충실하기에 평소에는 무심하듯 관심이 없더라도 문제가 발생할 때 가장 먼저 살펴볼 공간이기에 각 내용이 의미하는 바를 꼭 숙지하기 바란다.

가장 우측에는 heap memory 의 상태를 보여주는데 여기서 부족하다고 판단이 들면 메뉴 [Help > Edit Custom VM Option]에서 '-Xmx2048m'을 찾아 사용자의 환경에 맞게 메모리 할당을 늘려주면 된다. m은 MegaBytes 단위로 편의상 2G 또는 4G처럼 GigaBytes 단위로 대체 가능하다.

메인 윈도우 Main Window

하나의 메인 윈도우에서는 하나의 프로젝트를 작업할 수 있다. 다른 프로젝트를 작업해야 하는 경우, 별도의 윈도우를 열어야 하며, 프로젝트 이름과 작업 중인 파일명이 헤드에 표시된다. IDE 메인 윈도우의 스타일이나 모양을 바꾸고 싶은 경우, 설정 메뉴에서 [Appearance & Behavior]를 선택하여 취향에 따라 선택한다.

> 메인 윈도우 설정 옵션 창

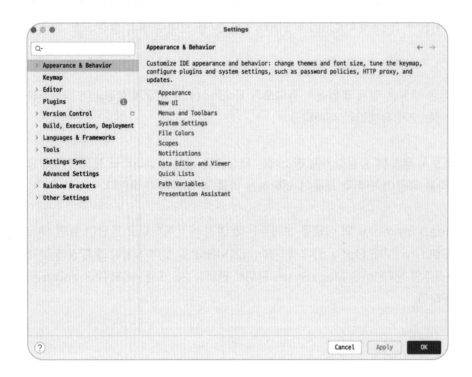

< 용어 통일 >

레이아웃 초기화 Default Layout

> 레이아웃 초기화

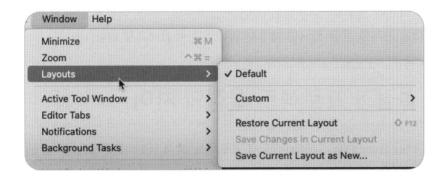

필연적으로 여러 도구 창이 열리고 화면이 복잡해지면 기본 상태로 되돌리고 싶을 때가 있다. 이때 상단 메뉴 중 [Window > Layouts > Default]로 설정하면 다시 처음의 상태로 되돌아간다. 물론 사용자가 지정한 상태를 저장하거나 불러오는 기능도 함께 존재한다.

용어 정리를 핑계로 단축키를 사용하는 방법, 환경설정하는 방법, 조합된 단축키를 통해 팝업과 컨텍스트 메뉴를 불러오는 방법을 알아보았다. 필요한 용어를 정리하며 화면의 구성요소의 위치와 명칭을 알아보고, 기본적인 사용법에 대해 익숙한 상태라 생각된다. 본격적으로 사용자 환경에 맞게 인텔리제이를 설정하고 유용하거나 꼭 필요한 내용을 직접 적용해보자.

필수 설정

프로그램을 설치하면 최초에 설정할 일이 많은 것이 사실이지만, 우선 어떻게 설정하는지 간략히 알아보고 책 내용 전체를 통해 필요한 내용을 하나씩 진행해보고자 한다.

인텔리제이 설정과 프로젝트 설정의 차이

인텔리제이 설정 (Preferences or Settings) 과 프로젝트 설정 (Project Structure) 설정의 차이를 알아본다.

우선 인텔리제이 자체의 설정을 담당하는 Preferences or Settins와 인텔리제이로 작업 중인 프로젝트(작업대상)의 설정을 담당하는 Project Structure로 구분할 수 있다.

> 설정 구분과 단축키

인텔리제이 환경 설정	Preferences or Settings	Ctrl + Alt + S Cmd + , (comma)
프로젝트 구조 설정	Project Structure	Ctrl + Alt + Shift + S Cmd + ; (semicolon)

각 단축키는 Preferences Settings 은 《 Ctrl + Alt + S :: Cmd + , (comma) 》이며, Project Structure는 《 Ctrl + Alt + Shift + S :: Cmd + ; (semicolon) 》이다.

인텔리제이를 사용하는 과정에서 많이 사용되므로 꼭 외워야 할 키이다.

서로 다른 범위를 가지기에 인텔리제이 (환경) 설정의 영역과 프로젝트 (구조) 설정이라고 구분지어 표현하도록 하겠다.

< 필수 설정 >

자동차를 처음 구매할 때 차의 색을 고르는 고민과 여러가지 옵션 중에 필요한 것을 고르듯 인텔리제이를 어떤 모습으로 사용하게 될지에 대한 'Look And Feel' 선택 2가지를 선택하며 설정을 진행하는 일련의 과정을 우선 배워보도록 한다. 그러면 이후 나오게 되는 많은 설정을 매우 쉽게 접근할 수 있게 될 것이다.

인텔리제이 환경 설정 Preferences or Settings

인텔리제이 전역에 영향을 주는 설정이다. 진행 중이거나 새로 시작하는 모든 프로젝트에 공통적으로 적용되는 설정이다. 인텔리제이 동작 및 모양, 플러그인 설치 및 적용, 에디터 관련된 설정 및 단축키, VCS 설정, 외부 도구 연동 같이 인텔리제이에 관한 설정을 관리한다.

프로젝트 구조 설정 Project Structure

작업 중인 프로젝트에 영향을 주는 설정이다. 프로젝트 별로 고유의 설정이 적용되므로 독립된 구조나 상태를 가질 수 있다. 프로젝트에 해당되는 SDK 설정이 대표적이다. 해당 프로젝트에 속하는 모듈과 모듈에 필요한 종속된 라이브러리 설정, 빌드와 실행에 관한 구성이 포함된다. 프로젝트별로 적용되는 속성인만큼 인텔리제이에 전체에 영향을 끼치거나 다른 프로젝트에 함께 적용되지 않는다.

테마 설정

취향의 영역이긴 하지만 많은 개발자들이 일반적인 흰 바탕에 검은 글자 상태의 (Light) 테마 보다는 검은 바탕에 흰 글자를 표현하는 (Dark) 테마를 많이 선택하는 것으로 보인다. 흰 종이에 인쇄되는 서적 특성상 화면 모두 라이트 테마에서 캡쳐하여 보여주고 있지만, Dark 테마를 시도해보고 원하는 테마를 선택하는 방법을 살펴본다.

인텔리제이 설정(Settings) 화면에서 키워드 theme 를 입력하여 찾거나 [Preferences > Appearance & Behavior > Appearance] 에서 theme 를 선택한다.

테마를 선택하고, 화면 비율을 통해 확대할 수 있으며. OS에 설정된 컬러 스키마와 동일한 테마로 동기화 하거나 더 많은 테마를 가져오는 옵션이 있다.

> 테마 설정

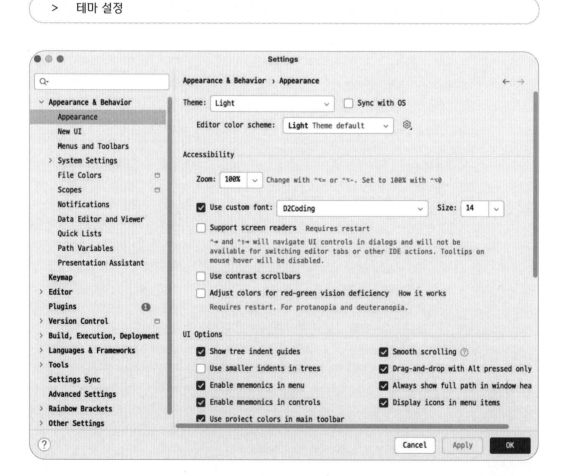

< 필수 설정 >

장시간 모니터를 바라봐야 하는 개인적인 입장에서는 Dark를 추천하며, 일반적으로 많이 사용되는 테마를 인기도를 기반으로 소개한다. [Settings > Appearance & Behavior > Appearance]에서 테마를 선택하는 영역에서 Get More Themes를 선택하면, 플러그인 마켓플레이스에서 현재 사용 가능한 테마의 목록을 보여준다. 다운로드 수 또는 인기도 순으로 정렬하여, 직접 적용하면서 본인에게 적합한 테마를 살펴보자.

IntelliJ	인텔리제이 기본 테마
Darcula	다크 모드 테마로 배경이 어둡고, 희거나 밝은 텍스트로 인한 눈 피로에 부담이 적다.
Material Theme	Material Design 스타일을 따르는 테마로 간결한 디자인이 특징이다.
One Dark	GitHub에서 사용되는 테마로 무려 650만이 넘는 다운로드를 보여준다. GitHub와 동일한 하이라이팅을 기대한다면 사용을 추천한다.
Solarized	라이트 다크 테마 모두 존재하며, 눈이 편한 특징이 있다.
Monokai	색상이 도드라지며 대비가 강한 특징이 있다.

기본적으로 선택하는 테마 설정 이외에 플러그인을 통한 다양한 추가 설정이 가능하므로 다수의 선택을 받은 테마를 적용하여 먼저 경험을 한 후, 차차 커스텀 하거나 본인에게 적합한 환경을 만들어 가는 것을 추천한다.

컬러 스키마

인텔리제이 전체의 테마를 밝은 계열, 어두운 계열로 선택하였다면 코드를 작성하는 편집 창에 대한 컬러 스키마를 선택하게 된다. 물론 여기에도 밝은 계열과 어두운 계열은 존재하지만, 인텔리제이의 룩을 결정하는 테마와 가장 큰 차이점은 사용하는 코드의 프로그래밍 언어에 따라 서로 다른 키워드 강조 색상(의미 강조)을 지정하는 설정이라는 점이다.

> 컬러 스키마 설정

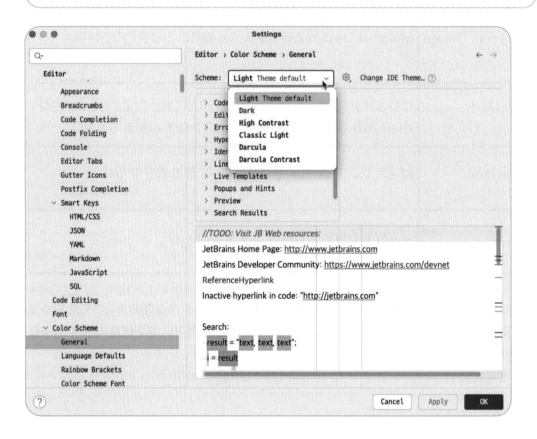

익숙한 것이 좋아하는 개발자들은 어떤 IDE에서든 유사하거나 동일한 컬러 스키마를 사용하고자 하는 생각을 하게 되었고, 이에 색 구성표인 스키마를 공유하게 되었다. 관심있는 독자라면 개발자들이 순위를 매겨놓는 코드 편집기 폰트 컬러 스키마에 대한 자료를 인터넷에서 검색해보기 바란다. 다양한 취향의 스키마들이 넘쳐나는 것을 볼 수 있다. 'code editor color schemes' 로 검색하면 다양한 편집기에서 사용할 수 있는 컬러 스킴 자료들과 공개된 파일을 다운로드 받아 자신의 편집기 또는 인텔리제이에 직접 적용할 수 있다.

< 필수 설정 >

> 컬러스키마 복제 후 커스텀하기

이미 구성되어 있는 컬러 스키마에서 본인이 필요한 설정으로 변경하거나, 공유를 위해 스키마를 파일로 추출하거나, 인터넷 등에서 타인이 공유한 파일을 나의 인텔리제이에 적용시킬 수 있는 Import Schme 기능도 있으니 활용해보기 바란다. 인터넷 검색을 해보면 다양한 스키마가 존재한다.

주의점은 테마는 Light 계열로 선택하고 편집창의 컬러 스키마는 Dark 계열로 하거나, 또는 그 반대로 하게 되면 구멍이 뚫린 모습처럼 보이거나, 검은 섬이 하나 나타나는 것처럼 어색한 화면이 되니 주의하자. 다행스럽게도 테마와 스키마 컬러가 매칭되지 않으면 인텔리제이가 경고 메시지를 보면주면서 자동으로 변경하겠다는 알림을 준다. 그저 선택을 하면 된다.

폰트

사용자 지정 폰트

테마와 스킴처럼 인텔리제이의 도구 창, 도구 모음, 메뉴 등에서 사용하는 폰트 설정과 코드 편집기에서 사용하는 폰트의 설정 영역이 다르다. 아래를 참조하고 각각의 차이를 알아보자.

[Preferences > Appearance & Behavior > Appearance]

[Preferences > Editor > Font]

테마 부분에서 따로 언급하지 않았지만, 테마 설정 화면에서 바로 아래에 [Use Custom Font] 옵션이 있다. 이는 인텔리제이에서 사용하게 되는 폰트를 지정하는 메뉴인데, 개발자들은 자연스럽게 고정폭 폰트를 사용하게 될 가능성이 높다. 아니 고정폭 폰트를 사용하기를 추천한다.

[Preferences > Appearance & Behavior > Appearance]

> 인텔리제이 폰트 설정

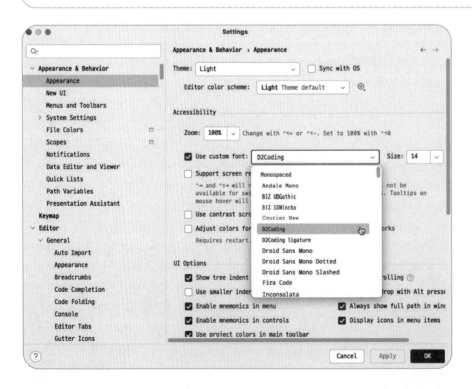

< 필수 설정 >

편집기에서 소스코드 작성시 사용하는 폰트는 테마와 동일하게 하거나 기능적인 면에서 개발자에게 도움이 되는 폰트를 설정하는 것이 좋다. 저 자세한 옵션은

[Preferences > Editor > Font]

소스코드나 검색의 결과, 디버깅 정보, 콘솔의 입출력 등 많은 텍스트 리소스를 바라봐야 하는 입장에서 개발자에게 적절한 폰트는 아주 중요한 역할을 한다.

콘솔에서 사용하는 폰트는 테마의 색 구성표와 동일하게 사용하지만, 필요하면 변경할 수 있다. 아래 경로로 찾아가면 된다. 메인 폰트가 표현하지 못하는 심볼문자를 대체할 fallback font 를 추가로 설정할 수 있으니 설정해두면 도움이 된다.

[Preferences > Editor > Color Scheme > Console Font]

개발자용 폰트

개발을 위한 편집기에 추천하는 폰트는 아래와 같다.

Consolas	Ubuntu Mono	IBM Plex Mono

안타깝게도 한글을 지원하지 않는 폰트들이어서 한글이 포함되는 경우는 아래를 추천한다. 사실상 아래 폰트 외에는 대안이 없는 듯 보인다.

나눔 고딕코딩	오픈소스 폰트	D2Coding

오픈소스 폰트는 가독성이 조금 떨어진다는 의견이 있으며, D2Coding은 네이버에서 출시한 폰트로 나눔고딕코딩 을 개선한 디자인이다. 여러 폰트를 경험했지만, 결국 한글 사용을 위해 이 폰트를 사용한다.

폰트 저작권 문제로 실제 인쇄되는 내용에는 구분되지 않아 아쉬우나, 인터넷 검색을 통해 충분히 다양한 개발자용 폰트와 이용 사례를 찾아볼 수 있다.

개발자용 폰트의 조건

개발자가 사용하는 폰트는 취향이나 선택의 영역이지만, 기본적으로 갖추어야 할 몇 가지 중요한 특성이 있으므로 이를 고려하여 선택하는 것이 좋다.

가독성

프로그램에서 오타나 잘못된 입력은 치명적인 오류나 비즈니스에 문제가 발생할 수 있는 여지가 있으며, 꽤 장시간 모니터를 바라봐야 하는 입장에서 빠른 가독성은 필수다. 가독성은 폰트 자체로서 해결되지 않고 글자와 글자, 단어 사이의 간격과 스타일, 굵기도 함께 영향을 끼친다. 가독성은 때때로 자신 뿐 아니라 함께 일하는 사람과 협업을 할 때도 영향을 끼친다.

문자 간격

고정폭 문자 폰트를 사용해야 하는 이유가 바로 여기에 있다. 코드 자체 뿐 아니라 다음 줄, 혹은 여러 줄에 걸쳐 폰트가 차지하는 너비 공간이 들쭉 날쭉한 경우 가독성이 떨어지게 된다. 여러 줄에 걸친 코드가 고정폭이 아닌 경우, 코드 블록이나 줄바꿈 상태를 알아보기 힘들고, 특히 오류를 찾는데 큰 혼동이 생길 수 있다. 특히, 단어를 정렬하는 경우, 폰트 너비가 제각각인 경우, 정렬 결과를 볼 때 전, 후 데이터가 제대로 정렬 된 것인지 파악하기 곤란할 수 있다. 고정 폭은 넓이를 이야기 하나 높이 역시 일관되게 고정된 값이어야 한다.

오인될 수 있는 유사 문자의 확실한 구분

텍스트 중 유사한 문자로 인해 문자와 숫자, 혹은 숫자와 숫자, 문자와 다른 문자로 오인될 수 있는 소지가 있는 텍스트는 한 번에 파악할 수 있도록 구분되어 표시된 폰트를 선택하는 것이 좋다. 대문자 O 와 숫자 0 (zero)는 코드를 볼 때, 오인될 여지가 있으며, 소문자 l 과 숫자 1도 혼동되기 쉽다. 개발자용으로 널리 사용되는 폰트는 주로 숫자 0 은 가운데 점을 찍거나 사선을 긋고, 영문자 l 은 꼬리 부분을 흘리거나 1에 꺾은 선을 도드라지게 하는 등으로 한 번에 알아보기 편한 형태로 텍스트를 표시한다.

< 필수 설정 >

> 개발자용 폰트 텍스트 구분 예시

```
0 Number  O Character  o Character
1 Number  l Character  i Character
```

Darcula vs Dracula

참고로, 인텔리제이에서 기존으로 제공하는 Darcula 테마&스킴은 Dracula theme로 오인하고는 했으나, 인텔리제이 측에서 밝힌 바에 따르면 Dracula 와 Dark를 합친 단어라는 공식 입장이다.

이미 Dracula 라는 단어를 타사에서 공개적으로 사용되고 있었기 때문에 다크를 강조하는 듯한 느낌으로 Darcula 라는 이름으로 칭하게 되었다고 한다.

젯브레인사의 Darcula와 타사의 Dracula는 서로 다른 색상으로 조합되어 있으니 서로의 차이점을 비교해보는 것도 재미있는 발견이 될 것 같다.

인텔리제이에 기본 Darcula가 아닌 Dracula Theme를 경험해보고 싶다면, 아래 링크를 통해 확인해보자.

https://draculatheme.com/

인텔리제이에서 쉽게 사용하는 방법으로는 플러그인 설치를 하면 된다.

Darcula Darker Theme

https://plugins.jetbrains.com/plugin/12692-darcula-darker-theme

플러그인 설치를 어떻게 하는지 궁금할 것이다. 그래서 다음 챕터에서 바로 설명한다.

플러그인 설치

이클립스나 VS code 등 다른 개발 편집기와 마찬가지로 인텔리제이도 '젯브레인 마켓플레이스'를 통해 다양한 플러그인을 설치할 수 있다. 현 시점에 인텔리제이 플랫폼에서 마켓플레이스에 올라온 플러그인은 7636개가 공개되어 있다. 대부분이 무료이며, 설치 후 마음에 들면 사용료를 내라는 앱인구매 형태의 플러그인도 가끔 보인다.

인텔리제이의 수 많은 기능의 바탕이 되는 번들 플러그인은 유용하기도 하지만 가끔은 필요 없다고 느끼기도 하는데, 번들 플러그인은 비활성화만 가능하고 삭제는 불가능하다.

아울러, 마켓 플레이스 뿐 아니라 사설 플러그인 저장소나 로컬 파일 (zip or jar)로 설치할 수 있다.

> 플러그인 화면 설정 > 플러그인 화면

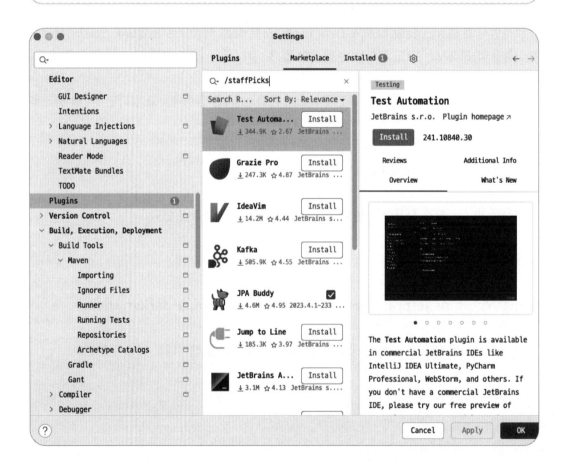

< 필수 설정 >

기본 추천 이외에도 많은 플러그인이 마켓플레이스에 있다. 플러그인은 인텔리제이 기능의 확장 뿐 아니라 작업 생산성을 높이는데 도움주는 목적으로 개발되는 것이 대부분이다. 평소에 관심을 갖고 살펴보거나 최근 인기도 순위를 보며 적용해보고 경험해보기를 바란다. 직접 제작해보는 것은 더할 나위없이 좋다.

추천 플러그인 설치

액션 검색 《 Ctrl + Shift + A :: Cmd + Shift + A 》을 선택한 후, 'Suggest'를 입력해보면 추천 플러그인을 체크하는 액션 메뉴가 나타난다.

> 추천 플러그인 목록

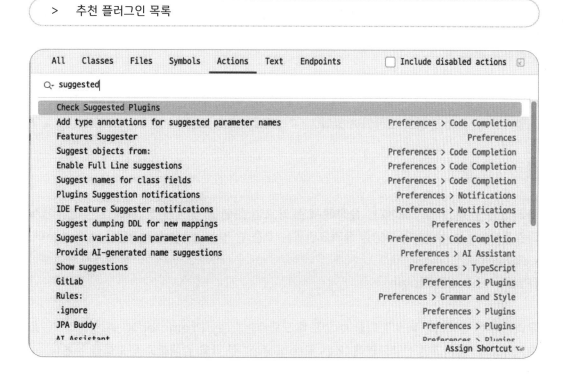

이미 필요한 플러그인이 설치되어 있다면 "No Suggested Plugins found." 란 메시지가 나타나고, 여러분이 진행하고 있는 현재 맥락에 맞게 추천해주는 플러그인이 있다면 망설이지 말고 설치해보기 바란다.

번들 플러그인 Bundle Plugin

대표적인 번들 플러그인은 안드로이드 개발을 위한 안드로이드 개발을 위한 '안드로이드', 안드로이드 디자인 툴' 이 있고, 빌드 툴로는 Ant, Gradle, Maven 이 있다. 아울러 코드 커버리지, 데이터베이스, 배포와 관련된 기본적인 툴이 번들로 제공되고 있다.

HTML / XML 관련 툴과 Javascript Framework 를 대부분 지원하는 것도 흥미로운 지점이다.

스프링 프레임워크와 도커, 코틀린 등이 눈에 띄고 마이크로서비스를 지원하기 위한 각종 도구들과 리모트 개발을 위한 도구들도 보인다. 각종 템플릿 지원과 VCS 지원 등 다양한 번들이 포함되어 있으니 여러분들도 꼭 플러그인 화면을 열어 어디까지 지원되고 있는지 꼭 살펴보기 바란다.

아 물론, 인텔리제이 플랫폼에서 구동되는 플러그인을 개발하는데 도움을 주는 '플러그인 개발키트'도 기본 번들로 포함되어 있다.

플러그인 설치

플러그인을 직접 설치해본다. 설정에서 플러그인 화면을 찾아간다. 플러그인 메뉴에서 마켓플레이스를 선택하면 다양한 플러그인들을 추천 받거나 새로운 플러그인을 소개 받는다.

[Preferences > Plugins]

우리는 우선 단축키를 빠르게 외울 수 있도록 도와주는 'Key Promoter X' 라는 플러그인을 설치해보자. 플러그인 선택화면에 'Key Promoter X' 라고 검색하고 인스톨을 누른다.

'Key Promoter X'가 동작하기 시작하면 여러분이 입력하는 모든 작업에 대해 단축키가 있는 활동에 대해서 단축키를 소개하고, 현재까지 단축키를 쓰지 않고 얼마나 작업하였는지 카운트 하여 숫자로 보여준다. 단축키를 사용할 수 밖에 없게 만들어 주는 듯 하다.

이렇게 설치한 플러그인은 설정이 필요할 수 있으며, 설정창에 도구 메뉴에 가면 플러그인의 설정을 직접 할 수 있다.

< 필수 설정 >

> Key Promoter X 동작 화면]

```
'git <command> [<revision>...] -- [<file>...]'
→ spring-pet          Run 'PetClinicApplication'      ^R        Shift+F10
HEAD is now a                                        macOS      Win/Linux
→ spring-petclinic git:(main)
```

[Preferences > Tools > Key Promoter X]

이렇게 인텔리제이 마켓플레이스에서 처음 사용할 때, 알고 있으면 좋은 플러그인 설치 방법과 설정 방법을 간단히 알아보았다. 많이 사용되는 설정과 추천되는 플러그인에 대하여 상세 정보는 이 책의 내용이 진행되면서 더 자세히 설명하고자 한다.

Tip : 현재 집필 중, 정식 버전인 2023 버전이 아닌, 출시 전 2024 EAP 버전으로 테스트 중에 기존에 정상 동작하던 Key Promoter X에서 호환성 이슈가 발생했다. 이처럼 버전이 높다고 바로 업데이트를 하기 보다는 정식 릴리즈 버전으로 IDE를 유지하기를 바란다. 예상치 못한 상황에서 문제가 발생하면, 감당하지 않아도 될 문제로 곤경에 빠질 수 있다. 개인적인 호기심 또는 테스트가 목적이 아닌 이상에 EAP는 가능한 접근하지 않도록 마음에 새기자. 특히 업무 또는 비즈니스 용도라면 더욱 조심해야 한다.

단축키 변경 / 키맵

인텔리제이 전체 설정 《 Ctrl + Alt + S :: Cmd + , 》에서 Keymap 을 찾아 설정한다. 인텔리제이 뿐 아니라 어떤 도구든 애플리케이션이든 숙달된 단축키 사용은 목적한 바를 빠르게 이룰 수 있도록 돕는다. 단축키 설정하는 방법과 대표적으로 많이 사용되는 단축키를 알아본다.

> 설정에서 단축키 화면

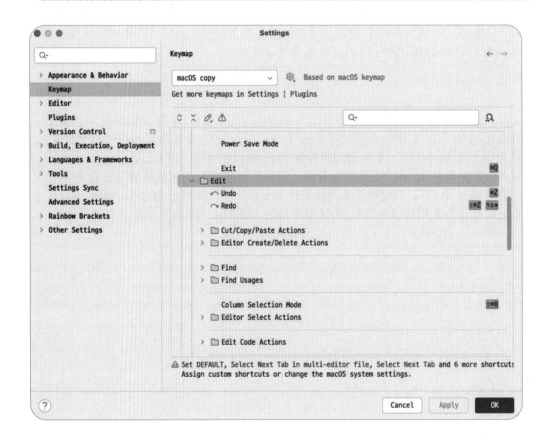

원하는 동작을 찾은 후, 단축키 설정하며, 서로 다른 기능에 동일한 단축키를 지정하면 충돌 현상이 일어나므로 주의한다. 특히, 프로그램이 아닌 시스템에서 사용하는 단축키를 지정하여 사용하는 경우 주의가 필요하다.

< 단축키 변경 / 키맵 >

기본 단축키 키맵

[Menu > Help > Keyboard Shortcuts PDF]를 클릭하면, OS에 맞는 단축키 목록을 얻을 수 있다.

윈도우 리눅스 키맵

> 윈도우와 리눅스의 단축키

IntelliJ IDEA
WINDOWS & LINUX KEYMAP

Editing

Ctrl + Space	Basic code completion (the name of any class, method or variable)
Ctrl + Shift + Space	Smart code completion (filters the list of methods and variables by expected type)
Ctrl + Shift + Enter	Complete statement
Ctrl + P	Parameter info (within method call arguments)
Ctrl + Q	Quick documentation lookup
Shift + F1	External Doc
Ctrl + hover	Brief Info
Ctrl + F1	Show descriptions of error or warning at caret
Alt + Insert	Generate code... (Getters, Setters, Constructors, hashCode/equals, toString)
Ctrl + O	Override methods
Ctrl + I	Implement methods
Ctrl + Alt + T	Surround with... (if..else, try..catch, for, synchronized, etc.)
Ctrl + /	Comment/uncomment with line comment
Ctrl + Shift + /	Comment/uncomment with block comment
Ctrl + W	Select successively increasing code blocks
Ctrl + Shift + W	Decrease current selection to previous state
Alt + Q	Context info
Alt + Enter	Show intention actions and quick-fixes
Ctrl + Alt + L	Reformat code
Ctrl + Alt + O	Optimize imports
Ctrl + Alt + I	Auto-indent line(s)
Tab / Shift + Tab	Indent/unindent selected lines
Ctrl+X	Cut current line or selected block to clipboard
Ctrl+C	Copy current line or selected block to clipboard
Ctrl+V	Paste from clipboard
Ctrl+Shift + V	Paste from recent buffers...
Ctrl+D	Duplicate current line or selected block
Ctrl+Y	Delete line at caret
Ctrl+Shift + J	Smart line join
Ctrl+Enter	Smart line split
Shift + Enter	Start new line
Ctrl + Shift + U	Toggle case for word at caret or selected block
Ctrl + Shift +]/[	Select till code block end/start
Ctrl + Delete/Backspace	Delete to word end/start
Ctrl + NumPad+/-	Expand/collapse code block
Ctrl + Shift+NumPad+	Expand all
Ctrl + Shift+NumPad-	Collapse all
Ctrl + F4	Close active editor tab

Usage Search

Alt + F7/Ctrl + F7	Find usages/Find usages in file
Ctrl + Shift + F7	Highlight usages in file
Ctrl + Alt + F7	Show usages

Navigation

Ctrl + N	Go to class
Ctrl + Shift + N	Go to file
Ctrl + Alt + Shift + N	Go to symbol
Alt + Right/Left	Go to next / previous editor tab
F12	Go back to previous tool window
Esc	Go to editor (from tool window)
Shift + Esc	Hide active or last active window
Ctrl+Shift+F4	Close active run / messages / find / ... tab
Ctrl+G	Go to line
Ctrl+E	Recent files popup
Ctrl+Alt + Left/Right	Navigate back / forward
Ctrl+Shift+Backspace	Navigate to last edit location
Alt + F1	Select current file or symbol in any view
Ctrl + B , Ctrl + Click	Go to declaration
Ctrl + Alt + B	Go to implementation(s)
Ctrl + Shift + I	Open quick definition lookup
Ctrl + Shift + B	Go to type declaration
Ctrl + U	Go to super-method / super-class
Alt + Up/Down	Go to previous / next method
Ctrl +]/[	Move to code block end/start
Ctrl + F12	File structure popup
Ctrl + H	Type hierarchy
Ctrl + Shift + H	Method hierarchy
Ctrl + Alt + H	Call hierarchy
F2 / Shift + F2	Next/previous highlighted error
F4 / Ctrl + Enter	Edit source / View source
Alt + Home	Show navigation bar
F11	Toggle bookmark
Ctrl + F11	Toggle bookmark with mnemonic
Ctrl + #[0-9]	Go to numbered bookmark
Shift + F11	Show bookmarks

Search/Replace

Double Shift	Search everywhere
Ctrl + F	Find
F3 / Shift + F3	Find next / Find previous
Ctrl + R	Replace
Ctrl + Shift + F	Find in path
Ctrl + Shift + R	Replace in path

Live Templates

Ctrl + Alt + J	Surround with Live Template
Ctrl + J	Insert Live Template
iter	Iteration according to Java SDK 1.5 style
inst	Check object type with instanceof and downcast it
itco	Iterate elements of java.util.Collection
itit	Iterate elements of java.util.Iterator
itli	Iterate elements of java.util.List
psf	public static final
thr	throw new

Refactoring

F5	Copy
F6	Move
Alt + Delete	Safe Delete
Shift + F6	Rename
Ctrl + F6	Change Signature
Ctrl + Alt + N	Inline
Ctrl + Alt + M	Extract Method
Ctrl + Alt + V	Extract Variable
Ctrl + Alt + F	Extract Field
Ctrl + Alt + C	Extract Constant
Ctrl + Alt + P	Extract Parameter

Debugging

F8/F7	Step over/Step into
Shift + F7 / Shift + F8	Smart step into/Step out
Alt + F9	Run to cursor
Alt + F8	Evaluate expression
F9	Resume program
Ctrl + F8	Toggle breakpoint
Ctrl + Shift + F8	View breakpoints

Compile and Run

Ctrl + F9	Make project (compile modifed and dependent)
Ctrl + Shift + F9	Compile selected file, package or module
Alt + Shift + F10/F9	Select configuration and run/and debug
Shift + F10/F9	Run/Debug
Alt + Shift + F10	Run context configuration from editor

VCS/Local History

Ctrl + K / Ctrl + T	Commit project to VCS/Update from VCS
Alt + Shift + C	View recent changes
Alt + BackQuote (`)	VCS Operations Popup

General

Alt + #[0-9]	Open corresponding tool window
Ctrl + S	Save all
Ctrl + Alt + Y	Synchronize
Ctrl + Shift + F12	Toggle maximizing editor
Alt + Shift + F	Add to Favorites
Alt + Shift + I	Inspect current file with current profile
Ctrl + BackQuote (`)	Quick switch current scheme
Ctrl + Alt + S	Open Settings dialog
Ctrl + Alt + Shift + S	Open Project Structure dialog
Ctrl + Shift + A	Find Action
Ctrl + Tab	Switch between tabs and tool window

jetbrains.com/idea   blog.jetbrains.com/idea   @intellijidea

Tip : 인텔리제이에서 제공하는 고화질의 PDF를 여기서는 미리보기 정도의 역할을 할 것으로 기대한다. 책에 담아 내기에는 온전히 표시되지 않는다. 실제 PDF를 다운로드 받아 깨끗한 고화질의 파일을 통해 인쇄하여 활용하기 바란다.

> 맥OS의 단축키

IntelliJ IDEA
MAC OS X KEYMAP

Editing

^ Space	Basic code completion (the name of any class, method or variable)
^ ⇧ Space	Smart code completion (filters the list of methods and variables by expected type)
⌘ ⇧ ↵	Complete statement
⌘ P	Parameter info (within method call arguments)
F1	Quick documentation lookup
⇧ F1	External Doc
⌘ + hover	Brief Info
⌘ F1	Show descriptions of error or warning at caret
⌘N	Generate code... (Getters, Setters, Constructors, hashCode/equals, toString)
^ O	Override methods
^ I	Implement methods
⌘ ⌥ T	Surround with... (if..else, try..catch, for, synchronized, etc.)
⌘ /	Comment/uncomment with line comment
⌘ ⌥ /	Comment/uncomment with block comment
⌥ ↑	Select successively increasing code blocks
⌥ ↓	Decrease current selection to previous state
^ ⇧ Q	Context info
⌥ ↵	Show intention actions and quick-fixes
⌘ ⌥ L	Reformat code
^ ⌥ O	Optimize imports
^ ⌥ I	Auto-indent line(s)
⇥ / ⇧ ⇥	Indent/unindent selected lines
⌘ X	Cut current line or selected block to clipboard
⌘ C	Copy current line or selected block to clipboard
⌘ V	Paste from clipboard
⌘ ⇧ V	Paste from recent buffers...
⌘ D	Duplicate current line or selected block
⌘ ⌫	Delete line at caret
^ ⇧ J	Smart line join
⌘ ↵	Smart line split
⇧ ↵	Start new line
⌘ ⇧ U	Toggle case for word at caret or selected block
⇧ ⌘ ← / ⇧ ⌘ →	Select till code block end/start
⌥ ⌫ / ⌥ ⌦	Delete to word end/start
⌘ + / ⌘ -	Expand/collapse code block
⌘ ⇧ + / ⌘ ⇧ -	Expand all/Collapse all
⌘ W	Close active editor tab

Usage Search

⌥ F7 / ⌘ F7	Find usages / Find usages in file
⌘ ⇧ F7	Highlight usages in file
⌘ ⌥ F7	Show usages

Navigation

⌘ O	Go to class
⌘ ⇧ O	Go to file
⌘ ⌥ O	Go to symbol
^ ← / ^ →	Go to next/previous editor tab
F12	Go back to previous tool window
⎋	Go to editor (from tool window)
⇧ ⎋	Hide active or last active window
^ ⇧ F4	Close active run/messages/find/... tab
⌘ L	Go to line
⌘] / ⌘ [	Recent files popup
⌘ ⌥ ← / ⌘ ⌥ →	Navigate back/forward
⌘ ⇧ ⌫	Navigate to last edit location
⌥ F1	Select current file or symbol in any view
⌘ B , ⌘ Click	Go to declaration
⌘ ⌥ B	Go to implementation(s)
⌥ Space , ⌘ Y	Open quick definition lookup
⇧ ⌘ B	Go to type declaration
⌘ U	Go to super-method/super-class
^ ↑ / ^ ↓	Go to previous/next method
⌥ ⌘] / ⌥ ⌘ [	Move to code block end/start
⌘ F12	File structure popup
^ H	Type hierarchy
⌘ ⇧ H	Method hierarchy
^ ⌥ H	Call hierarchy
F2 / ⇧ F2	Next/previous highlighted error
F4 / ⌘ ↓	Edit source / View source
⌘ ↑	Show navigation bar
F3	Toggle bookmark
⌥ F3	Toggle bookmark with mnemonic
^ 0 ... ^ 9	Go to numbered bookmark
⌘ F3	Show bookmarks

Search/Replace

Double ⇧	Search everywhere
⌘ F	Find
⌘ G	Find next
⌘ ⇧ G	Find previous
⌘ R	Replace
⌘ ⇧ F	Find in path
⌘ ⇧ R	Replace in path

Live Templates

⌘ ⌥ J	Surround with Live Template
⌘ J	Insert Live Template

VCS/Local History

⌘ K	Commit project to VCS
⌘ T	Update project from VCS
⌥ ⇧ C	View recent changes
^ V	'VCS' quick popup

Refactoring

F5	Copy
F6	Move
⌘ Delete	Safe Delete
⇧ F6	Rename
⌘ F6	Change Signature
⌘ ⌥ N	Inline
⌘ ⌥ M	Extract Method
⌘ ⌥ V	Extract Variable
⌘ ⌥ F	Extract Field
⌘ ⌥ C	Extract Constant
⌘ ⌥ P	Extract Parameter

Debugging

F8	Step over
F7	Step into
⇧ F7	Smart step into
⇧ F8	Step out
⌥ F9	Run to cursor
⌥ F8	Evaluate expression
⌘ ⌥ R	Resume program
⌘ F8	Toggle breakpoint
⌘ ⇧ F8	View breakpoints

Compile and Run

⌘ F9	Make project (compile modifed and dependent)
⌘ ⇧ F9	Compile selected file, package or module
^ ⌥ R	Select configuration and run
^ ⌥ D	Select configuration and debug
^ R	Run
^ D	Debug
^ ⇧ R , ^ ⇧ D	Run context configuration from editor

General

⌘ 0 ... ⌘ 9	Open corresponding tool window
⌘ S	Save all
⌘ ⌥ Y	Synchronize
^ ⌘ F	Toggle full screen mode
⌘ ⇧ F12	Toggle maximizing editor
⌥ ⇧ F	Add to Favorites
⌥ ⇧ I	Inspect current file with current profile
^ ⌥ , ^ `	Quick switch current scheme
⌘ ,	Open Settings dialog
⌘ ;	Open Project Structure dialog
⌘ ⇧ A	Find Action
^ ⇥	Switch between tabs and tool window
Double ^	Run anything

jetbrains.com/idea   blog.jetbrains.com/idea   @intellijidea

< 단축키 변경 / 키맵 >

대표적인 단축키

젯브레인이 직접 개발자 행사에서 배포한 카탈로그에서 주요 단축키를 선별하여 소개한다.

> 젯브레인 카타로그에 제공된 기본 단축키 목록

기능명	단축키 《 윈도우/리눅스 :: 맥 》
기본 자동 완성	《 Ctrl + Space 》
코드 제안 보기	《 Ctrl + Shift + I :: Opt + Space 》
명세 자동 완성	《 Ctrl + Shift + Enter :: Cmd + Shift + Enter 》
타입 매칭 코드 자동 완성	《 Ctrl + Shift + Space 》
컨텍스트 작업	《 Alt + Enter :: Opt + Enter 》
자동 정렬과 최적화	《 Ctrl + Alt + L :: Cmd + Opt + L 》
주석 생성	《 Ctrl + / :: Cmd + / 》 : 주석
문서생성	/ * * 입력 후 엔터키
클래스 또는 파일 검색	《 Ctrl + N :: Cmd + O 》
파일 구조/메소드 검색	《 Ctrl + F12 :: Cmd + F12 》
선언부 이동	《 Ctrl + Click :: Cmd + Click 》
라인 이동	《 Alt + Shift + Up/Down :: Opt + Shift + Up/Down 》
라인 복사	《 Ctrl + D :: Cmd + D 》
프로젝트 탐색 창 열기	《 Alt + 1 :: Cmd + 1 》
새로 만들기	《Alt + Insert :: Cmd + N 》
디버그 모드 시작	《 Shift + F9 :: Ctrl + D 》
일반 실행	《 Shift + F10 :: Ctrl + R 》

필수적으로 알아야 할 단축키 목록을 소개했다. 여기에 나온 단축키는 외우고 꼭 활용하자.

온라인 도움말 호출 단축키

《 F1 :: Cmd + Shift + F1 》을 누르자 온라인 도움말 창이 뜬다.

현재 포커스가 위치한 곳을 파악하여 사용자의 의도에 맞는 도움말을 온라인에서 바로 찾아 보여준다.

1 라운드 정리

정리

프로젝트를 시작하기에 앞서 필수적인 설정과 도움이 되는 플러그인 설치 방법을 알아보는 과정을 통해 인텔리제이가 더 이상 낯설고 복잡하고 어려운 도구가 아님을 알게되었을 것이다. 이제는 익숙한 용어와 빠르게 찾아가는 위치 기준을 알고 있으며 인텔리제이 설정과 프로젝트 설정의 차이에 대한 혼동이 없을 것이다. 또한 단축키를 기반으로 필요한 팝업메뉴나 컨텍스트 메뉴를 바로 열어 실제 프로젝트를 빠르게 진행하는 과정을 진행해본다.

< 2 라운드 시작 >

2 라운드 시작

시작

두 번째 라운드에서는 실제 어플리케이션 개발 중 만나게 되는 일을 직간접 경험함으로써 코드 편집과 리팩토링, 디버깅과 VCS의 상세 사용법을 직접 실습하고 조금 더 높은 수준의 환경 설정과 실무 개발 환경 적용을 경험해본다. IDE가 지원하는 기능을 최대한 활용해볼 수 있는 라운드로 직접 실습을 통해 학습하기 바라는 챕터의 내용으로 채운다.

인텔리제이와 친해지자.

프로젝트 시작

업무를 시작함에 있어 새로운 프로젝트로 완전히 시작하는 일도 많지만, 기존의 프로젝트에 함께 합류하게 되는 경우가 더 많다. 대표적인 VCS Tool 인 Git 을 통해 프로젝트를 시작하는 방법 (Clone) 을 알아보고, 새로 시작하는 방법도 알아본다.

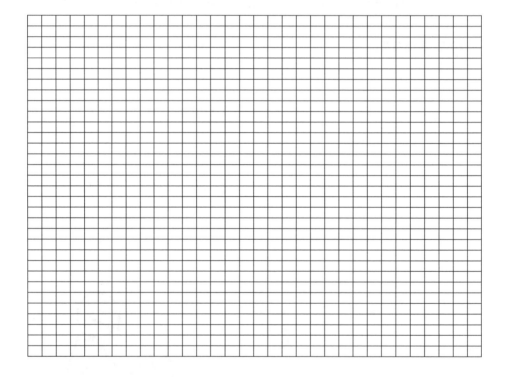

< 프로젝트 시작 >

기존 프로젝트에서 시작하기

구성되어 있는 VCS(Git) 리모트 프로젝트에서 가져오기

> 버전 관리 시스템에 의해 관리되고 있는 프로젝트 열기

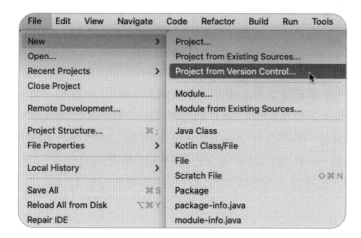

> Get from Version Control 옵션 화면

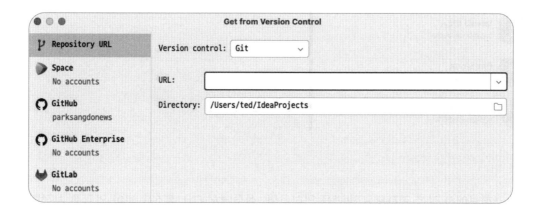

Git Repository를 제공하는 대표적인 서비스에 로그인하거나 연동하는 URL을 입력하면
리파지토리의 프로젝트를 인텔리제이에 로드할 수 있다.

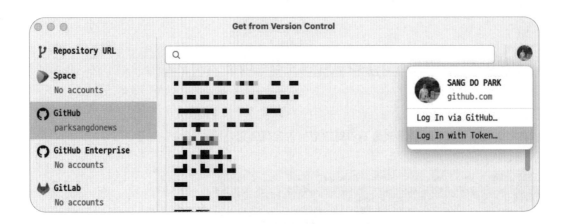

툴박스가 설치되어 있고, 브라우저에 젯브레인 툴즈 플러그인이 설치되어 있는 경우, VCS 사이트에서 클릭 한 번으로 클론하는 것이 가능하다. 이전 버전에서는 각 Git Repository 사이트 내부에 embed tag를 활용한 아이콘으로 표시되었으나, 새로운 24년 버전부터는 플러그인 자체 아이콘에서 HTTPS, SSH 방식 모두 클릭만 하면 되도록 변경되었다. 기존 버전의 형태에 익숙한 사람은 갑작스럽게 클론 버튼이 나타나지 않는 문제로 당황 할 수 있다. 플러그인 아이콘을 클릭하자.

특히, 깃허브에서 직접 가져오는 방법을 익혀두면, 실무에서 Git 주소를 받아 업무를 시작할 때 도움이 된다. 처음 프로젝트를 받게 되면 해당 프로젝트를 구동하는 설정을 하게 된다. 프로젝트 설정(Project Struct Settings)로 들어가서 해당하는 프로젝트가 사용하는 SDK를 설정하자.

< 프로젝트 시작 >

> 프로젝트의 SDK 설정

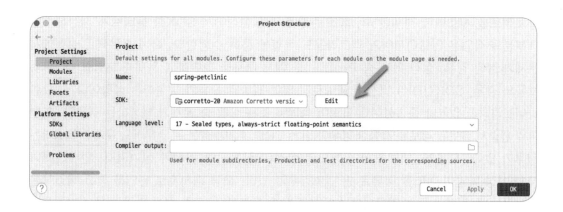

프로젝트 로드 후에는 해당 프로젝트가 사용하는 SDK의 버전을 매칭시켜준다.

> 사용해야 하는 SDK가 없는 경우 자동설치 예시

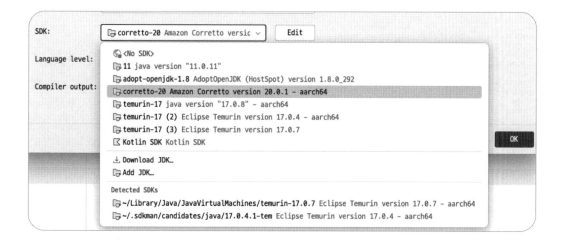

프로젝트와 모듈 설정 작업 상세히 알아보기

프로젝트를 시스템에 적재한 후, 최초로 프로젝트 설정에서 SDK를 올바르게 지정해주면 대부분의 작업은 인텔리제이가 백그라운드 작업을 통해 수행한다. 혹여 프로젝트 설정에서 문제가 생긴 경우, 설정 메뉴 중 Problems 에서 내용을 확인하고 문제를 해결할 수 있다. 보통의 경우, SDK(JDK) 버전이 올바르지 않아 컴파일 오류가 발생하는 상황이나, 필요한 라이브러리가 없거나 종속성이 누락되어 컴파일 또는 실행 중 문제가 발생하는 경우다. 또한 파일 연결시 잘못된 경로를 지정한 경우이거나, VCS 설정이 잘못 된 경우에도 문제가 발생하는 경우가 있다. 드물게, 인텔리제이 메모리 설정이 잘못되어 문제가 생기거나, 인텔리제이 자체 설정 파일이 어떠한 이유로 손상된 경우가 있다. 오류 메시지로 원인을 찾고 해결책을 찾는다. 인텔리제이 공식 커뮤니티나 공식 문서를 참조한다. 또한 설정 파일의 문제가 발생한 경우에는 다시 생성하거나 이전 파일로 복원해야 하는데 거의 대부분의 문제는 [fix] 버튼으로 자동해결 된다.

> 프로젝트 설정 화면

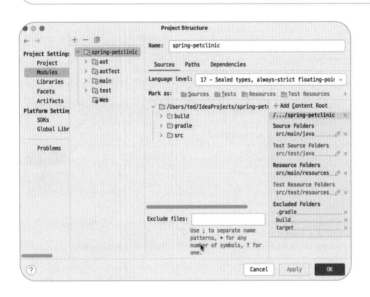

처음부터 모두 상세하게 알 필요는 없지만 문제가 생겼을 때, 가장 먼저 열어 보게 되는 메뉴이니 자세히 살펴보자. 특히, 진행 중이던 프로젝트의 SDK를 버전을 변경하거나 문제가 발생할 때 이 곳에서 설정을 다룰 일이 많다. 아울러, Compiler output 옵션을 통해, 컴파일 된 결과를 저장할 위치는 대부분 기본값을 사용하지만 특수한 경우 경로를 변경하여 테스트나 프로덕션 소스로 활용할 수 있다. 의도하지 않은 방향으로 동작할 수 있으니 설정에 유의하되 특히 모듈의 서브 디렉토리 설정하는 부분에서는 반드시 이해하고 사용하자.

< 프로젝트 시작 >

프로젝트와 모듈 Projects, Modules

프로젝트에서는 프로젝트에서 사용되는 SDK를 설정하고 모듈스는 프로젝트 이하 멀티 모듈로 프로젝트를 진행할 때 필요한 설정이 진행된다. 단일 모듈인 경우는 옵션 중 Sources 에서 소스위치가 어딘지 테스트코드는 어디인지 기본값으로 설정되어 있으며, 필요에 따라 추가하거나 변경할 수 있다. 프로그램 코드와 테스트 코드에서 사용하는 각 리소스 위치를 설정하며, 특히 필요에 따라 특정 경로를 인식하지 않도록 예외처리를 해야 하는 경우 경로를 클릭하는 방법으로 빠르게 대응할 수 있다.

라이브러리 Library

> 프로젝트에 할당된 라이브러리 목록

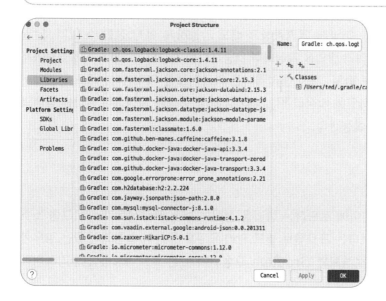

빌드 관리 도구인 Maven 이나 Gradle 에서 라이브러리 관리 기능을 통해 자동으로 설정되고 다운로드 및 지정된다. 직접 넣어줘야 하는 경우가 발생한 경우 임의로 추가도 가능하다. 라이브러리 버전 충돌이나 종속성 문제로 인해 누락이 발생한 경우 이 곳에서 필요한 라이브러리를 추가하거나 삭제하여 문제를 해결한다.

패싯 Facets

Facets는 모듈에 대한 기능을 부여하거나 설정을 나타내는 개념이다. 각 모듈에 어떤 기능을 활성화하거나 설정하는 것으로, 자바 모듈에는 Java Facets를 적용하여 필요한 설정인 컴파일 경로, 라이브러리 경로, 디버깅 방법을 지정하거나 Web 개발 중인 모듈에는 Web Facets를 적용하여 웹 어플리케이션에서 필요한 설정을 적용하는 구성을 포함시키는 것을 의미한다. 범용적인 Facets는 적용되었는지도 모르고 스칠 정도로 인텔리제이가 관리하며, 프로젝트 소스 파일에서 구조나 설정 파일을 통해 특정 Facets를 적용해야 하는 경우가 자동으로 파악된 경우 사용자에게 알리며 적합한 Facets가 반영되도록 한다. 물론 수동으로 추가하거나 자동으로 파악하지 않도록 설정도 가능하다. 대표적인 Facets로는 하이버네이트, JPA, Kotlin, Spring, Java EE, Web이 있다.

아티팩트 Artifact

프로젝트를 빌드하고 결과물을 어떻게 패키징하고 배포 가능하게 할지 정할 수 있다. 단일 방법으로 지정할 수도 있지만, 여러 방법을 지정하여 다중처리로 지정할 수 있다. 프로젝트에서 생성된 Jar, War는 실행 가능 파일, 웹 애플리케이션 아카이브를 의미한다. 배포 단계에서 필요한 파일과 제외해야 하는 파일을 지정하거나, 패키징 대상 형식을 지정하여 원하는 목적의 결과물을 만들어 내는 과정을 설정한다.

빌드 도구로 시작하기

프로젝트를 불러와서 인텔리제이에 로드하는 방법을 살펴보았다. 프로젝트가 프로그램 소스 코드로만 이루어져 있는 경우보다는 프로젝트 빌드 관리 도구를 통하여 설정되어 있는 경우가 많다. Maven으로 구성된 프로젝트와 Gradle로 구성되어 있는 프로젝트를 인텔리제이에 로드하는 방법을 알아본다.

메이븐 프로젝트

메이븐 프로젝트는 프로젝트의 폴더의 루트에서 pom.xml로 로딩을 한다.

사용자가 Maven 프로젝트로 시작하거나, 자동으로 인식되는 경우 인텔리제이 빌드 툴 아이콘 Maven 항목이 활성화된다. 프로젝트 폴더 목록이 정상적으로 보이지 않거나 소스, 라이브러리, 설정파일이 제 위치로 인식되지 않는다면, Reload 버튼을 클릭하여 Maven 구조를 인텔리제이가 인식하고 적용될 수 있도록 한다.

< 프로젝트 시작 >

> 메이븐 프로젝트 적용하기

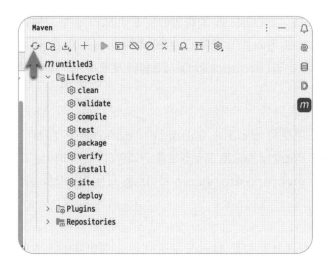

그래들 프로젝트

그래들 프로젝트는 프로젝트 폴더의 루트에서 gradle.build로 로딩을 한다.

어느 프로젝트든 파일을 열면 해당 프로젝트의 구조와 필요한 라이브러리를 로드한다. 이때, 필요한 라이브러리가 없는 최초의 경우에는 인터넷을 통해 리포지토리 에서 라이브러리 파일을 받아 준비한다.

보통 프로젝트를 받게 되면 pom.xml 또는 gradle.build 파일을 찾아 살펴보고 프로젝트의 구조와 상태를 확인하는 습관을 들이고, 프로젝트를 로딩할 때 해당 파일을 직접 지명하여 로딩하는 습관을 두는 것이 좋다. IDE가 자동으로 파악해서 로딩하지만, 설정파일이 지정한 환경과 프로파일링에 대한 이해를 바탕으로 로딩하는 것을 추천한다.

> 그래들 프로젝트 적용하기

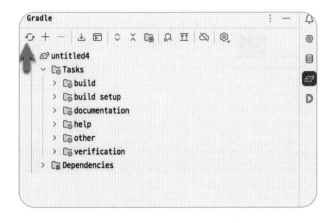

메이븐과 그레이들 Maven & Gradle

메이븐과 그레이들은 빌드 도구다. 빌드는 소스코드를 컴파일하는 단계부터 실행가능한 독립된 상태까지 변환되는 일련의 과정과 그 결과를 말한다. 단순히 컴파일과 라이브러리를 연결하는 역할에 더해 테스트를 진행하고 운영(Production) 시스템에 배포하는 역할까지 하는 관리 도구다.

메이븐은 라이프 사이클 기반의 관리도구로서 clean – validate – compile – test – package – verify – install – site – deploy 순으로 프로젝트를 관리한다. 특히 메이븐과 짝을 이뤄 라이브러리 종송석을 책임지는 mvnrepository.com 사이트는 모든 개발자들에게 생명줄이라 칭해도 과언이 아니다.

이후에 등장한 그레이들은 프로젝트 구성관리와 범용 빌드 도구로 이전의 메이븐보다 빌드 속도가 빠른 것을 무기로 범용성으로 인한 장점을 얹어 매우 빠르게 확산되었다. 그레이들에서 제공하는 데이터를 통해 살펴보면 최초 빌드시에도, 캐시를 활용하는 재빌드에도 놀라운 만큼 속도가 빠르다는 것을 보여준다. 실제 체감에서도 매우 빠름을 느낄 수 있다. 그레이들은 주로 스프링부트와 안드로이드 빌드를 수행하는 부분에서 많이 활용되고 있다. 여기서는 빌드 도구에 대한 소개로 마무리하고, 빌드 챕터에서 더 깊이 알아보기로 한다.

> https://gradle.org/maven-vs-gradle/ 에서 제공한 속도 비교 데이터

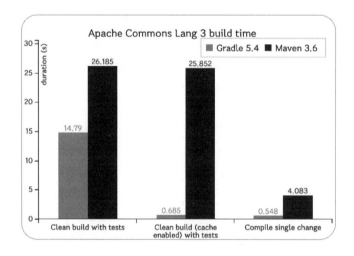

< 프로젝트 시작 >

새로 시작하는 법

인텔리제이에서 새로운 프로젝트를 시작할 때는 인텔리제이가 사전에 구성해 둔 제너레이터를 통해 쉽게 생성할 수 있다. 일종의 사전 구성 템플릿 역할을 하므로 사용할 언어와 프레임워크, 프로젝트명 , SDK 버전, 경로와 같이 사용자의 선택과 입력이 필요한 항목을 전달하면 자동으로 새로운 프로젝트를 구성한다. 사용자는 프로젝트 설정 파일에 필요한 사항을 간단히 기입하고 비즈니스 로직 작성에 바로 집중할 수 있다.

얼티밋 버전에 한하여 작성할 수 있는 제너레이터도 있지만, IDE 자체에서 지원을 하지 않을 뿐 프로젝트의 생애주기를 관리하고 라이브러리를 관리하는 빌드 툴의 정보를 자동으로 설정해주는 외부 기능을 이용하면 큰 문제 없이 바로 이용이 가능하다.

> 스프링 부트 인잇라이저 내부 설정

안된다고 너무 실망하지 말자. 제공하는 웹사이트에 직접 찾아가면 해결된다.

새로 프로젝트 시작하기

인텔리제이 IDE를 학습하는 단계이니, 일반적인 자바 프로젝트로 시작한다.

New Project를 선택하면 프로젝트명과 저장될 경로를 지정할 수 있다. VCS인 Git Repository로 생성할 것인가를 묻는 체크가 있는데, 특별한 이유가 없다면 체크하도록 하자.

앞서 설명한 빌드 시스템을 선택하는 옵션에서 Maven과 Gradle을 선택할 수 있다. 범용성 (Flexibility)과 성능(Performance)으로 우위에 있는 Gradle을 더 많이 사용하는 추세다. 이때, 빌드 시스템을 인텔리제이가 자체 관리할 수 있도록 IntelliJ로 옵션을 선택할 수 있다. 외부 라이브러리를 사용하지 않거나 간단한 프로그램을 실행시키고자 할 때 유용하며, '프로젝트명.iml' 파일을 이용하여 프로젝트가 관리된다.

Git 사용이 익숙하지 않더라도 Create Git Repository 에 체크하고 인텔리제이가 VCS 상태에 따른 파일관리를 어떻게 하는지 살펴보자. 학습이 목적이므로 샘플 코드를 추가하는 옵션을 체크해도 좋고, 이미 숙달되어 어느 코드든 상관없다면 본인의 소스를 직접 열어도 좋다.

커뮤니티 에디션에서 스프링부트 실행하기

아쉽게도 인텔리제이 커뮤니티 에디션 버전에는 새로운 프로젝트를 시작하는 New Project 기능에 Spring Initlizr를 지원하지 않는다. 매우 유용한 기능임에도 지원하지 않지만, 아에 방법이 없지 않다.

웹 페이지 https://start.spring.io/ 에서 지원하는 Spring Initializr 기능을 활용하자.

IDE에서 직접 지원하지 않을 뿐, 스프링 부트의 설정을 온라인에서 수행하며, 동일한 기능을 지원한다. 프로젝트의 빌드 툴 (라이브러리 관리 툴), 언어 (자바,코틀린, 그루비), 스프링 부트 버전, 프로젝트의 정보와 패키징의 정보와 자바 버전이 담긴 메타데이터와 같은 기본 정보 입력은 인텔리제이의 화면과 동일하다. 다음 Dependencies(의존성) 설정에는 사용할 라이브러리, 기능을 선택하여 빌드 도구에서 해당 기능을 사용 가능한 상태로 준비시키기 위해 선택을 한다.

필요한 의존성 항목을 모두 선택하고 생성 (Generate)를 누르면 zip 파일을 내려 받는다. 내려 받은 demo.zip 파일을 원하는 경로에 압축을 풀고 저장한다.

< 프로젝트 시작 >

> 프로그램 소스가 저장되어 있는 곳의 내용을 통해 프로젝트를 시작하는 방법

인텔리제이 메뉴에서 [File > New > Project From Existing Sources]를 선택하면 프로젝트 경로를 선택하라는 파일 선택 화면이 열린다.

프로젝트 폴더를 선택하여 오픈을 하면 해당 경로를 루트로 하는 프로젝트를 생성할지, 기존의 프로젝트의 정보를 확인하여 오픈할지 선택하는 창이 열린다. 이클립스로 구성되어 있던 프로젝트는 Eclipse를 선택하고, 빌드도구인 Gradle이나 Maven으로 구성된 프로젝트인지 사용자가 판단하여 오픈하게 된다.

> 압축이 풀린 프로젝트 폴더의 루트

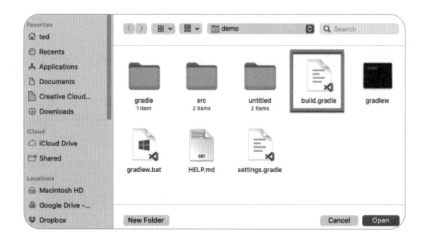

'빌드 도구로 시작하기'에서 이미 설명한 것처럼, 빌드 도구 Gradle의 설정파일인 build. gradle 혹은 Maven의 pom.xml 파일을 직접 선택하는 것을 추천한다. 빌드 설정 파일로 직접 프로젝트를 오픈하는 경우, 빌드 도구가 명확하게 지정되는 것이기에 곧바로 해당 프로젝트의 구조를 구축하고 라이브러리를 받기 시작한다. 이어 IDE 가 직접 실행/디버깅 설정까지 마치며 사용자가 해야 할 프로젝트 준비작업의 대부분을 수행한다.

< 프로젝트 시작 >

최초에 알아야 하는 기능과 단축키

이 책 전체를 통틀어 가장 중요한 부분일지도 모르겠다. 얼마나 중요한지 인텔리제이를 실행하면 가장 먼저 가장 넓은 편집창 한 가운데에 이 다섯가지는 꼭 알고 있어야 한다는 의미로 적어 두었다. 표시해주는 기능의 명칭과 단축키를 익혀보자. 앞서 살펴본 바 있으니 확인하는 차원에서 익히자.

> 인텔리제이를 열면 처음 보이는 화면

Search Everywhere

인텔리제이 내부 혹은 프로젝트에서 검색을 수행한다. 클래스, 파일, 심볼, 작업 혹은 인텔리제이 기능, VCS, 프로젝트 파일 외 텍스트까지 모조리 검색해준다. 시프트 키를 연달아 두번 누르면 팝업이 나오게 흔히 '더블 시프트'라고 부른다. 팝업이 열리면, 모든 것을 한 번에 검색해주는 All 위치에 탭이 존재하지만, 《 Tab 》(역방향 : 《 Shift + Tab 》)을 누르면 검색 카테고리를 순서대로 정할 수 있다.

> 검색 창

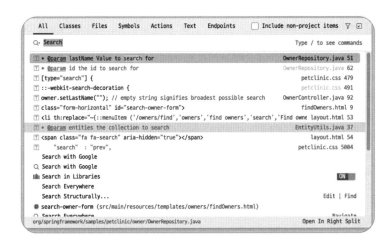

Project View

프로젝트를 구성하는 파일과 클래스, 멤버, 설정파일 등 관계된 모든 내용을 트리 형태로 보여준다. 중요하기에 《 Ctrl + 1 :: Cmd + 1 》 로 불러온다.

GO to File

《 Ctrl + Shift + N :: Cmd + Shift + O 》 를 누르면 원하는 파일을 빠르게 찾아갈 수 있다.

Recent Files

《 Ctrl + E :: Cmd + E 》를 누르면, 최근 작업 파일목록으로서, 현재 에디터 창에 오픈된 파일을 바로 찾아갈 수 있다. 팝업 메뉴로 열리며 화살표 키로 위아래 선택하여 찾아간다. 좌측에는 현재 열려진 주요 Tool Window 목록과 해당 단축키가 표시되어 빠르게 오픈할 수 있다.

《 Ctrl + E :: Cmd + E 》를 한번 더 누르면 열린 파일 중 변경 작업이 진행된 파일만을 필터링하여 보여준다.

> 최근 작업 파일 이미지

128

< 프로젝트 시작 >

아울러 함께 알아두면 좋은 팁으로 《 Ctrl + Shift + E :: Cmd + Shift + E 》를 누르면 최근에 사용자가 위치했던 파일을 목록형으로 보여준다. 기능의 명칭은 Recent Location 으로 최근에 스쳐 지나간 파일 목록이라고 하는 것이라 한다.

《 Ctrl + Shift + E :: Cmd + Shift + E 》를 한 번 더 누르면 최근에 변경 작업이 진행된 파일만을 필터링하여 보여준다. 기능의 명칭은 Recently Edited Location이다.

> 최근 작업 파일 Recent Locations

```
Recent Locations  (6)

ⓒ Specialty.java  Specialty Moments ago
28  @Entity
29  @Table(name = "specialties")
30  public class Specialty extends NamedEntity {
31
32  }

ⓒ Pet.java  Pet > birthDate Moments ago
45  public class Pet extends NamedEntity {
46
47    @Column(name = "birth_date")
48    @DateTimeFormat(pattern = "yyyy-MM-dd")
49    private LocalDate birthDate;

ⓒ OwnerController.java  OwnerController > initUpdateOwnerForm() Moments ago
126   }
127
128   @GetMapping("/owners/{ownerId}/edit")
129   public String initUpdateOwnerForm(@PathVariable("ownerId") int ownerId, Model model) {
130     Owner owner = this.owners.findById(ownerId);
```

Navigation Bar

용어 설명에서 이미 설명했지만 중요한 부분이다. 《 Alt + Home :: Cmd + Up 》을 누르면 인텔리제이 상단에 네비게이션 바로 포커스가 이동되어 빠르게 동일 레벨이나 다른 뎁스에 위치한 곳으로 이동이 가능해진다.

Drop files here to open them

모든 편집기가 마찬가지일테지만, 편집 창에 파일을 드래그 앤 드랍하면 해당 파일이나 프로젝트가 적합한 형태로 오픈되어 편집 작업 또는 열람이 진행되도록 준비된다.

129

필요한 기능을 찾고 단축키를 알아내는 방법

인텔리제이에서 반드시 알아야 할 기본 기능을 설명하며 해당 기능의 공식 명칭과 단축키를 설명했다. 눈치가 빠른 분은 이미 더블 시프트를 누르고 찾고자 하는 기능의 명칭을 입력하면 되겠다는 생각을 했을지 모르겠다.

> 더블 시프트 후, 기능을 검색하는 화면

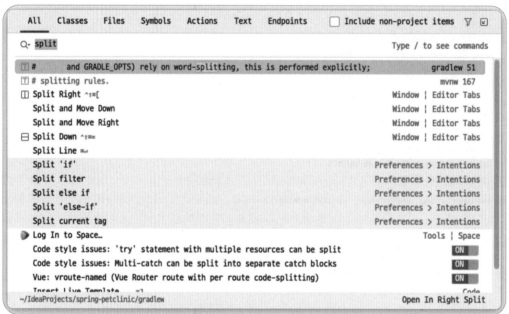

큰 편집창을 나누어 분할하여 동시에 편집하거나 두 개의 파일을 열겠다는 생각을 했을 때라고 가정하고, 화면을 분할(split)하는 방법에 대해 검색한다고 가정해보자. 《 Shift 》 키를 두 번 누르고, 'split'을 입력하면 해당하는 기능의 명칭과 설정 위치가 나온다. 단축키도 함께 표시가 되는데, 해당 기능에 단축키가 없다면 직접 단축키를 등록하면 검색 결과 화면에도 노출이 된다.

기능의 공식 명칭을 안다면 검색하는 방법과 단축키를 확인하는 방법, 단축키가 없다면 단축키를 등록하는 방법, 설정이 필요하다면 설정하는 곳의 위치를 찾아가는 방법까지 알아보았다. 지금부터는 빠른 스텝으로 코드를 편집하기 이전에 해야 할 설정, 코드 편집, 코드 사이 이동, 빌드와 실행, 검색, 리팩토링, 디버깅, VCS와 플러그인을 살펴본다. 아울러 이미 인텔리제이를 사용하는 개발자들이 알려준 팁들을 살펴본다.

< 코드 편집 이전에 살펴보는 설정 >

코드 편집 이전에 살펴보는 설정

본격적으로 코드 편집에 들어가기 앞서 프로젝트에 필요한 요소들을 탐색하는 프로젝트 뷰와
코드를 직접 편집하는 에디터 창에 대해 익혀야 할 기능을 살펴보고 설정하는 방법을 알아본다.

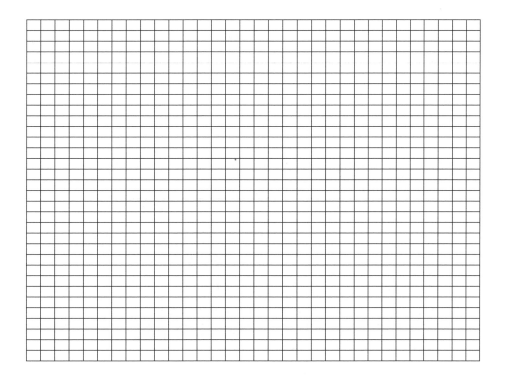

프로젝트 뷰 Project View

파일 목록을 트리 형태로 보여주거나 클래스를 패키지 구조에 맞추어 정리하여 보이기에 탐색기라고 오인할 수 있으나, 정확한 명칭은 프로젝트 뷰(Project View)이다.

프로젝트 뷰

> 프로젝트 뷰 종류 클릭 노출

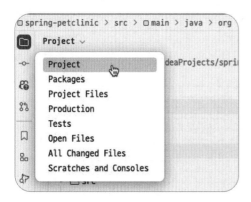

작업 중 프로젝트 뷰로 이동하는 단축키는 《 Ctrl + 1 :: Cmd + 1 》이다.

항목	내용
Project	프로젝트의 속성에 따라 필요한 요소를 정리하여 보여주는 프로젝트
Packages	프로젝트의 패키지 구조를 살펴볼 수 있는 패키지
Files	수 파일의 목록을 보여주는 Files
Production	배포되어 운영에 반영될 파일을 정리
Tests	테스트 목록
Open Files	열려진 파일의 목록
Scratches and Consoles	임시 코드 조각과 콘솔

< 코드 편집 이전에 살펴보는 설정 >

파일 구조 뷰

주로 프로젝트 뷰 아래에 위치하며, 이동하는 단축키는 《 Alt + 7 :: Cmd + 7 》이다. 기능의 이름 Structure 대로 파일의 구조를 보여준다. 파일 내부의 구조, 일반적으로 메소드 항목을 빠르게 살펴보는 용도로 주로 쓰이며, 해당 뷰에 포커스 된 상태에서 알파벳키를 누르면 매칭되는 항목을 빠르게 찾아준다. 옵션으로 알파벳 순으로 정리할 수도 있다. 다만, 파일 구조를 찾아야 하거나 알파벳 순으로 정렬해야 할 정도로 복잡하다면 기능이나 역할로 해당 파일을 분리하려는 시도가 필요한 시점이라고 여겨진다.

> 파일의 구조 뷰

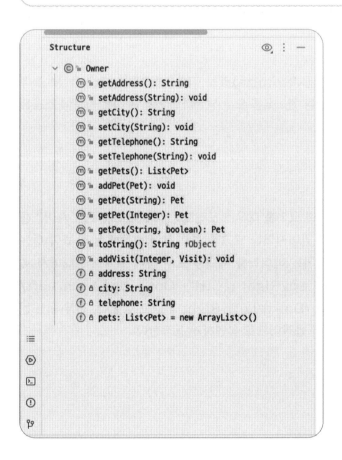

열린 Tool window 메뉴 창 닫기

열린 도구 창(Tool Window)에서 창을 닫는 단축키는 《 Shift + ESC 》이다. 참고로 어느 도구창에서든 코드 편집창(Editor)로 포커스를 빠르게 이동하는 방법은 Esc 키를 누르면 된다.

에디터 창 전체열기 Hide All Windows

편집 창에서 전체 화면으로 전환하는 방법은 해당 창을 전체로 키우는 방법도 있겠으나, 인텔리제이에서는 다른 모든 도구 창을 닫는 형식을 취했다. 단축키는 《 Ctrl + Shift + F12 :: Cmd + Shift + F12 》로 Hide All Windows 기능이라 칭하며, 역으로 다시 열었던 도구 창을 여는 방법은 숨김처리 된 상태에서 다시 《 Ctrl + Shift + F12 :: Cmd + Shift + F12 》를 누르면 된다.

참고로 이클립스에서는 윈도우 최대화(Maximize)라는 이름으로 의 《 Ctrl + M 》이 단축키다. 윈도우를 키운다의 개념과 다른 윈도우를 모두 닫는다의 개념 차이로 처음에 조금은 혼동스러웠다.

화면 사이즈 조정

도구 창(Tool Window)에서 해당 창의 크기를 마우스 드래그 없이 키보드 만으로 사이즈를 조정할 수 있다. 트리 구조에서 뎁스가 깊어지거나 로그를 보는 창에서 잠깐 넓게 봐야 하는 상황에서 빠르게 대처할 수 있다. 단축키는 에디터를 제외한 도구 창에 포커스 상태에서 《 Ctrl + Alt + Shift + Up/Down/Left/Right :: Ctrl + Opt + Up/Down/Left/Right 》이며, 이는 Stretch To Up/Down/Left/Right 이라고 칭한다. 좌우측 또는 하단 위치에 따라 적절히 방향에 맞추어 움직이므로 유연하게 동작한다.

> 스트레치 기능 화면 크기 조정

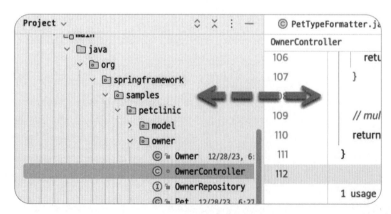

< 코드 편집 이전에 살펴보는 설정 >

코드 편집 창 뷰 모드 전환 (View Mode)

코드 편집을 하다보면 전체 화면 전환 이외에도 소스코드를 프레젠테이션으로 크게 보여줘야 하거나, 방해 금지모드, 인텔리제이 자체를 전체 화면모드로 전환하는 기능, 혹은 복잡한 도구나 메뉴를 가리고 코드 부분만 살펴보는 기능이 필요할 때가 있다. 단축키로는 《 CTRL + ` 》 (스위치 기능) 누르고 숫자 5 를 눌러 View Mode 팝업을 호출하면 된다. 본 책을 집필할 시점의 초기와 마무리 시점의 차이에서도 2가지 모드가 더 추가되었다. 하나씩 눌러보며 특성을 살펴보고, 필요한 상황에 적절히 대응하여 사용하자.

> 뷰 모드 설정 (2024.1 기준)

```
              View Mode
 ┌─────────────────────────────────────┐
 │ 1 Enter Presentation Mode           │
   2 Enter Distraction Free Mode
   3 Enter Full Screen        ^⌘F
   4 Enter Zen Mode
 ✓ 5 Compact Mode
 ✓ 6 Presentation Assistant
```

1 프레젠테이션 모드

2 집중(방해금지) 모드

3 전체 화면

4 젠 모드

5 컴팩트 모드

6 프레제네이션 어시스턴스 모드

 View Mode 전환은 View 메뉴에 Appearance 메뉴를 빠르게 전환할 수 있도록 하는 기능이며, 각 모드는 On, Off 방식이기에 토글 형식의 기능이 아닌 것을 일부 제외하면 각 모드를 조합하여 사용 가능하다.

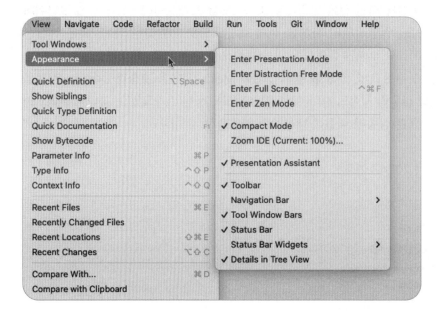

< 코드 편집 이전에 살펴보는 설정 >

편집기 설정

이제 코드 편집 창에 대해 필수적인 요소를 설정하고 코드 작성 준비를 한다.

폰트 크기 조절

코드를 편집하는 에디터 창에 나타나는 텍스트의 크기를 조절하는 방법은 Cmd 키를 누른 채, 마우스 휠을 위 아래로 돌리면 된다. 작업 중 타인에게 잠시 소스 코드를 보여줘야 한다거나 소스 코드를 넓게 살펴보기 위해 임시로 폰트 사이즈를 줄일 때 매우 유용하다. 꼭 마우스를 사용하지 않고 폰트 크기를 조절할 수 있는 단축키가 있을까라는 의문이 들거나, 다시 원래의 설정 값으로 초기화할 수 있는 방법이 있지 않을까는 의문이 들었다면 다시 한 번 기억하자. 더블 시프트 (Search Everywhere.) !!

> > 더블시프트로 폰트 사이즈 기능 찾아보기

```
All   Classes   Files   Symbols   Actions   Text   Endpoints    ☐ Include non-project items  ▽ ☑

Q· font size                                                           Type / to see commands

   Increase Font Size ^⇧⌘F6                                            View ¦ Active Editor
   Preview Font Size
   Decrease Font Size ^⇧⌘F5                                            View ¦ Active Editor
   Reset Font Size ^⇧⌘F4
   Increase font size in Project view                            Preferences > Advanced Settings
   Increase Font Size in All Editors ^⇧.                                                   View
   Reset Font Size in All Editors                                                          View
   Decrease Font Size in All Editors ^⇧,                                                   View
   Change font size with Ctrl+Mouse Wheel in:                        Preferences > General
   Change font size with Command+Mouse Wheel in:                                  ON

                                                                          Assign Shortcut ⌥↵
```

특정 기능을 찾고 커서를 옮긴 후 엔터를 치면 해당 기능이 실행된다.

참고로 마우스 휠에 의해 폰트 크기가 조절되는 것이 때로는 방해가 되는 경우가 있는데, [Editor > General > Change font size (Zoom) with Ctrl+Mouse Wheel] 에 직접 찾아가서 On/Off 를 할 수도 있지만, Search Everywhere에서 검색된 항목에서 On/Off 항목에 마우스를 클릭하면 활성화 또는 비활성화가 가능하다.

개발자 친화적인 폰트 작용 Lignature

폰트에서 lignature (리거추어) 기능은 논리적으로 서로 다른 두 개의 문자 혹은 기호를 하나의 문자(기호)로 합쳐 조합된 문자의 의미를 뜻하게 만드는 행동(act)이라 할 수 있다. 프로그래밍용으로 개발된 몇 몇 폰트에서 해당 기능을 지원하는 별도의 폰트를 제공하고 있다.

아래 그림 예시와 같이 <= 혹은 == 등과 같은 연속된 문자를 하나의 문자인 <= (리거처 문자로 치환), ==(리거처 문자로 치환) 하는 것이다. 두 개의 기호 대신 하나의 기호로 표시되는 만큼 코드가 깔끔하고 가독성이 높아지는 장점은 분명히 존재하며, 키보드로 표시하기 어려운 수학적 기호를 자연스럽게 표시할 수 있는 점도 lignature를 사용하는 목적이기도 하다.

> 대표적인 lignature 문자 표시

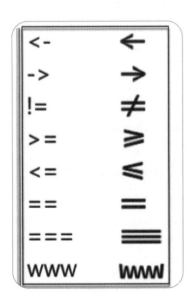

그러나 한 편에서는 유니코드와의 모순성, != 와 같은 문자 시퀀스가 단순히 연결되어 있다는 사실만으로 의미론적 맥락 없이 합쳐질 때 생길 수 있는 해석 오류, 고정폭 문자로 정렬된 코드에서 혼돈과 같은 몇 가지 문제로 인해 회의적인 의견도 소수지만 존재한다. 선택은 사용자의 몫이다. 리거처를 켜고 끄는 설정은 인텔리제이 설정 화면에서 [Editor > Font > Enable Ligatures] 순으로 찾아 체크하면 된다.

< 코드 편집 이전에 살펴보는 설정 >

에디터 크기 조정 Zoom in IDE

폰트 크기를 조절하는 것과는 다르게 이번에는 인텔리제이 자체(IDE)를 크게 보는 줌(Zoom) 방법을 빠른 단축키와 함께 살펴보자. Search Everywhere로 검색해보면 Zoom in IDE 단축키가 《 Alt + Shift + = :: Ctrl + Opt + = 》 으로 표시 되어 있지만 흐릿한 회색에 작은 텍스트로 표시되어 잘 보이질 않는다. 그렇다. 바로 이럴 때 빠르게 단축키로 IDE를 확대하여 보고 다시 원위치 시키면 된다.

실제로 활용해보면 확대하는 비율을 키워가며 확대되며 200% 비율이 가장 큰 상태가 되며, 자연스럽게 그럼 줄이는 단축키를 생각하게 되는데, 바로 옆에 마이너스기호를 조합하여 《 Alt + Shift + - :: Ctrl + Opt + - 》기호를 누르면 다시 100% 비율까지 줄어든다. 아마도 단축키 표시에 + 라고 기재하면 자연스레 Shift 가 개입할 수 있으니 = 으로 표시한 듯 하다. 참고로 100 % 이하로 축소는 되지 않는다.

뷰 모드처럼 줌 기능도 빠르게 액세스할 수 있는 스위치 팝업에 할당되어 있다. 단축키는 《 Ctrl + ` 》 (스위치 기능) 누르고 Zoom (or 단축키 숫자)를 눌러, 본인이 원하는 비율 % 을 선택한다.

복사시 텍스트만 Rich-Text Copy

때로는 소스코드를 복사하여 다른 에디터나 프로그램 또는 웹 상의 에디터에 붙여넣기를 하는 경우가 있다. 이때 에디터에서 지정한 텍스트 포맷과 배경, 하이라이트 처리된 칼라 스키마와 같은 속성들이 그대로 전달되는 경우 문제가 되는 경우가 종종 있다.

> 흰 바탕에 다크 테마 카피된 어색한 에디터 창

```
for (int i = 1; i <= 5; i++) {
```

흰 바탕으로 작성되는 문서에 다크 테마가 적용되거나 다크 테마에 흰 블럭 코드가 덩그러니 보이게 되거나, 단순 텍스트 에디터에 칼라 스키마로 인해 어색하게 되는 경우 등이다. 코드 혹은 텍스트에 다른 요소 없이 순수 문자열만 전달하고 싶은 경우, 인텔리제이 설정에서 [Editor > General > 'Rich-Text Copy'] 체크 박스를 해제하면 된다.

> Tip : 일반 문서 편집기나 웹 상의 편집창에서 붙여넣기를 할 때, 이전의 편집기에서 설정된 문서양식, 포맷, 색상이 함께 복사되어 불필요한 요소가 함께 붙여넣기 될 때, 평문 혹은 순수한 텍스트 형식으로 복사하는 방법으로 《 Ctrl + Shift + V :: Cmd + Shift + V 》를 단축키로 하여 텍스트만 복사하는 기능을 제공한다. 혹시 다르게 동작한다면 편집 창에서 마우스 우측 버튼을 클릭하여 '텍스트만 붙여넣기' 기능을 찾아 단축키를 확인해보자. 예전에는 일반 메모장이나 노트패드를 열어 붙여넣기 후 다시 복사하는 방법을 쓰다 이 방법을 알아내고는 매우 유용하게 사용하고 있다.

이력으로 붙여넣기

인텔리제이에서 《 Ctrl + Shift + V :: Cmd + Shift + V 》를 누르면 이전에 클립보드에 복사해둔 텍스트의 목록 팝업이 뜨고, 번호 숫자를 입력하여 빠르게 붙여넣기를 할 수 있다. 한 번에 하나의 붙여넣기 데이터가 존재할 때보다 유용하다.

< 코드 편집 이전에 살펴보는 설정 >

화면 분할하기 단축키 지정하기

소스 코드를 한 번에 더 많이 표시하며 작업하고자 하는 요구는 늘 있어 왔기에, PC에 듀얼 모니터를 넘어 세 대 이상의 모니터를 연결하는가 하면, 최근 PC, Laptop 구매시 몇 대의 모니터를 추가로 사용할 수 있는가가 구매 요소 중 하나의 고려 사항이 되가고 있다. 그런데 지금까지 인텔리제이가 화면 분할에 단축키를 할당해두지 않음은 의아한 부분이다.

> 화면 분할 메뉴 위치

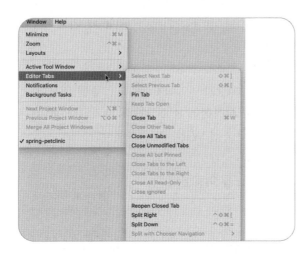

화면을 수직 또는 수평으로 분할하여 동시에 편집하는 기능은 Window - Editor Tabs - Split Right, Down에서 실행할 수 있다. 프로젝트를 본격적으로 수행하기 시작하다보면 동일 파일을 같이 띄워 놓는다거나 서로 연관된 파일을 함께 열거나 빠르게 다시 해제하는 일이 반복되어 일어나기에 단축키를 할당하여 필요 할 때 바로 활용하도록 하자. 단축키는 임의로 지정할 수 있지만 개인적으로는 다음과 같이 할당하여 혼동을 줄이고자 노력했다.

Cmd + Ctrl + Shift +

[	수직 (Split Right)
]	수평 (Split Down)
=	해제 (Unsplit)

Split and Move, Unsplit All 과 같이 추가 기능들이 있으나, 필요에 따라 선택하기로 하고, 수직 분할과 수평 분할, 분할 해제 세가지는 단축키로 등록하여 사용하는 것을 추천한다. 정말 편하다.

코드 폴딩 해제

환경설정에서 [Editor > General > Code folding]에 옵션이 있다. 소스 코드가 매우 긴 경우 메소드의 본문 영역을 임시로 감추거나 긴 import 문을 축약하여 작업 내용에 집중할 수 있게 하는 목적이 크다. 특히 주석의 영역이 길어서 소스 코드의 동작을 파악하기 어려운 경우 유용하다. 익숙한 경우를 제외하고 최초의 학습 단계나 기초 단계에서는 폴딩을 하지 않고 헤더부분과 임포트문, 클래스 구조와 메소드 본문을 살펴보면서 익히는 것을 추천한다.

인텔리제이가 파일의 구조와 인덴트를 기준으로 자동으로 영역을 폴딩해주는 기본 처리 이외에 사용자가 폴딩의 영역을 지정할 수 있는데, 이를 Custom Folding Regions 기능이라고 하며, 빠르게 지정하는 방법으로 두 가지 방법이 있다.

선택한 블록 영역을 임시로 폴딩하거나 해제할 때는 《 Ctrl + . :: Cmd + . 》를 이용한다. 선택한 블록 영역을 주석(설명)과 함께 명시적으로 지정하여 소스코드에 남기고자 할 때는 《 Ctrl + Alt + T :: Cmd + Opt + T 》 Surround With 기능 선택한다.

에디터 폴더 코멘트 기능이나, 리전 코멘트 지정 기능을 이용한다.

> Tip : Region Comment Folding인 인텔리제이 전용 기능은 아니며, 프로그래밍 언어마다 폴딩 영역 지정 방식을 지원하니 관심있다면 관련 자료를 찾아보기 바란다.

> 폴딩 영역 지정

```
//region Description
Owner owner = this.owners.findById( id: ownerId);
//endregion
```

< 코드 편집 이전에 살펴보는 설정 >

코드 스타일 변경

협업을 진행하다보면 작업 진행자 각자의 코드 작성에 대한 습관이나 규칙이 달라 서로 맞지 않은 경우 혼동이 생길 수 있고, 특히 소스 코드의 변경 이력을 기록해야 하는 VCS 사용에 있어 문제 발생 여지가 있다. 이를 방지하기 위해 대부분의 조직은 프로그래밍 소스 코드를 작성하고 공유하는데 필요한 탭과 인덴트 규칙, 스페이스, 코드 컨벤션을 정하고 함께 따르기로 약속하고 진행한다. 이에 관한 규칙을 코드 스타일의 스키마로 정의하고 공유함으로써 IDE가 해당 규칙을 체크하고 지킬 수 있게 지원하는 기능이 있다.

> 인텔리제이 설정, 에디터, 코드스타일, 자바(프로그래밍 언어)

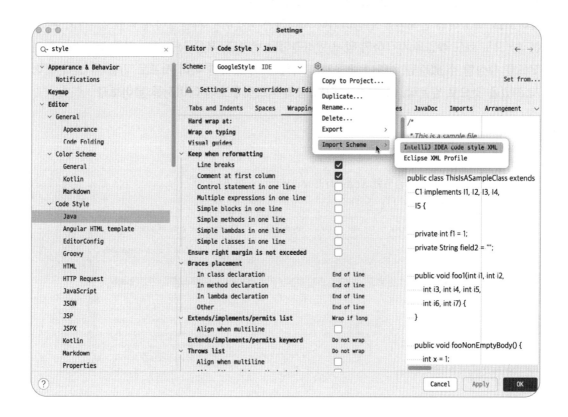

사용자가 직접 코드 스타일에 지정한 값을 Export하여 동료에게 전달하거나 받아서 Import 하는 방법도 있지만, 대중적으로 이미 검증된 코드 스타일 파일을 받아 적용하고 사용하는 방법도 있다. 대표적으로 널리 퍼진 코드 스타일 중, Google Style 을 적용한 후, 소스코드 포맷 《 Ctrl + Alt + L :: Cmd + Opt + L 》을 눌러보면 해당 컨벤션에 맞추어 자동으로 소스코드 정리되는 것을 볼 수 있다.

코딩 할 때 고양이 보기 (액션검색)

코드 작성을 위한 기본적인 편집기 설정이 끝났다. 필요한 기능을 Search Everywhere로 찾아보고, 필요하면 단축키를 변경하거나 지정하는 방법까지 자연스럽게 익혔으리라고 본다. 본격적으로 코드 작업을 시작하기 앞서 반려견이나 반려묘, 혹은 사랑하는 이를 매일 바라보며 코드를 작성할 수 있다면 얼마나 좋을지 생각해본 적 있다면 이미 시프트 키를 두 번 연달아 치고 있을 것으로 믿는다. 그렇다. 에디터 창의 백그라운드에 이미지를 넣어보자.

> background 를 검색한 Search Everywhere 화면

그런데 간혹 여기서 의문이 든다. 전체를 검색하는 것은 좋은데 온갖 파일이 존재하는 큰 프로젝트에서는 검색어에 해당하는 파일이 너무 많아 정작 원하는 기능을 찾기 힘들 때가 있다. 이때 필요한 것이 바로 액션 검색이다. 단축키는 《 Ctrl + Shift + A :: Cmd + Shift + A 》을 누르고 원하는 기능을 입력해보자.

백그라운드 이미지를 셋팅하겠다는 내용을 선택하면, Background Image 설정 팝업이 뜬다. 설정할 이미지 경로와 투명도를 조절하면 원하는 이미지가 투영되어 보인다. 참고로 확대보다는 오리지널 사이즈, 바둑판 형태의 배치보다는 우측이나 우측 하단에 배치하는 것을 추천한다. 더 이상 사랑하지 않게 되어 설정 값을 지우고 싶다면 Clear and Close를 누른다.

< 코드 편집 이전에 살펴보는 설정 >

> 백그라운드 이미지에 고양이 넣기

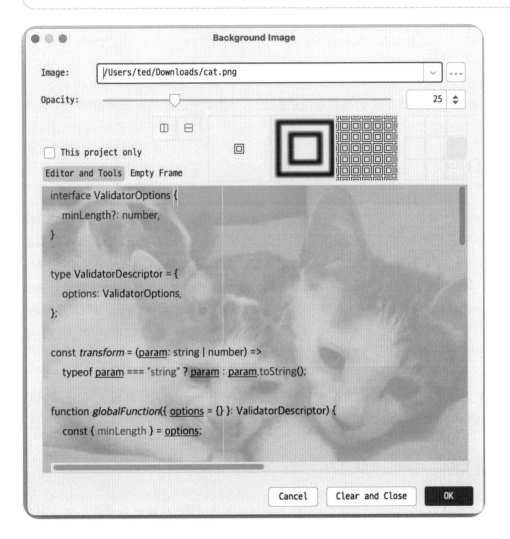

Background Image

Image: `/Users/ted/Downloads/cat.png`

Opacity: `25`

☐ This project only

Editor and Tools   Empty Frame

```
interface ValidatorOptions {
    minLength?: number,
}

type ValidatorDescriptor = {
    options: ValidatorOptions,
};

const transform = (param: string | number) =>
    typeof param === "string" ? param : param.toString();

function globalFunction({ options = {} }: ValidatorDescriptor) {
    const { minLength } = options;
```

Cancel   Clear and Close   OK

편집

편집을 위한 준비가 되었으니 이제 본격적으로 코드 작성에 필요한 기능을 익혀보자.

화면 이동

코드를 작성하는 과정에서 필연적으로 상하좌우, 메소드 단위로 점프를 하거나 헤더 부분으로 커서를 옮기거나, 기능 별로 구분되어 구현된 파일 사이를 옮겨 다니거나, 몇 개의 파일을 오가며 작업을 하게 된다. 빠르게 이동하고 전환하는 방법을 익혀본다. 지금까지 설명 준비 과정에서 나온 기능이나 단축키도 재차 나오며, 빠른 설명에서는 포함하지 않았던 상세 내용을 포함한다. 기능과 단축키를 외우기 보다는 상황을 해결하는 과정을 떠올리며 진행하도록 하자.

편집창으로

도구 창(Tool Window) 또는 콘솔 입력창, 팝업 메뉴 등 메인 편집창이 아닌 곳에서 ESC 키를 누르면 편집 창으로 바로 이동한다.

네비게이션 바

편집 창에서 《 Alt + Home :: Cmd + Up 》를 누르면 네비게이션 바로 포커스가 이동한다. 부모 레벨이나 동일 레벨의 다른 파일로 이동하기에 매우 빠르다.

네비게이션 바에서 필요한 패키지 경로에서 엔터 키를 누르면 하위 레벨에서 선택할 수 있도록 포커스가 이동하고 종단점에서 파일을 선택 후 엔터를 누르면 편집 창에 해당 파일을 편집할 수 있도록 포커스가 이동한다.

네비게이션 바에서 필요한 패키지 경로나 파일에서 《 F4 :: Cmd + Down 》를 누르면 프로젝트 뷰 《 Cmd+1 》창에 해당 경로나 파일로 포커스가 이동한다. (반대로 프로젝트 뷰에서 네비게이션 바로 포커스 이동은 《 Cmd + Up 》 이다.)

< 편집 >

더블 시프트 / 전체 찾기 Search Everywhere

그동안은 설명을 하기 위해 필요한 부분만 설명했지만, 흔히 '더블 시프트'라고 불리는 Search Everywhere에는 몇 가지 더 유용한 기능들이 있다. 말 그대로 한 번에 모든 것을 검색할 수 있는 기능이다. 우선 프로젝트 내의 모든 파일, 인텔리제이 혹은 프로젝트에서 수행하는 작업, 클래스, 심볼(기호), 인텔리제이나 프로젝트에 필요한 설정, UI 항목을 검색 가능하다.

> 파일 검색 예제

> 작업 검색

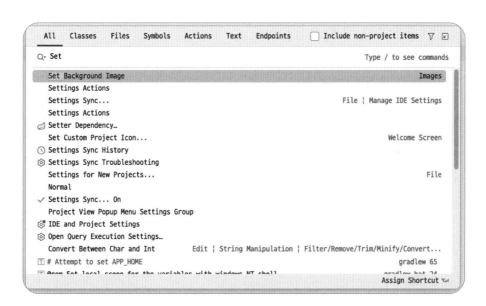

인텔리제이를 경험해보니 영문 동사 Enter 혹은 toggle 로 시작하는 문장이 많아 보인다. 실제로 Search Everywhere를 열고, enter, toggle, choose, change, set 를 입력해보면 여러 기능을 살펴볼 수 있다. 필요한 기능을 조합해서 검색하면 금방 찾을 수 있다.Search Everywhere 화면에서 Action 탭에서 검색되는 작업이나 기능만을 빠르게 검색하고 싶다면 액션 검색인 Search Action 단축키 《 Ctrl + Shift + A :: Cmd + Shift + A 》를 눌러도 된다.

물론 Search Everywhere와 동일한 팝업이기에 조회 하고 싶은 Tab 간 이동에 《 Tab 》 (역방향 : 《 Shift + Tab 》) 키를 활용 가능하다.

> Action 검색 장면 과 탭 이동 가능 여부 화살표

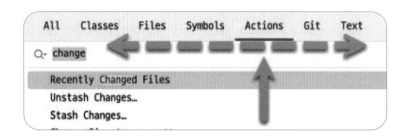

< 편집 >

편집키 없이 코드간 이동

일반 윈도우 PC 키보드 혹은 MacOS에 일반 키보드를 연결한 경우라면 흔히 말하는 편집기능키인 Page Up/Down, Home, End 키가 존재하나 맥북 또는 일반 노트북처럼 별도의 편집키가 없는 상태에서 편집키를 사용하는 방법이다.

> 일반 키보드의 편집키 위치

페이지 위/아래로 이동

기능키 Fn 키와 함께 화살표 키를 위/아래《 Fn + UP/DOWN 》로 누르면 각 Page Up과 Page Down으로 동작한다.

라인 시작/끝으로 이동

기능 키 Fn 키와 함께 화살표 키를 좌우《 Fn + Left/Right 》로 누르면 각 Home과 End로 동작한다.

라인 블록 선택

기능 키 Fn 키와 Shift키를 조합하여 화살표 키를 좌우《 Fn + Shift + Left/Right 》로 누르면 해당 커서 위치부터 각 Home 이나 End 위치로 선택된 영역이 블록으로 지정된다.

라인 단위 이동

《 Alt + Shift + Up/Down :: Opt + Shift + Up/Down 》를 누르면 각 방향으로 라인 단위 이동이 된다.

블록 스코프 영역에서 이동

Html 혹은 XML 과 같은 마크업 랭귀지에서는 엘리먼트 안에 동등한 위치에서 순서 변경이 일어나며, 단축키는 《 Ctrl + Shift + Alt + Left/Right :: Cmd + Shift + Opt + Left/Right 》이며 필요시에는 파라메타 순서도 옮길 수 있다

블럭 내부 줄 단위 이동 Move Statement Up/Down

포커스가 위치한 라인이 줄 단위로 블록 내부에서 위 아래로 움직이는 Move Statement Up/Down 기능이다. 단축키는 《 Ctrl + Shift + Up/Down :: Cmd + Shift + Up/Down 》 키로 움직인다.

Statement(수행 단위 즉, 소드 혹은 의미 있는 블럭) 의 헤드 부분에서 Move Statement Up/Down을 수행하면 해당 상태 전체가 움직인다. 직접 키보드를 통해 수행해보면 좋다

> Move Statement Up/Down (메소드 내부에서만 움직이는 이미지 그림)

```java
@GetMapping(⊕∨"/owners/{ownerId}/edit")  ⊥ Mic +2
public String initUpdateOwnerForm(@PathVariable("ownerId") int ownerId, Model model) {
    Owner owner = this.owners.findById( id: ownerId);
    model.addAttribute( attributeValue: owner);
    return VIEWS_OWNER_CREATE_OR_UPDATE_FORM;
}


@PostMapping(⊕∨"/owners/{ownerId}/edit")  ⊥ Dave Syer +5
public String processUpdateOwnerForm(@Valid Owner owner, BindingResult result, Complexity is 4 Everything is cool!
        @PathVariable("ownerId") int ownerId) {
    if (result.hasErrors()) {
        return VIEWS_OWNER_CREATE_OR_UPDATE_FORM;
    }

    owner.setId(ownerId);
    this.owners.save(owner);
    return "redirect:/owners/{ownerId}";
}
```

< 편집 >

줄 단위 이동 Move Up/Down

포커스가 위치한 라인이 줄 단위로 위 아래로 움직이는 Move Statement Up/Down 기능이다.

동일하게 라인 단위로 움직이는 Move Up/Down (단축키 《 Opt + Shift + Up/Down 》)은 강제적으로 해당 라인을 옮기는 것처럼 느껴진다면, Move Statement Up/Down은 코드 단위는 Statement 내부에서만 움직이고, Statement 헤드를 선택하면 Statement 단위로 위 아래로 움직인다.

> Move Up/Down (메소드와 상관없이 강제 이동)

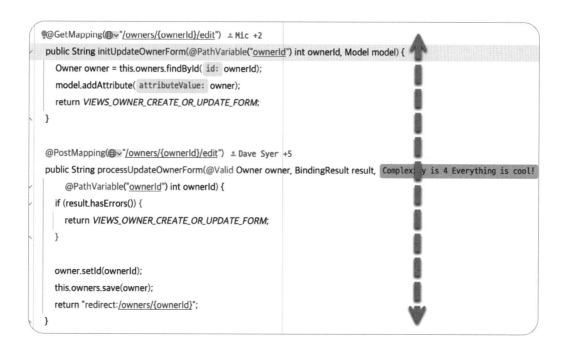

Tip : 폴딩되어 1개의 라인으로 보여지는 라인에서 복제 또는 삭제, 이동 기능을 사용하면 감춰진 해당 폴딩 내용 전체가 적용된다. 당연한 내용일 수 있으나, 눈에 보이는 라인만 복제 혹은 삭제, 이동 된다고 생각하는 의도를 가졌다면 문제가 발생한다.

포커스 확장 / 축소

따옴표 자동완성과 괄호 자동완성

문자열 혹은 단어의 범위를 선택하여 해당 범위의 좌우에 쌍으로 입력 될 따옴표를 붙이거나, 괄호를 자동으로 붙일 수 있다. 블록으로 선택한 후 괄호는 앞에 키 ([{ 를 누르거나, 작은 따옴표, 큰 따옴표 ' " 를 눌러보자. 블록의 뒤에 자동으로 짝이 맺어진다. 백문이 불여일타. 익숙해지면 기호를 붙이기 위해 커서키를 연타하는 수고로움이 사라지게 된다. 블록 선택도 마우스 더블클릭으로 가능하니 입력 속도가 빨라진다.

단어 혹은 문단 의미 단위 확장 축소

《 Ctrl + W :: Opt + Up/Down 》를 위 아래로 누르면 커서가 위치한 지점을 기준으로 단어가 선택되며, 맥락상 상위 범위로 확장되거나 축소되는 것을 확인할 수 있다. 각 Extend Selection, Shrink Selection이라고 기능이 명명되어 있다. 글 보다는 보거나 직접 해보는 것이 이해가 빠르다.

단어 혹은 의미 단위 좌우 점프

코드 수정을 하다보면 앞/뒤에 단어나 특정 위치로까지 가기에 좌우 화살표로 1 개 텍스트 단위로 이동하기에 어려우나 옵션키를 누른 상태에서 좌우로 화살표키를 누르면 단어 단위, 괄호 단위로 점프를 할 수 있다. 이동 시간을 매우 단축시켜주며 수정이 필요한 단어로 커서가 위치한 경우 《 Opt 키 누른 상태를 유지하면서 화살표 키 》를 위로 하면 해당 단어나 명령어가 자동으로 선택되므로 바로 지우거나 변경 가능해진다. 이미지로는 표현의 한계가 분명히 있으니, 직접 키보드로 화면에서 눌러보기를 원한다. 이전과 이후 모든 단축키도 마찬가지다. 백문이 불여일타.

단어 또는 의미 단위 선택

위에 기능에 Shift 키를 얹어서 《 Ctrl + Shift + Left/Right :: Opt + Shift + Left/Right 》를 누르면 해당 이동 영역이 블록으로 선택되어진다. 확장되는 스텝은 단어, 기호, 괄호이지만 《 Shift + Left/Right 》로 직접 한 문자씩 범위를 선택하는 것보다 매우 빠르고 실수로 완전하지 않은 단어가 선택되는 것과 같은 실수를 줄여준다.

점프

원하는 라인으로 점프

> 라인, 컬럼 이동

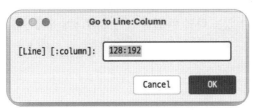

《 Ctrl + G :: Cmd + L 》을 입력하면 현재 열린 편집 창에서 해당 라인, 컬럼 위치로 이동한다. 컬럼 값 없이 라인 숫자만 입력 가능하다. 당연히 음수는 입력 불가하며, 마지막 라인보다 큰 숫자는 마지막 라인으로 이동한다.

메소드 단위로 점프

클래스 내부에서 메소드 단위로 점프를 할 수 있다. 기능 명은 Next Method / Previous Method이며, 단축키는 《 Alt + Up/Down :: Ctrl + Shift + Up/Down 》로 입력한다.

> 메소드 단위로 점프

```
@ModelAttribute("owner")  ≜ Dave Syer
public Owner findOwner(@PathVariable(name = "ownerId", required = false) Integer ownerId) {...}


@GetMapping(⊕∨"/owners/new")  ≜ Mic +1
public String initCreationForm(Map<String, Object> model) {...}


@PostMapping(⊕∨"/owners/new")  ≜ Mic +4
public String processCreationForm(@Valid Owner owner, BindingResult result) {...}


@GetMapping(⊕∨"/owners/find")  ≜ Dave Syer +1
public String initFindForm() { return "owners/findOwners"; }


@GetMapping(⊕∨"/owners")  ≜ Costin Leau +6
```

코드 라인 단위 작업

라인 또는 선택영역 복제 Duplicate Line or Selection

라인 복제

《 Ctrl + D :: Cmd + D 》 복제 기능이다. 커서가 있는 라인 한 줄을 그대로 아래에 복제된다.

블록 복제

《 Ctrl + D :: Cmd + D 》 블록이 지정되어 선택 영역이 있는 경우 해당 블록이 그대로 복제된다.

라인 지우기

《 Ctrl + Y :: Cmd + BS(백스페이스) 》를 누르면 포커스가 위치한 라인이 삭제된다.

라인 문자열 합치기 Join Lines

포커스가 있는 라인과 아래 라인을 합치는 명령이다. 단축키는 《 Ctrl + Shift + J (Join) 》 이며, 단순히 코드 문자열을 합치는 것이 아닌 분석을 통해, 축약할 수 있는 부분은 줄여준다.

Before	int page = 1;
	int pageSize = 5;
	int totalItems = (int)owners.count();

After	int page = 1, pageSize = 5; int totalItems = (int)owners.count();

< 편집 >

감싸기 자동화 Surround with

'Surround with' 기능으로 단축키는 《 Ctrl + Alt + T :: Cmd + Opt + T 》 이다.

필요한 위치에 포커스를 가져가거나 선택 영역을 지정한 후, 써라운드 기능을 호출하면 해당 선택영역을 어떻게 감싸 처리할 지 묻는 팝업이 나온다. 조건문, 반복문, 예외 처리 블록, 동기화 처리 블럭, 주석, 사용자 정의 폴딩 영역 지정 등 블럭으로 처리할 내용 또는 라이브 템플릿 기능에 대한 선택지가 나온다.

특정 코드를 작성한 후, 자동으로 그 바깥 부분에 대한 처리를 해줄 때 유용하다.

> 서라운드 위드 호출

```
                    Surround With
1. if
2. if / else
3. while
4. do / while
5. for
6. try / catch
7. try / finally
8. try / catch / finally
9. synchronized
0. Runnable
A. { }
B. <editor-fold...> Comments
C. region...endregion Comments

Live Templates
C . Surround with Callable
RL. Surround with ReadWriteLock.readLock
WL. Surround with ReadWriteLock.writeLock
I. Iterate Iterable or array

Configure Live Templates...
```

소스 편집 기술

선언부 이동

《 Ctrl + B :: Cmd + B 》키를 누르거나, 《 Ctrl + Click :: Cmd + Click 》을 하면 해당 항목의 선언부로 이동한다. 선언부에서 해당 기능을 누르면 해당 항목이 사용된 곳의 목록을 보여준다.

메뉴로 찾아가는 방법은 Navigate → Go to Declaration or Usages 이며, 주로 《 Ctrl + Click :: Cmd + Click 》으로 빠르게 처리한다.

Type Declaration 이동

인터페이스 혹은 추상클래스의 구현 또는 상속 부분, 혹은 오버라이딩 된 메소드, 해당 라이브러리의 실제 코드로 바로 찾아가는 단축키는 《 Ctrl + Shift + B :: Cmd + Shift + B 》이다. SDK 혹은 프레임워크나 라이브러리의 실제 구현부를 바로 찾아가서 살펴보는 즐거움이 있는 단축키이므로 꼭 알아두자.

Select in

열려 있는 파일에서 특별한 도구 윈도우나 파인더를 호출할 때 사용하는 특별한 방법이다. 현재 위치에서 맥락상 나올 수 있는 메뉴가 한 번에 나타나 단축키 들과 함께 표시되는데, 기능 명은 Select in이며, 단축키는 《 Alt + F1 :: Opt + F1 》이다.

대표적인 호출 기능은 프로젝트 뷰, 파일 구조, 파인더 혹은 탐색기에서 보기, 터미널 창 열기, 프로젝트 구조 창 열기다. 굳이 자체 단축키가 있는 도구 창으로 이동하기 위해 두 번의 단축키를 눌러야 하는 의아한 점이 있긴 하지만, 반대로 모든 단축키를 굳이 외우지 않아도 《 Alt + F1 :: Opt + F1 》만 누르면 오픈 할 수 있는 도구 창 목록을 보여주는 것이니 도움이 된다.

< 편집 >

> 셀렉트 인 버튼 눌렀을 때 화면

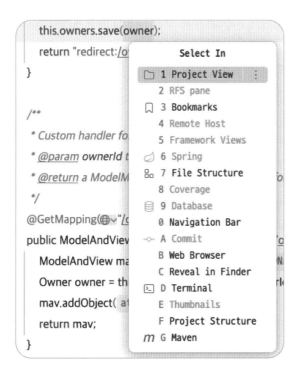

이전 작업으로 이동하기

작업을 진행하다 보면 여러 창을 동시에 열어 놓거나 , 같은 파일이라 하더라도 여러 위치에서 편집 작업을 하게 되는데, 이때 직전 수정 위치와 현재, (이전으로 돌린 경우, 그 후 작업한 위치) 다음 위치로 점프하여 이동할 수 있는 단축키다.

Back	《 Ctrl + Alt + Left :: Cmd + [》
Forward	《 Ctrl + Alt + Right :: Cmd +] 》

마지막 수정 위치로 이동 Last Edit Location

다른 작업을 위해 잠시 멈추었다가 방금 전까지 수정 작업을 하던 곳으로 다시 되돌아 가고 싶을 때가 있다. 이때 방금 전 편집했던 위치로 이동하는 단축키는 《 Ctrl + Shift + BS :: Cmd + Shift + BS (Backspace) 》이다. 기능 명이 Last Edit Location으로 아주 명확히 무슨 뜻인지 전달해준다.

퀵 뷰 Quick View

현재 작업 중인 곳에서 변수나 메소드와 같은 항목의 선언부 또는 구현 내용을 빠르게 살펴볼 수 있는 기능이다. 해당 파일이나 메소드까지 굳이 이동하지 않아도 보조 윈도우를 통해 보여준다. 기능 이름은 Quick Definition 이며, 단축키는 《 Ctrl + Shift + I :: Opt + Space 》이다. 즉, 작성한 내용을 호출하는 쪽에서 작업 중일 때, 빠르게 보고 싶을 때 사용한다.

퀵 문서 보기

클래스, 메소드, 타입에서 《 Ctrl + Q :: F1 》(도움말) 버튼을 누르면, 해당 항목의 도큐멘트가 나타난다. 한 번 누르면 보조 윈도우 형태로 나오고, 한 번 더 누르면 도구 창이 열리며 해당 내용을 보여준다. 라이브러리나 SDK 도움말을 빠르게 보는 것도 도움되지만, 직접 만든 클래스나 메소드에도 규격에 맞는 JavaDoc 을 작성해둔다면, 본인 뿐 아니라 협업에서 아주 큰 도움이 된다. 해당 파일까지 이동하지 않아도 문서를 읽을 수 있다는 것은 빠른 작업에 도움된다.

> 퀵 문서

```
if (result.hasErrors()) {
    return VIEN
}                 ⓘ Errors  of org.springframework.validation ·ing-context:6.1.1  ∨   ‹ 1/7 ›

                    default boolean hasErrors() {
owner.setId(o           return !this.getGlobalErrors().isEmpty() || !this.getFieldErrors().isEmpty();
this.owners.sa       }
return "redirec
```

보조 윈도우가 사라지는 키는 Esc, 문서 도구 창은 《 Shift + Esc 》로 닫는다.

퀵 문서 온라인 보기

현재 작업 중인 내용 중에 궁금한 내용이 생길 때, 온라인 문서를 호출할 수 있다. 단축키는 《 F1 :: Cmd + Shift + F1 》이다. 의아한 부분은 자체적으로 문서를 호출하면 프로그래밍 소스코드 일 경우, 해당 코드의 SDK Documents를 호출하여 보여주는데 반해, 온라인 문서 호출은 인텔리제이의 기능에 대한 젯브레인 홈페이지의 문서 페이지가 열린다. 프로그래밍 언어에 대한 문서가 아닌 편집기 도움말이 나온다. 두 차이를 알고 구분하여 사용하기 바란다.

< 편집 >

기본 자동 완성 Basic completion

대부분의 IDE가 자동완성 기능을 지원하는데, 인텔리제이의 기본 자동 완성 기능 역시 《 Ctrl + Space 》로 동작한다. 현재 진행하는 상황과 맥락상 자동으로 필요한 것들을 리스트로 보여준다. 클래스, 메소드, 필드는 물론 키워드를 자동으로 완성해준다. 나중에 언급되겠지만 사용자가 미리 자주 사용하는 코드를 등록해 둔 '라이브 템플릿' 기능을 호출하는 키워드를 입력했을 때도 자동으로 제안된다. 기능 명칭은 Basic completion이다. 제안된 내용을 거부하려면 언제든 Esc키를 누르면 된다.

인텔리제이가 어디까지 자동완성 시켜주는지 살펴 볼 마음의 준비가 되어 있다면, 두 번 세 번 호출해보자.

처음 호출하면 필드, 매개변수, 변수 등 기초적인 내용으로 자동완성 제안을 해준다.

두 번 째 호출에서는 코드의 공개 범위로 인해 호출될 수 없는 영역의 항목을 나열해준다. 강제로 오픈할 수 있는 치트를 쓸 수 있지만, 의도한 바일테니 권장하진 않는다.

세 번 째로 호출하면 해당 프로젝트 내에서 클래스와 인터페이스를 전부 찾아낸다.

자동완성은 IDE의 꽃이다.극한까지 끌어내어 활용해보자. 참고로 추천된 항목을 화살표 위아래로 찾아 선택한 후, 엔터를 치면 Insert (삽입)형태로 처리되며, Tab을 누르면 Replace(최환)으로 적용된다.

아울러 자동 추천《 Ctrl + Space 》된 항목 중 연관성이 높아 가장 먼저 추천된 항목을 바로 지정하고 다음 뎁스로 넘어가고자 할 때, 《 Ctrl + (.) 》을 누르면 자동으로 다음 패키지 뎁스로 넘겨준다. 해당 기능은 Choose Lookup Item and Insert Dot이라는 기능인데, 유용하니 꼭 숙지하도록 하자. 화살표 키를 누르기 위해 오른손이 이동하지 않아도 되는 잇점이 있다.

자동으로 추천된 항목들이 많은 경우, 텍스트를 입력하면 해당 텍스트와 매칭되는 항목들을 필터링 하여 찾아준다. 특히 단어들이 합쳐진 긴 항목은 해당 항목의 단어에서 생각나는 몇 글자만 입력하더라도 빠르게 찾아준다. 완성된 단어나 이어진 단어가 아니더라도 부분 매칭된다면 찾아준다.

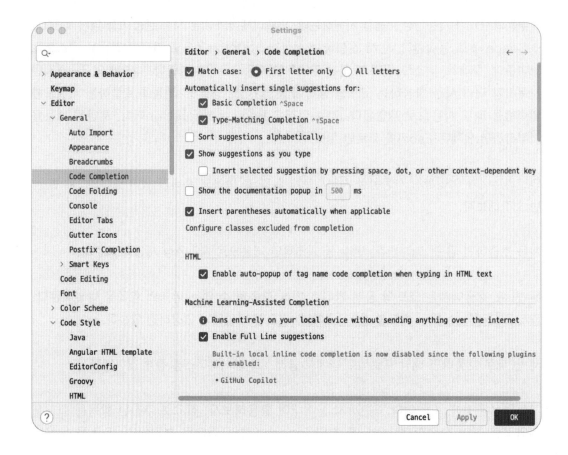

명세 자동 완성 Statement completion

문장 혹은 문단 자동 완성 기능이다. Statement completion라 하며 단축키는 《 Ctrl + Shift + Enter :: Cmd + Shift + Enter 》이다. 자동 문장 완성 혹은 자동 명세 완성이라 하며, 현재 코드 라인을 파악하여 자동완성 시켜준다. 기본 자동완성이 현재 포커스를 기준으로 다음에 나올 항목을 예상하여 보여준다면, 문장 자동완성 기능은 해당 라인의 코드를 완성시키는데 필요한 항목을 권하고, 완성된 경우 최종적으로 마지막 라인에 필요한 경우 문장 종료 기호(대부분 Semicolon ' ; ') 을 넣고 다음 줄로 넘긴다.

메소드를 자동으로 선언 완료해주거나, 코드 라인을 완성하는 것 외에 메소드를 호출하는 인수를 해당 메서드의 선언부에 맞게 자동으로 래핑(Wrapping)하는 기능이 있다.

< 편집 >

타입 매칭 코드 자동 완성 Type-matching completion

Type-matching completion 기능이며, 인텔리제이에서는 이를 스마트 타입매칭 코드 완성이라는 기능명으로 부른다. 단축키는 《 Ctrl + Shift + Space 》이다. 자동완성에서 제안된 항목 중, 현재 문맥(컨텍스트)에서 사용 가능한 혹은 빈번하게 사용된 내용을 필터링하여 제안한다. 괄호 안에 적합한 항목만을 제안한다든지, 특정 변수에 대입을 할 때는 해당 변수 혹은 타입에서 받을 수 있는 항목을 최우선으로 제안한다든지 하는, 컬렉션 작업시, 정적 메소드나 상수가 들어가는 항목 작업시처럼 당연하게 들어갈 항목을 찾아준다는 의미로 동작한다.

> 스마트 타입매칭 자동완성 구동 화면

```
owner.setId(ownerId);
this.owners.save(owner);
return "redir  ⓟ owner                              Owner
               ⓜ findOwner(Integer ownerId)         Owner
               Press ↵ to insert, ⇥ to replace  Next Tip      ⋮
```

테스트 코드 파일 자동 생성

현재 작업하는 파일의 테스트 코드 파일을 자동으로 만들 수 있다.

클래스명에서 《 Ctrl + Shift + T :: Cmd + Shift + T 》) 후 테스트코드 파일이 만들어진다.

> 테스트코드 자동생성

```
public class Memo { no usages  ≛ sangdo.park *
                    Choose Test for Memo (0 found) 🖳
 ∨  public Memo   💡 Create New Test…
        System.out.println("Hello and welcome!");
```

161

파라미터 정보 Parameter Info

메소드를 호출할 때, 괄호 안에 필요한 파라미터를 담아 보내게 되는데, 괄호 안에 넣을 수 있는 파라미터를 분석하여 후보군을 알려준다. 매우 요긴하다. 오버로딩의 참맛을 보여준다. 파라메터 미리보기와 스마트자동완성을 연이어서 사용하면 엄청 편하다. 단축키는 《 Ctrl + P :: Cmd + P 》이다.

> 메소드에 인자 파라미터를 어떻게 담아야 하는지 보여주는 이미지

```
Pet pet = (Pet) obj;
String name = pet.getName()
// name validation                @Nullable String field, String errorCode
if (!StringUtils.hasText( str: √ @Nullable String field, String errorCode, String defaultMessage
                               @Nullable String field, String errorCode, @Nullable Object[] errorArgs, @Nullable String defaultMessage

  errors.rejectValue( field: "name", errorCode: REQUIRED, defaultMessage: REQUIRED);
```

히피 코드 완성 사용 Hippie Code completion

이것 저것 둘러보다가 우연히 찾은 기능이다. 물론 인텔리제이는 공식적으로 제공하는 기능이겠지만 말이다. 해당 기능을 처음 만났을 때는 인공지능인가 싶을 정도로 해당 파일 내에서 가까운 위치의 연관 단어를 잘 찾아준다.

히피 코드 완성 기능이라는 기능으로 단축키는 《 Alt + / :: Opt + / 》이며, 보여지는 전체 범위에서 텍스트를 분석하여, 코드 문법이나 맥락은 잠시 뒤로 하고, 추천 혹은 제안하는 단어를 생성한다. Cyclic Expand Word라는 이름으로 단축키가 동작하며, 코드를 작성하는데 있어 현재 위치에 필요한 단어를 가까운 위치에서 찾아 자동으로 완성해주는 기능이라고 보면 이해가 빠르다.

필요한 단어가 매칭될 때까지 반복해서 《 Alt + / :: Opt + / 》를 연타해보자. 백문이 불여일타.

< 편집 >

컨텍스트 작업 Context Action

현재 커서 포커스가 위치한 곳에서 맥락상 수행할 수 있는 작업(액션)을 제안해준다. 효율적이지 못하게 코드를 작성했다거나, 미처 생각지 못한 부분이 있을 때, 인텔리제이가 판단하여 더 좋은 방법이 있다면 제시해준다. 단축키는《 Alt + Enter :: Opt + Enter 》이며, Context Action 또는 Quick Fix라는 용어로 주로 사용된다.

> 현재 위치한 곳에서 여러 대안 제시

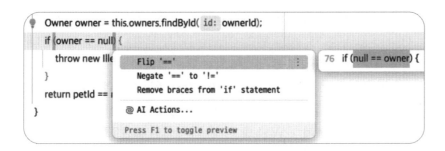

습관적으로라도 여러 대안을 제시해주는 Context Action 기능을 이용하여 인텔리제이 자체 뿐 아니라 프로그래밍 스킬도 향상 시킬 수 있는 기회로 본다. 특히 사용자의 실수를 방지해주는 여러 기능에 감탄하고 해당 항목을 선택하는 순간 자동으로 코드가 수정, 변경되는 것을 보면 여간 편하지 않을 수 없다.
최근에는 본 기능에 점점 AI 기술을 도입하여 더 효율적인 액션을 제안해주는데 이는 책 후반부에 별도 챕터에서 소개하겠다.

고칠 부분 찾기 Next Highlight Error

아무리 자동완성 기능과 액션 추천 기능이 동작한다 해도 코드에 오류가 발생하거나 의도치 않은 부분에서 문제는 발생할 수 있다. 코드를 작성하다보면 컴파일 오류가 나는 부분이나 잘못된 타입 매칭, 그 외 무엇이든 문제는 늘 발생할 수 있는데, 소스 코드를 열어 편집기에 열었을 때, 수정이 필요한 부분을 빠르게 이동할 수 있는 방법이다. 단축키는《 F2 》이며, 고쳐야 할 곳이나 오류난 곳으로 바로 커서 포인트가 바로 이동한다.

편집창 닫기 Close

현재 편집 중인 창을 닫는 기능이다 단축키는 《 Ctrl + F4 :: Cmd + W 》이다. 참고로 현재 편집 중인 창이 아닌 인텔리제이 자체를 닫고 싶다면 《 Alt + F4 :: Cmd + Q 》를 누르면 된다.

다른 편집 창 전체 일괄 닫기 Close Others

현재 편집 중인 창을 닫을 때는 《 Ctrl + F4 :: Cmd + W 》를 누르면 되는데, Close Others 기능으로 현재 편집 중인 창을 제외한 나머지 창을 한 번에 닫고 싶을 때는 남기고 싶은 창에서 《 Alt :: Opt 》를 누른 채, 해당 탭의 Close (x 창 닫기) 부분을 클릭한다. 참고로 에디터 창을 분할해 놓은 경우, 해당 분할 영역에 열린 다른 탭의 파일만 닫힌다. Split 된 레이아웃 자체를 건드리지 않는 점은 사용자의 의도를 방해하지 않는 부분에서 개인적으로 맘에 드는 부분이다. 다른 파일을 모두 닫아 하나의 파일만 남은 상태에서 Split 된 영역마저 그저 닫고 싶다면 《 Ctrl + F4 :: Cmd + W 》를 한 번 더 누르면 그만이다.

새 편집창 열기

프로젝트 탐색창에서 파일을 찾았다면 보통 클릭을 하거나 Enter를 눌러 파일을 열게 된다. 물론 프로젝트 탐색창에 옵션을 통해 Single Click Open 이나 Preview 옵션을 켜두었다면 바로 바로 에디터 창에 현재 선택되어진 파일이 열리게 된다.

이때, 프로젝트 탐색창에 파일을 찾아 검색 중 포커스가 있는 상태에서 단축키 《 Shift + Enter 》를 누르면 해당 파일이 에디터 창에서 새롭게 열리게 되는데, 이미 열려 있다면 해당 창으로 포커스가 이동하고 새로 오픈하는 경우 자동으로 편집 창을 Split 하여 우측에 새로운 편집 창으로 열어준다.

작업중인 파일 선택되게 하기 Always select opened files

기본 값으로 설정하지 않으면 프로젝트 탐색 창에서 엔터나 클릭으로 파일을 열게 되는데, 프로젝트 탐색 창에서 옵션을 눌러본다면 선택할 수 있는 옵션이 있다.

< 편집 >

> 프로젝트 탐색 창 옵션들

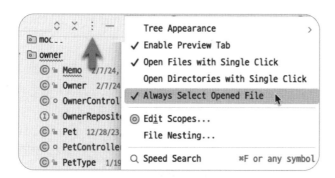

프리뷰 탭을 미리 열어놓고 바로 보거나, 선택된 파일을 바로 열거나, 에디터 창에서 작업 중인 파일(선택된 열린 파일)을 프로젝트 탐색기가 따라다니며 표시하거나 하는 옵션을 선택할 수 있다. 처음 이클립스에서 인텔리제이로 넘어올 때, 이 부분이 많이 혼동될 수 있으므로 필요한 옵션을 적용해보며 익숙한 상태를 찾는 것도 편히 쓰는 하나의 방법이다. 선택한 파일을 열게 하거나, 편집 중인 파일을 자동으로 선택하여 포커스가 넘어가는 이러한 편의 사항은 개인의 작업 스타일과 습관에 따라 편하다고 느끼는 부분이 있는가 하면 오히려 작업에 방해가 되는 요소로 작용할 수 있기에 개인의 취향에 맞게 조절할 수 있는 부분을 익혀두자.

열려있는 편집 파일과 도구창 빠르게 전환하기 Switcher

공식 명칭은 Switcher 이며, 단축키는 《 Ctrl + Tab 》 / 《 Ctrl + Shift + Tab (역방향) 》 이다.

> 스위처

인텔리제이의 레이아웃이나 모드를 빠르게 전환하는 Switch 《 Ctrl + ` 》 와는 다르게 현재 열려 있는 편집 중인 파일과 도구 창 사이를 빠르게 전환할 수 있는 기능이다. 최근 작업한 파일의 목록을 보여주는 Recent Files 《 Ctrl + E :: Cmd + E 》 와 유사하지만, Switcher는 실제 IDE 코드 편집창에 열려 있는 파일만을 대상으로 한다.

파일 비교하기 Diff

프로젝트 탐색기에서 파일 두 항목을 선택한 다음 단축키 《 Ctrl + D :: Cmd + D 》 (Diff 기능)를 누르면 두 파일을 직접 비교해볼 수 있는 Diff 기능이 작동한다.

> Diff 기능

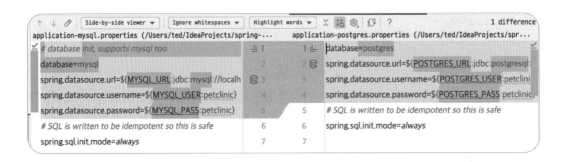

어느 IDE든 대부분 기본적으로 제공하는 파일 비교 기능 (Diff) 이지만, 인텔리제이는 특히 VCS 인 Git 사용시, 이전 버전과 이후 버전 혹은 브랜치 사이에 차이점을 비교할 때 많이 쓰인다. 프로그래밍 언어 마다 적용 필요성은 다를 수 있겠지만, 가능하면 프로그래밍 맥락에 큰 지장을 주지 않는다는 가정하에 상단에 표시된 옵션 중 Ignore whitespaces를 설정해두면 단순히 빈 영역에 코드 값이 다르다는 이유로 많은 오류 표시가 표현되는 것을 막을 수 있다. 실제 유효 코드 부분과 로직에 집중해서 확인하는 것이 효과적이다.

> 공백 처리 무시하기 옵션

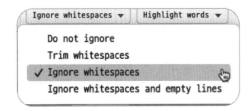

< 편집 >

클래스 바로가기 Goto Class

공식 명칭은 Goto Class이지만, 흔히들 타입 열어보기라고 칭하는 기능이다. 단축키는 《 Ctrl + N :: Cmd + O 》이다.

파일 구조 열어보기 File Structure

도구 창을 통해서도 파일 구조를 볼 수 있지만, 작업 중인 파일의 구조를 팝업을 통해 빠르게 찾아 볼 수 있는 단축키는 《 Ctrl + F12 :: Cmd + F12 》다. 부모 클래스에서 상속 받은 메소드 목록을 살펴볼 수 있고, 구조를 살펴보는 팝업이 열린 상태에서 익명클래스 정보 《 Cmd + I 》나 람다 표기《 Cmd + L 》까지 토글 형식으로 추가로 살펴 볼 수 있다. 인텔리제이의 팝업이 그러하듯 항목이 많은 경우는 텍스트를 입력함으로써 필터링된 결과만 보는 것이 가능하다.

클래스 계층 보기 Quick Hierarchy

Quick hierarchy 라는 기능으로 상속 구조를 빠르게 살펴보는 기능이다. 단축키는 하이라키 뜻을 붙여 《 Ctrl + H 》이며, 자신부터 최상단 Object까지 관계를 빠르게 보여준다. 부모 클래스와의 관계로 보여줄지, 서브타입이 무엇인지 보여줄지 옵션으로 지정하거나, 프로덕션 코드에서 보여줄지, 테스트 코드까지 포함할지와 같은 스코프 (범위) 옵션들이 많으나 기본 값 상태에서 살펴봐도 충분하다.

백 링크(Back Link) Find Usages

현재 선택되거나 커서가 포커스된 항목이 어디에서 사용되었는지를 파악하는 기능이다. Find Usages 기능이며, 단축키 조합에 따라 각각 동장 방식이 다르다. 참고로, 링크를 타고 이동하는 것이 아니라, 해당 항목을 바라보고 있는 링크가 어디에 있는지를 찾는 이와 같은 기능을 흔히 Back Link 기능이라 칭한다.

Find Usages

《 Alt + F7 :: Opt + F7 》

해당 항목이 어디에 쓰였는지 프로젝트 전체를 파악하여 도구 창에 보여준다.

> 선택한 항목이 프로젝트 내에서 어디에 사용되었었는지를 보여주는 목록]

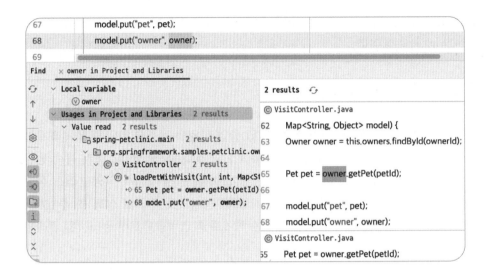

Show Usages

《 Ctrl + Alt + F7 :: Cmd + Opt + F7 》

해당 항목이 어디에 쓰였는지 컨텍스트 메뉴를 통해 빠르게 보여준다.

> 컨텍스트 영역에서 보여주는 백링크

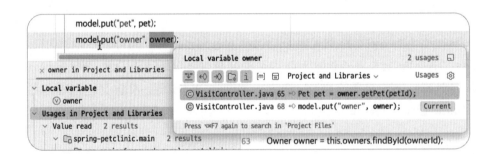

< 편집 >

Highlight Usages in File

《 Ctrl + Shift + F7 :: Cmd + Shift + F7 》

현재 열린 파일에서 쓰인 부분을 하이라이트하여 표시한다.

> 하이라이트 표시된 영역

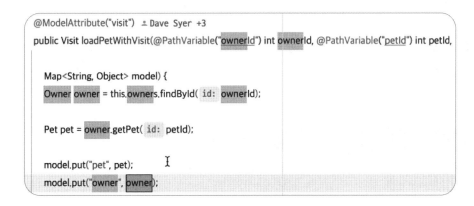

설정

《 Cmd + Opt + Shift + F7 》

Find Usages 에 관한 설정을 한다. 한 번 사용된 것은 Skip 하거나, 새로운 탭에서 오픈하는 것에 대해 설정이 가능하다.

> 설정화면

무엇이든 실행하기 Run Anything

흔히, 더블 컨트롤이라고 불리는 Run Anything 기능이다. 단축키는 《 Ctrl , Ctrl 》로 두 번 연달아 입력한다. 무엇이든 실행한다는 뜻의 명령이며 주로 Run/Debug Configurations 에서 설정한 실행 항목을 빠르게 실행한다.

컨트롤 키를 두 번 연타하면 실행할 항목을 입력하는 팝업 입력 창이 뜨는데, 빠르게 입력하는 방법을 몇 가지 소개한다.

우선 Run/Debug Configurations의 항목을 입력하면 해당 항목을 빠르게 실행할 수 있다.

> 사용자의 Run Configurations 항목

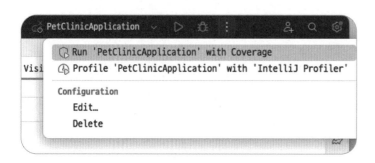

다음으로는 평소에 자주 사용하는 명령어를 통해, 직접 실행하는 방법으로 해당 키워드의 앞 글자를 입력하면 매칭되는 항목을 자동으로 찾아준다.

> 평소 바로 실행하는 mvn(메이븐) 입력으로 검색 자동

무엇을 입력해야 하는지 잘 몰라도 문제가 없다. 무엇을 할 수 있는지 ? 를 입력해보면, 바로 실행할 수 있는 항목들을 보여준다. 이미 수행했던 항목들은 최근 항목 (Recent ~) 를

< 편집 >

접두어로 리스트로 보여준다.

> Tip : 최근 열었던 다른 프로젝트를 빠르게 열어보고 싶을 때는 'open' 이라고 입력해보자.
> Maven의 각 Goal을 수행하고자 할 때는 mvn 이라고 입력해보자.

무엇이든 실행해준다 하지만, 어떤 항목을 실행 가능한지 모를 수 있으므로, 입력 창에 ? 를 입력해보자.

최근 항목과 함께, 실행할 수 있는 요소들과 실행할 때 필요한 방법을 자세히 표시해준다.

> Run Anything

```
Debug:                                                    Project ∨
▣ ?

Maven
  ⅿ mvn <goals...> <options...>
Recent projects
      open <project name>
HTTP Requests
  API http-client <request>
Node.js
  🐗 grunt <task name>
  🥤 gulp <task name>
  ⓙⓢ node <script path>
  ▯ npm <command>
  🐱 yarn <command>
Gradle
  🐘 gradle <taskName...> <--option-name...>

Press ↑ or ↓ to navigate through the suggestion list
```

터미널 창을 열어 명령어 입력으로 실행할 수 있지만, 인텔리제이가 가이드 해주는 내용으로 인해 실수 없이 빠르게 입력하여 실행할 수 있는 장점이 있다.

Comment 자동 주석

입력된 문자열을 주석으로 지정하고 싶을 때 《 Ctrl + / :: Cmd + / 》를 누르면 자동으로 해당 커서 위치 이후의 문자열이 주석으로 적용된다. 각 문서 유형에 맞는 주석 형태가 자동으로 적용된다.

171

자동 정렬과 스타일 적용 Reformat Code & Auto Indent

Reformat Code

소스 코드를 작성하다 보면, 코드 컨벤션에 맞지 않거나 들여쓰기가 잘못돼 있는 경우 혼동이 생길 수 있다. 이때 코드 포맷을 자동으로 정렬해주는 기능이 Reformat Code 기능이다. 단축키는 《 Ctrl + Alt + L :: Cmd + Opt + L 》이며 재포맷이라는 말 보다는 자동 정렬이라는 의미가 더 많이 쓰인다.

현재 작업 중인 파일을 자동 정렬하는 것 뿐 아니라 프로젝트 전체 코드에 대해 자동 정렬을 할 수 있다. Reformat File 기능이며 단축키는 Shift를 더해, 《 Ctrl + Alt + Shift + L :: Cmd + Opt + Shift + L 》이다.

> 리포맷 파일 옵션

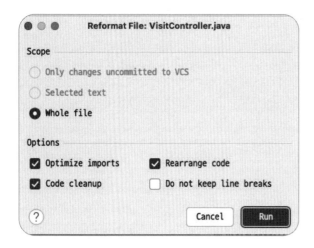

VCS 에 기록된 이후 수정된 파일에 대하여 정렬하거나, 선택된 텍스트만 정렬하거나, 전체 파일을 정렬하도록 할 수 있으며, 옵션으로는 임포트 최적화, 코드 정리와 라인 브레이크에 대한 설정을 조절할 수 있다. 다만, 직접 눈으로 확인하지 않고 일괄로 처리하는 것은 의도치 않게 전체 코드에서 VCS 커밋을 유발시켜 소스 코드의 이력 관리에 부담이 될 수 있으며, 협업 시, 타인의 코드까지 일괄 적용될 수 있으므로 주의가 필요하다.

< 편집 >

Auto Indent

Auto-indent lines 기능으로 Reformat Code의 일부 이긴 하지만, 인덴트 설정 부분이 프로그래밍 랭귀지에 맞는 스타일 지정 팝업에서 가장 앞에서 설정하며, 메인 윈도우 하단에도 실시간으로 인덴트 값을 보여줄 정도로 중요하다.

> 현재 문서의 인덴트 속성 값을 보여주는 하단 상태 바

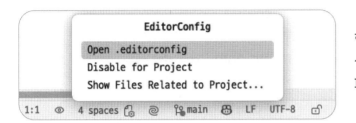

현재 설정 값는 4 Spaces이며, 설정 버튼을 클릭하면 옵션 설정 파일을 열 수 있다.

> 인텔리제이 설정에서 언어 별 스타일 지정 기능에서 가장 먼저 나타나는 Tabs, Indents 옵션

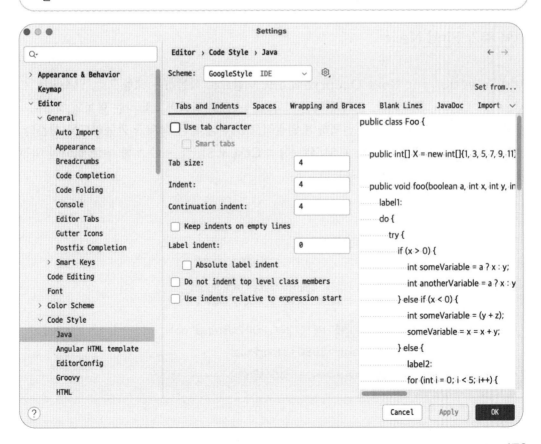

멀티 포커스 (컬럼 단위 작업) Multi Focus

《 Alt :: Opt 》옵션 키 누르고 있는 상태에서 화살표 이동 혹은 마우스 드래그를 하면, 커서가 컬럼 단위 (수직) 부분이 겹쳐 멀티 캐럿 상태로 선택된다. 빠져나오는 방법은 《 Esc 》키를 누르면 된다. 일반적으로 컬럼 모드 선택이라는 기능으로 다른 대부분의 IDE에도 포함된 기능이다.

> 컬럼 선택 모드 (세로로 선택되어 일괄 작업)

```
<stringProp name="Argument.name">PETCLINIC_PORT</stringProp>
<stringProp name="Argument.value">8080</stringProp>
<stringProp name="Argument.metadata">=</stringProp>
```

키보드 없이 동작하는 컬럼 선택모드 (Column Selection Mode)가 있다. 《 Cmd + Shift + 8 》을 누르면 컬럼 선택모드가 되고 화살표 키를 이용하여 선택 및 작업을 진행 후, 빠져나올 때는 《 Esc 》키를 누르면 된다. 프로그래머를 위한 폰트 설정 부분에서 언급된 내용처럼 고정폭 기능 폰트를 사용하면 컬럼 선택 모드에서 보다 정확하게 선택과 작업이 가능하다.

선택 추가 Find Next

Add Selection for Next Occurrence 의 이름으로 작동하는 기능으로, 단축키는 《 Alt + J :: Ctrl + G 》이다. 현재 선택된 항목의 텍스트와 다음에 나타나는 항목의 텍스트가 일치할 때 항목을 추가로 함께 선택하여 일괄적으로 수정 혹은 삭제가 가능하도록 해준다. 단축키에 Shift를 얹어 《 Alt + Shift + J :: Ctrl + Shift + G 》를 누르게 되면 이전 항목으로 선택되고 포커스가 이동한다.

> 동일 코드 자동 지정 및 일괄 수정

```
<elementProp name="PETCLINIC_PORT" elementType="Argument">

<stringProp name="Argument.name">PETCLINIC_PORT</stringProp>
<stringProp name="Argument.value">8080</stringProp>
<stringProp name="Argument.metadata">=</stringProp>
```

174

< 편집 >

검색

파일에서 검색과 교체 Find & Replace

현재 작업 중인 파일에서 원하는 내용을 찾을 때는 《 Ctrl + F :: Cmd + F 》을 단축키로 누르고, 원하는 내용을 찾아 내용을 치환하고자 할 때는 《 Ctrl + R :: Cmd + R 》을 단축키로 이용한다.

특별히 복잡한 내용은 없으나, 옵션으로는 대소문자를 구분하여 검색할지 여부와 단어로 구성된 검색과 정규식 조건에 맞춘 검색을 필요에 따라 토글로 선택할 수 있다.

파일 내부에서 검색 및 교체는 실수를 하더라도 실행 취소 《 Ctrl + Z :: Cmd + Z 》로 간단히 조치할 수 있다.

전체에서 검색과 교체 Replace in File

작업 중인 프로젝트 전체에서 필요한 항목을 찾을 때는 Shift를 더해 《 Ctrl + Shift + F :: Cmd + Shift + F 》를 누르고 검색어를 입력한다. 이때 매칭되는 항목들이 리스트 형태로 보여진다.

> 전체 검색

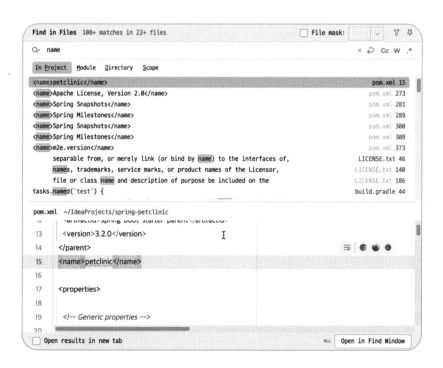

175

대소문자, 단어검색, 정규식도 물론 적용 가능하다. 전체 검색 후 치환도 역시 Shift를 더해 《 Ctrl + Shift + R :: Cmd + Shift + R 》을 단축키로 쓴다. 다만, 전체 검색 후 교체일 경우 주의할 점은 Replace(교체)가 아닌 Replace All(전체 교체)라는 버튼을 누르면 프로젝트 내에 있는 모든 파일에서 동일 텍스트가 있는 부분을 교체하기 때문에 매우 위험하다.

당연히 VCS를 통해 관리를 하겠지만, 전체 교체는 지양하고 가급적 눈으로 확인하면서 단계별로 교체하기를 추천한다. 참고로, 포커스 된 위치의 데이터를 치환할 때는 Enter를 누르고 전체를 일괄 교체는 신중하게 주의하면서 《 Opt + Shift + Enter 》이다.

마찬가지로 대소문자 구분, 단어 검색, 정규식 적용 검색이 옵션이 있다.

파일 이름 검색 Go to FIle

프로젝트 내의 모든 파일을 검색하는 기능이다. 단축키는 《 Ctrl + Shift + N :: Cmd + Shift + O 》이며, Search Everywhere에서 파일 검색 탭의 기능을 바로 부르는 단축키다.

옵션으로는 《 Opt + [제시어] 》를 눌러 프로젝트 작업 대상 파일과 폴더 전체의 내용으로 Scope를 전환할 수 있다. 마우스로 클릭하면 여러 항목들이 나오므로 필요에 따라 선택한다. 동일한 파일명으로 여러 위치에 걸쳐 동일한 이름으로 존재하는 파일이 있는 경우에 파일 명과 함께 해당 파일의 경로 데이터를 확인하여야 한다.

> 옵션

참고로 전체 파일을 파일명으로 검색하는 것이 아닌, 검색 텍스트가 내용으로 포함된 파일을 검색하고 싶을 때는 Find in FIles 기능인 《 Ctrl + Shift + F :: Cmd + Shift + F 》 키로 검색해야 한다.

> Tip : 각 검색 창에서 우측 하단에 Open in Right Split을 클릭하면 선택 항목이 화면 분할되어 우측에 표시 된다.

심볼(클래스, 메소드) 검색 Go to Symbol

프로젝트 내의 모든 심볼(클래스 또는 메소드)를 검색하는 기능이다. 단축키는 《 Ctrl + Alt + Shift + N :: Cmd + Opt + O 》이며, Search Everywhere에서 Symbol 검색 탭의 기능을 바로 부르는 단축키다.

> 심볼 검색

All Classes Files **Symbols** Actions Text Endpoints	All Places ∨ ▽ ⊡
Q▾ PetType|	
©️ **PetType** of org.springframework.samples.petclinic.owner	spring-petclinic.main ⌷
©️ **PetType**Formatter of org.springframework.samples.petclinic.owner	spring-petclinic.main ⌷
©️ **PetType**FormatterTests of org.springframework.samples.petclinic.owner	spring-petclinic... ⌷
©️ pet**Type**Formatter **PetType**Formatter.java	spring-petclinic.main ⌷
ⓕ pet**Type**Formatter of org.....petclinic.owner.PetTypeFormatterTests	spring-petclinic.test ⌷
ⓜ find**PetType**s() of org.springframework.....petclinic.owner.OwnerRepository	spring-petc... ⌷
ⓜ make**PetType**s() of org.....petclinic.owner.PetTypeFormatterTests	spring-petclinic.test ⌷
ⓜ populate**PetType**s() of org.....petclinic.owner.PetController	spring-petclinic.main ⌷
ⓜ ♂ shouldFindAll**PetType**s() of org.....petclinic.service.ClinicServiceTests	spring-petc... ⌷
⚲ fk_pets_types resources/db/h2/schema.sql	spring-petclinic.main ⌷
⚲ fk_pets_types resources/db/hsqldb/schema.sql	spring-petclinic.main ⌷
org/springframework/samples/petclinic/owner/PetType.java	Open In Right Split

액션 검색 Find Action

인텔리제이에서 기능 검색을 할 때는 액션 검색을 이용한다. 단축키는 《 Ctrl + Shift + A :: Cmd + Shift + A 》이며 이미 몇 차례 소개했다.

> 액션 검색

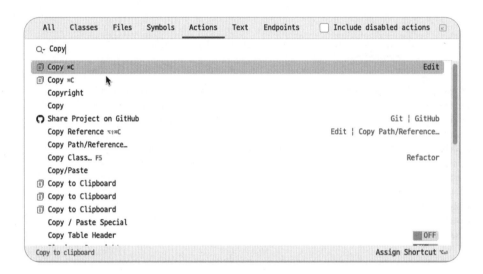

설정 위치 검색

> 액션 검색 중 설정 위치찾기 기능

어떤 기능이나 메뉴, 설정처럼 인텔리제이에서 할 수 있는 모든 일을 검색할 때 사용되는데, 특히 어떤 키워드와 함께 ' : ' 콜론을 입력하면 해당 키워드가 포함된 모든 설정기능과 위치를 알려준다.

< 편집 >

새로 만들기 Generate

인텔리제이의 프로젝트 탐색 창이나 편집 창, 가능한 경우에는 도구 창에서 새로만들기 단축키는 《 Alt + Insert :: Cmd + N 》이다. 기능명은 Generate이며, 이름에서 알 수 있듯 맥락에 맞추어 자동으로 필요한 항목을 생성할 수 있게 해준다. 코드 작성 중에 특히 눌러보면 필요한 항목을 빠르게 생성할 수 있는 기능을 제공한다. 어떠한 항목에서 생성 될 수 있는지 예시로 살펴본다.

> 파일 내에서 생성 기능

Generate

Constructor
Getter
Setter
Getter and Setter
equals() and hashCode()
toString()
Override Methods...   ^O
Delegate Methods...
Test…
Copyright

ⓐ Entity Attribute...
🔢 Entity Attribute(s) from DB
Ⓓ Entity Attribute(s) from DTO
🗐 Create Referenced Entity
🕸 Named Query...
ⓜ Lifecycle Callback...
🔑 Index/Constraint…
#≠ JPA Utilities...

생성자 Constructor

클래스의 생성자를 자동으로 생성해준다. 클래스의 인자를 자동으로 분석하여 디폴트 생성자 또는 필요한 인자를 가진 생성자를 자동으로 생성 가능하다. 단지 엔터만 치면 된다.

게터 세터 Getter and Setter

필드의 Getter와 Setter 메소드를 자동으로 생성한다. 한 번에 전부 생성할 수 있고, 필요한 항목을 선택하여 생성하는 것도 가능하다.

이퀄스 & 해시코드 Equals and Hash-Code

객체의 비교를 위한 .equals() 와 .hashcode()를 자동으로 오버라이딩하는 코드를 제공한다.

상속 오버라이드 메소드 Overide Methods

> 오버라이드 자동 예시

Override 가능한 메서드 목록을 확인하여 구현하기 위한 코드를 자동 생성한다. 위에 설명한 equals와 hashcode는 물론 toString, clone 을 제공하고, 해당 클래스가 상속 관계에 있어 필요한 오버라이드 항목이 있다면 해당 팝업에 함께 표시된다. Override를 연상하며, 직접 호출하는 단축키는 《 Ctrl + N :: Ctrl + O 》이다.

구현 인터페이스 메소드 Implement Methods

> 인터페이스 구현 자동 예시

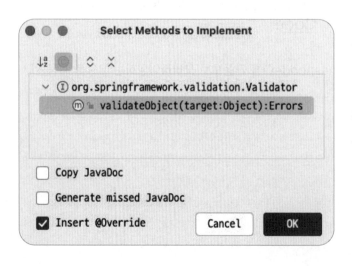

현재 편집 중인 파일이 인터페이스를 구현해야 한다면, Implement 가능한 메서드 목록을 확인하여 구현하기 위한 코드를 자동 생성한다. Implement 를 연상하며, 단축키는 《 Ctrl + I 》 이다.

< IDE 도움 받기 >

IDE 도움 받기

지금까지는 코드를 빠르게 작성하거나, 필요한 항목을 찾고 바꾸거나 만들어 내는 것처럼 기본적으로 필요한 기능을 살펴보았다면, 이제부터는 인텔리제이가 제공하는 부가적인 편리한 기능을 살펴본다.

최근 변경 이력 Recent Changes

인텔리제이에서 작업한 히스토리 내역을 보관한다. 최근 변경 내역 Recent Changes 의미대로 시간과 함께 작업 내용이 기록된다. 단축키는 《 Alt + Shift + C :: Opt + Shift + C 》이며, 항목에서 엔터를 누르면 무엇이 변경되었는지를 확인할 수 있다.

오류 창 Problem Window

코드 작성 중 만들어낸 문제점들에 대해 도구 창에서 목록으로 보여준다. 단순 주의, 경고, 오류로 단계로 표시하며, 오류는 반드시 수정을 거쳐야 한다. 개인이 설정하기 나름이지만, 특별히 변경하지 않았다면 단축키는 《 Alt + 6 :: Cmd + 6 》이며, Problem 단어 뜻 그대로 '문제'라는 의미 그대로이므로 모든 항목을 없애는데 주력하자.

문제되는 항목에서 《 Alt + Enter :: Opt + Enter 》를 눌러 Quick-Fix 기능으로 문제를 해결하거나, 해당 문제에 대한 문자열을 복사하여 검색을 통해 문제를 해결하는 것도 아직 문제 해결이 익숙하지 않을 때는 좋은 대안이다.

참고로 코드 수정 작업 진행 중, 해당 편집 창 내에서 문제 되는 부분으로 빠르게 이동하는 단축키는 《 F2 》 (역방향은 《 Shift + F2 》)이며, 어떤 코드 편집 작업 중에서도 《 F2 》를 눌렀을 때, 커서 포커스가 점프하는 일은 만들면 안 될 것이다. 퀵 픽스는 소스코드 창에서도 동작한다. 물론, 일반적인 코드에서는 《 Alt + Enter :: Opt + Enter 》의 원래 기능인 Context Actions로 동작한다.

코드 오류 혹은 문제되는 부분이지만, 실행이나 운영에는 큰 문제가 발생하지 않거나, 오류로 이어지지는 않는 코딩 컨벤션 같은 문제가 수정은 필요하나 너무 잦은 다량의 표시로 인해 잠시 분석 결과에서 빼 놓고 싶을 때가 있다. [Settings > Editor > Inspections] 부분에서 필요 없다고 생각되는 부분은 체크해제를 해놓으면 해당 항목은 나타나지 않는다.

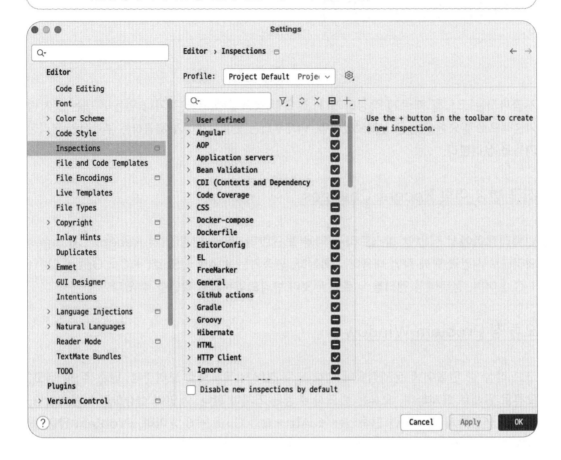

라이브 템플릿 Live Templates

라이브 템플릿은 미리 약속된 약어를 입력하고 특정 키를 누르면, 미리 구성되어 템플릿화되어 있는 코드를 화면에 자동으로 표시해주는 기능이라 할 수 있다. 이클립스가 익숙하다면, 이클립스 구동 후 첫 편집 창에서 main 이라고 입력하고 Tab을 누르거나 sysout을 입력하고 Tab을 눌렀을 때 각각 미리 약속된 코트 템플릿이 입력되는 것을 경험했을 것이다.

인텔리제이에서는 대표적으로 psvm, sout, fori 를 주로 사용하는데, 이는 각각 main method의 기본 값 설정이나, 출력문, 반복문을 각각 뜻한다. 일종의 미리 구성한 코드 템플릿으로 템플릿 안에 특정 요소를 사용자가 미리 지정하거나 완성 시점에 값으로 자동으로 입력하게 하는 기능이 있다.

인텔리제이 설정에서 Editor 메뉴 중 Live Templates를 열어보면 파일 편집 중인 상태나 언어 설정에 따라 어떤 라이브 템플릿 항목들이 사전에 구성되어 있으며, 단축어는 무엇인지 나타내준다.

< IDE 도움 받기 >

> 설정 화면에서 보는 사전 구성된 템플릿 약어

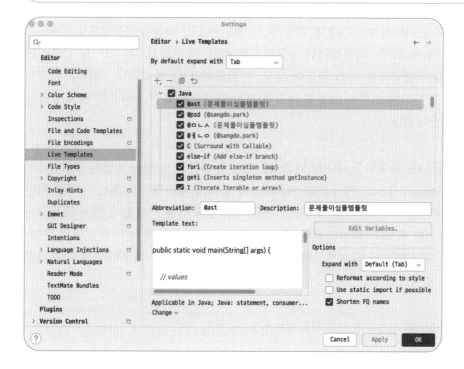

이클립스와 함께 대표적인 항목들을 비교해도 절대 부족하지 않고, 설정화면에 들어가면 오히려 각 언어 별 환경 별 많은 사전 구성된 라이브 템플릿을 보여주는데, 이를 다 외우고 작업을 진행하는 것은 현실상으로 가능하지 않다. 설정화면서 현재 사용하는 언어가 어떤 템플릿을 제공하고 있는지 꼭 한 번 살펴보자. 코드를 작성하는 시간이 얼마나 단축될지는 관심에 달렸다.

> 사전 구성된 템플릿 약어

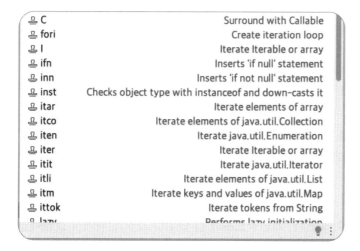

이럴 때 해결하는 방법으로 코드 편집 창에서 입력을 원하는 부분에서 《 Ctrl + J :: Cmd + J 》를 누른다. 사용자가 직접 만든 라이브 템플릿을 우선으로 하여, 많이 사용하는 라이브 템플릿 호출 약어를 정리하여 보여준다. 중복되거나 반복되는 코드 작업은 템플릿으로 만들어서 작업하고 팀과 함께 작업하는 내용이라면 공유하도록 하자. 개인적으로는 라이브 템플릿에 TODO::, FIXME:: 템플릿을 미리 만들어 놓은 후 유용하게 잘 활용했다. 라이브 템플릿 약어를 미리 외우고 있다면 라이브 템플릿 약어를 편집 창에 입력하면 자동으로 해당 항목을 조회하여 예시를 보여준다.

사용자가 직접 단축어를 등록하고 라이브 템플릿을 만들어 호출할 수 있는 방법은 인텔리제이 [Settings > Editor > Live Templates] 메뉴에 들어가 사용하고자 하는 언어를 택한 후, 우측에서 + 버튼을 누른다. Abbreviation은 어떤 단축어를 사용할 것인가 등록하는 부분이며 당연히 기존 항목과 중복되거나 해당 언어에서 예약어인 상태가 아니어야 한다. Description은 해당 항목을 간략히 설명하는 칸이며, 실제 라이브 템플릿이 될 문자열은 Template text에 적으면 된다.

> $변수명$ 표기를 사용하여, 변수 값을 넣는 방법

변수를 지정하기 위해, $와 $ 표기 사이에 사용하고 싶은 변수명을 넣고 표현식에서 넣을 항목을 찾는다. 문자열, 클래스명, 클립보드 내용, 주석 등 다양한 항목이 미리 설정 가능하게 구성되어 있어 선택하고 디폴트 값이 필요하다면 지정하면 된다.

가까운 지인을 살펴보면 어떤 일을 시작하거나 혹은 새로운 회사, 프로젝트, 업무를 시작 할 때 먼저 에디터의 배경 테마, 폰트와 같은 표현적인 요소를 설정하기도 하지만 당장 사용해야 할 라이브 템플릿을 미리 세팅하는 것을 목격했다. 특히 문서화 작업에 필요한 항목이나 주석 관련 템플릿과 공통적으로 쓰이는 유틸리티성 코드들을 미리 세팅하는 모습을 보며 시간을 효율적으로 사용하고자 하는 노력이 보였다. 개인적으로나 팀 단위나 조직 단위에서 효율적인 프로젝트 진행을 위해 라이브 템플릿을 사전에 함께 고민하고 작성하고 공유하는 것도 길게 보면 큰 도움이 될 것이라 생각한다.

184

< IDE 도움 받기 >

접미사 완성 Postfix Code completion

지금까지 자동완성이나, 라이브 템플릿 같은 경우는 사전에 약속된 항목으로 자동으로 코드가 완성되므로 입력 절차가 중요했다면, 이번에는 후행적 코드 자동 추가 기능으로 Postfix Code Completion 기능을 소개해보고자 한다.

> . 을 입력 했을 때 나타나는 Postfix Code Completion 가능 항목들

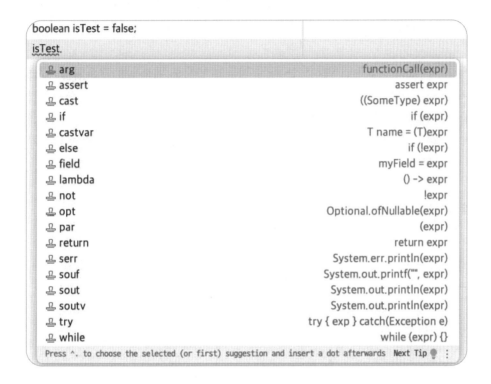

지금까지는 if (조건문) 을 자동 완성하기 위해서는 특정 키워드 형식으로 if 를 입력한 후 tab을 눌러 괄호 안에 수식이나 표현식, 변수를 넣어 완성하는 단계를 거쳤다면, 접미사를 이어 붙여 코드를 자동완성하는 기능이 Postfix Code Completion이다. 본인은 해당 기능을 우연히 알게 된 이후, 너무나 큰 충격을 받은 나머지 그 자리에서 영상을 만들어 유튜브에 해당 기능을 소개하는 영상을 업로드 했다. 돌이켜보면 인텔리제이의 기능인데, 모르고 있었다는 것이 너무나 억울한 측면이 있다.

자동완성과 접미사 자동완성의 차이

if (구문) -> 구문 입력
구문.if -> if (구문)

변수나 심볼, 혹은 조건문이나 표현식을 작성한 후, 해당 코드에 적용할 항목을 . (dot)
을 붙인 후 적어주면 해당 식에 자동으로 코드가 붙어 완성되는 형식이다. 직접 입력하는
것이기에 별도로 단축키는 없으나 단지 해당 항목의 입력이 완료되었으니, Postfix Code
Completion을 적용하라는 의미로 Tab키를 눌러주면 된다

예시 화면에서 볼 수 있듯 대표적인 예시로는 해당 항목을 인자로 메소드를 호출할 수 있는
.arg, 해당 식을 조건문으로 if문을 자동으로 만드는 .if, 해당 식을 람다식으로 전환하는
.lambda, 해당 항목을 리턴시켜주는 .return, 항목을 바로 출력해주는 .sout이 있다. 내용을
적은 후, .not을 붙여주면, 자동으로 부정식으로 표시되는데, 가끔 표현식에 놀라는 경우가
있다. 다양한 식을 찾아보고, 필요하다면 + 를 누르고 임의로 추가해보자.

> 이용할 수 있는 postfix 항목들

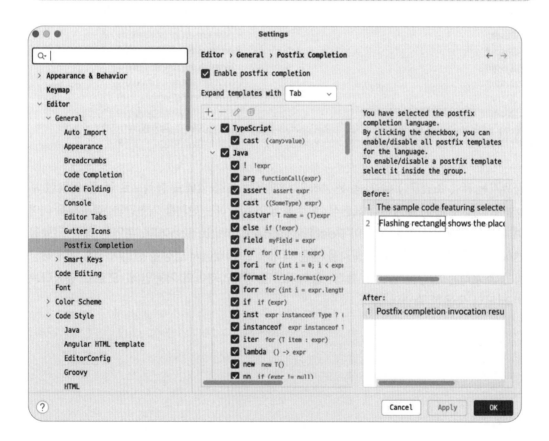

< IDE 도움 받기 >

정규식 테스트 Check RegExp

정규식은 특정한 규칙을 가진 문자열의 집합을 표현하는 데 사용하는 형식 언어로서, 코드에 적힌 정규식이 올바르게 작성되었는지 테스트를 하고 싶을 때, Quick Fix 기능의 단축키 《 Alt + Enter :: Opt + Enter 》를 잠시 빌려 쓴다. 해당 정규식 코드에서 Quick Fix를 호출하면 Check RegExp 정규식 체크 기능을 사용할 수 있다.

> 정규식 체크 호출

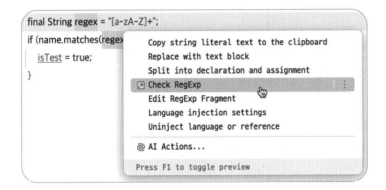

> 샘플 데이터로 해당 정규식이 유효한지 체크

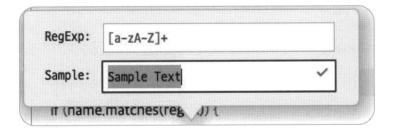

187

다이어그램으로 살펴보기 Show Diagram

인텔리제이는 자체적으로 프로젝트 내의 코드를 분석하여 UML을 그려주는 기능을 탑재하고 있다. 단축키는 《 Ctrl + Alt + U :: Cmd + Opt + U 》이며, 팝업 형태로 UML을 표시한다.

> UML 팝업

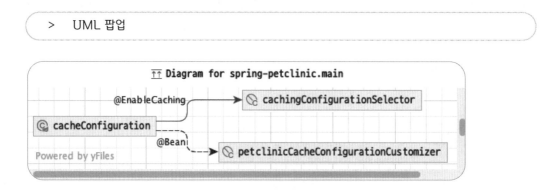

마우스 오른쪽을 클릭하면 나타나는 메뉴에서 Diagrams를 선택하면 다이어그램을 그리는 방법을 두 가지로 선택할 수 있다. 팝업이 아닌 별도의 창에서 Diagram을 보고 싶을 때는 Shift를 더해 《 Ctrl + Alt + Shift + U :: Cmd + Opt + Shift + U 》를 누르자.

> 마우스 우측 키로 다이어그램 항목 오픈

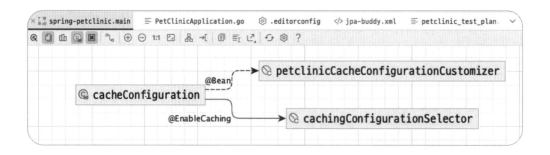

별도의 창에서 다이어그램을 오픈 한 경우, 다이어 그램에서 사용하는 다양한 옵션을 상단 메뉴로 볼 수 있다. 직접 작성한 코드가 설계가 적합하게 반영되었는지 확인하는 과정이나 라이브러리 프로그램의 구조를 살펴보거나 학습할 때 유용하게 쓰인다.

< 리팩토링 Refactoring >

리팩토링 Refactoring

리팩토링(Refactoring)은 코드 구조를 변경하거나 개선하여 코드를 더 읽기 쉽고 유지보수가 수월하며, 확장성을 높이는 과정이라고 할 수 있겠다. 보통은 외부 동작을 변경하지 않으면서 내부를 개선하는 것이라는 표현이 익숙하다. 리팩토링의 최종 목표는 이해하기 편하게 만드는 것과 유지 보수를 쉽게 하는데 있다.

개발툴에서 리팩토링이란?

인텔리제이는 리팩토링 작업을 위한 여러 자동화된 도구나 기능을 제공한다. 코드 변경을 수동으로 할 때 생길 수 있는 착오 입력이나 오동작을 막을 수 있으며, 빠른 리팩토링을 가능하게 한다. 변수 이름 변경이나, 메소드 추출 같은 IDE라면 기본적으로 제공하는 리팩토링 도구 뿐 아니라 어떤 기능을 제공하는지 살펴본다. 메소드 단위의 리팩토링과 클래스 단위, 여러 클래스 단위의 리팩토링을 순차적으로 진행한다.

리팩토링 하기 Refactor This

프로그램 작성 중 《 Ctrl + Alt + Shift + T :: Ctrl + T 》로 현재 위치에서 수행할 수 있는 모든 리팩토링 기능을 컨텍스트 메뉴 형태로 표시한다. 왼쪽에는 숫자로 해당 기능을 바로 실행할 수 있는 단축키를 보여주며, 우측에는 해당 기능을 직접 실행할 수 있는 단축키를 표시한다.

> Refactor This

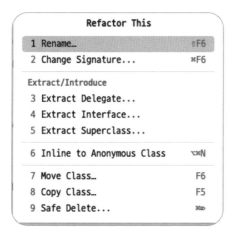

맥락에 맞추어 조금씩 다른 화면이 나오지만, 크게 다르지 않다. 리팩터 메뉴에 표시가 되더라도 각 기능이 익숙해지면 필요한 기능을 바로 호출하여 빠르게 작업할 수 있다면 효과적이다. 특히, 이름 변경, 시그니처 변경, 인라인 메서드, 확장 메소드 기능은 필수적으로 단축키를 외워두자. 이름 변경은 편집 중인 코드 이외에 프로젝트 탐색기나 네비게이션, 각종 도구 창에서 어디서든 해당 항목의 이름을 변경하는데 쓰인다.

리팩토링 기능 찾아서 실행하기

리팩토링 기능을 한 번에 호출할 수 있는 《 Ctrl + Alt + Shift + T :: Ctrl + T 》를 누르면, 좌측에는 숫자로, 우측에는 해당 기능을 직접 호출할 수 있는 단축키가 나온다 했다. 단축키를 못 외우고 있거나 혹은 전부가 아닌 일부만을 보여주는 리팩토링 메뉴에서 내가 모르는 어떤 기능이 더 있지 않을까 하는 합리적인 의심이 필요하다. 한 번 두 번에 빠르게 실행하는 단축키도 중요하지만, 필요한 기능이 숨겨져 있다면 찾아서 사용자가 원하는 단축키에 할당해야 한다는 생각이 들었다면, 그렇다. 액션 검색이다. 반복한다. 《 Ctrl + Shift + A :: Cmd + Shift + A 》다.

리팩토링 하고 싶은 내용을 검색해보자. 영어로 검색해야 하는 단점이 있지만, 뭐든 다 나오는 것이 장점이다. 아래 소개하는 많은 리팩토링 기법 이외에도 무언가 유사하게 검색해보면 놓치면 후회했을 기능이 계속 목록으로 나온다. 믿음이 부족하다면, 《 Ctrl + Shift + A :: Cmd + Shift + A 》를 누르고 검색창에 refactor를 써보자. 검색된 결과 밑에 보이는 more... 링크를 클릭해본다. 리팩토링 기능 이외에도 인테리제이에 이런 기능도 있다는 걸 알게 되는 기회다. 다른 단어도 눌러보자. change, move, introduce, extract, rename, ...

> 액션 검색

All	Classes	Files	Symbols	Actions	Text	Endpoints	☐ Include disabled actions ☑

Q· change

Theme	
Recently Changed Files	View
Change Signature... ⌘F6	Refactor
Change Memory Settings	Help
Stash Changes...	Git ¦ Uncommitted Changes
⬆ Shelve Changes...	Git ¦ Uncommitted Changes
Show Local Changes	
↻ Refresh VCS Changes	
↓ Next Change ^⌥⇧↓	Navigate ¦ Navigate in File
Change Under Caret	
⊡ Show Local Changes as UML ⌥⇧⌘D	Git ¦ Uncommitted Changes
Editor Color Scheme	
▤ Add Changelog	
Uncommitted Changes	

Change current theme   Assign Shortcut ⌥⏎

< 리팩토링 Refactoring >

이름 변경 Rename

어떤 항목이든 이름을 변경하는데 쓰인다. 파일명, 클래스명, 필드명, 메소드명, 심볼, 변수에 모두 적용할 수 있다. 단축키는 《 Shift + F6 》이다.

시그니처 변경 Change Signature

메소드나 함수, 생성자처럼 시그니처를 변경한다. 시그니처는 인자와 반환 값 모두 포함 될 수 있다. 변경이라는 작업에는 매개변수를 추가하거나, 제거 또는 이름을 변경하거나 순서를 변경하는 것 이외에도 기본 값을 추가하거나 예외처리를 추가 또는 변경하는 모든 작업을 뜻한다.

단순히 코드의 텍스트를 수정하지 않고 Change Signature를 이용해야 하는 이유는 코드의 시그니처를 변경할 때, 해당 코드와 연결 된 모든 참조를 자동으로 업데이트하여 수정하기 때문이다. 사용자가 일일이 찾아 작업하기엔 때론 무리일 수 있는 일을 한 번에 처리함으로써 코드의 일관성 유지와 혹시 발생할 수 있는 누락을 막아 오류를 방지한다. 대부분의 리팩토링 기능에 필요할 때 자동으로 참조를 업데이트 하는 기능이 있다. 단축키는 《 Ctrl + F6 :: Cmd + F6 》이다.

> 변경 시 참조 모두 업데이트 예시

변수 추출 Introduce Variable

선택된 항목을 변수로 선언한다. 단축키는 《 Ctrl + Alt + V :: Cmd + Opt + V 》이다. 변수의 타입과 이름을 지정할 수 있으며, 해당 항목이 이미 다른 변수에 할당되어 있다면 해당 항목도 새로 지정한 변수명으로 대체할 수 있다.

> 변수 생성 옵션 창

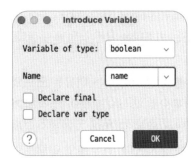

일반적인 값 뿐 아니라, 메소드 호출에 대해서도 리턴 값이 존재하는 경우에 한하여 값으로 여기고 변수에 담아준다. 수치 데이터, 매직 넘버를 변수로 만들거나 선택한 기능을 변수에 담을 때 유용하고 Rename 기능과 조합하여 의미있는 변수 이름으로 지정하는데 의미가 있다. 이는 코드의 가독성을 높이는데 매우 유리하다.

로컬 상수, 매직 넘버, 정적 변수 생성 Introduce Constant

> 정적 변수 생성 화면

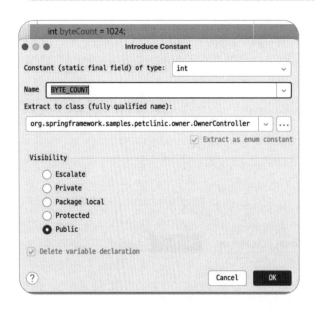

선택된 항목(주로 상수)을 정적 변수로 선언한다. 단축키는 《 Ctrl + Alt + C :: Cmd + Opt + C 》이다. 접근가능성 (가시성)에 대한 설정이 필수적이며, 연관된 항목이 있으면 역시 일괄 처리 가능하다.

< 리팩토링 Refactoring >

필드 생성 Introduce Field

> 필드 생성

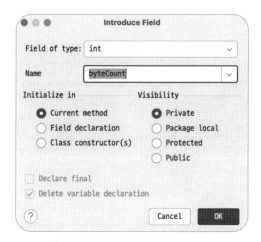

선택된 항목을 클래스의 필드 값으로 만든다. 단축키는 《 Ctrl + Alt + F :: Cmd + Opt + F 》이다. 정적 필드를 만들며, 접근가능성(가시성)에 대한 옵션을 선택할 수 있다.

파라메터 생성 Introduce Parameter

메소드 작업시 특정 항목을 외부에서 전달받을 수 있도록 파라미터로 받은 것으로 설정하는 기능이다. 일반적으로 메소드를 작업할 때 해당 메소드에 필요한 파라미터를 설정하고 연산이나 처리를 하게 되는데, 코드를 작성하는 중에 혹은 이미 작성된 코드에서 변수를 해당 메소드의 파라미터로 전달 받고 싶을 때 사용한다. 자동으로 타입을 맞춰주는 기능은 덤이다. 단축키는 《 Cmd + Opt + P 》이다.

> 메소드에서 항목을 파라미터로

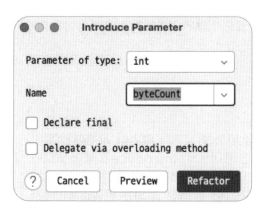

단축키를 누르면 바로 동작하지만, 같은 항목(메소드)를 참조하는 변수가 2개 이상인 경우 해당 항목만을 처리할 것인지 통합해 처리할 것인지 묻는 대화상자가 추가로 열린다.

함수형 인터페이스 추출 Introduce Functional Parameter

선택항목을 함수형 인터페이스로 자동으로 추출한다. 즉 인터페이스화 시킨다. 단축키는 파라메터 생성 단축키에 Shift를 더해, 《 Cmd + Opt + Shift + P 》이다.

> 특정 항목을 함수형 인터페이스화 시키는 단축키

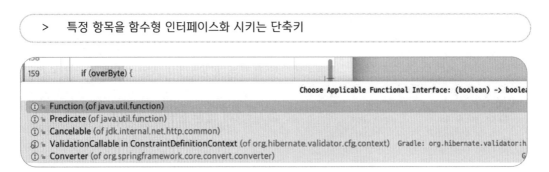

메소드 추출 Extract Method

어쩌면 리팩토링 기능 중 가장 많이 쓰이는 기능이지 않을까 한다. 개인적으로도 이클립스와 같은 다른 IDE에서도 많이 하던 기능이다. 단축키는 《 Ctrl + Alt + M :: Cmd + Opt + M 》으로 이클립스와 인텔리제이가 동일하다.

메소드 내 처리 내용이 너무 길어지거나 인덴트가 깊어질 때 특정한 로직을 별도의 메소드로 추출할 수 있는 기능이며, 접근 제어(가시성)과 이름을 지어주면, 파라미터와 반환 값에 대한 복잡한 설정을 자동으로 처리한다. 메서드를 추출하는 부분을 가진 원래의 메소드의 접근 제어와는 관계없이 대부분 private으로 설정된다. 다른 객체가 의도치 않게 호출할 수 없게 하기 위함이나, 설계 의도가 명확하다면 조절 가능하다.

미리 보기를 통해 살펴볼 수 있다. 해당 기능을 모르면 복사 붙여넣기를 하게 되는데 다른 건 몰라도 메서드 추출 기능은 반드시 알아두자. 인텔리제이 기능으로서가 아니라 리팩토링 기법으로 가장 기본적인 항목이면서 매우 유용하다. 코드가 매우 간결해지고, 가독성이 높아지는 가장 빠르고 안전한 방법이다.

Tip : 기능이 많지만, 그렇다해도 대부분 특정 기능을 넣거나 빼거나 교체하는 일이 대부분이다. 어떤 기능의 앞에 접두어로 만들어진 용어로서, Introduce가 붙어 있다면 끼워 넣었다는 의미이며, Inline은 제거했다는 의미다. 아울러, Extract는 추출한다는 의미로 사용된다. 해당 용어에 익숙해지면, 앞으로 향 후 버전 업 되는 인텔리제이에서 다른 기능을 만나게 되더라도 리팩토링 파트에서만큼은 어렵지 않게 쓸 수 있다.

< 리팩토링 Refactoring >

인라인 메서드 Inline Method

명사나 형용사 앞에 붙어 not의 의미를 갖는 in 과 line 이 합쳐진 말로 메서드 라인을 제거 혹은 대체한다는 의미로 받아 들이면 이해가 쉽다. 메서드 내용이 간단하거나 혹은 메서드 호출을 제거하고 결과 값으로 대체를 하더라도 문제가 없음을 확신하는 경우에 사용할 수 있다. 단축키는 《 Ctrl + Alt + N :: Cmd + Opt + N 》이다.

> 메소드 대체 / 삭제

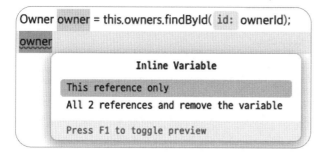

```
Owner owner = this.owners.findById( id: ownerId);
owner
```

```
                    Inline Variable
    This reference only
    All 2 references and remove the variable

    Press F1 to toggle preview
```

> 변수의 값 대체 / 삭제

```
int byteCount = 1024;

boolean overByte = byteCount > 1000;

if (overByte) {
    byteCount = 1000;
}

        ↓

int byteCount = 1024;

if (byteCount > 1000) {
    byteCount = 1000;
}
```

주로 getter, setter를 호출하지 않아도 되거나 확정된 값이 있을 때 쓰인다. 변수를 자동으로 만들어 주는 기능과는 완전히 반대로 원래의 값으로 치환해버리는 것이라 여기면 크게 다르지 않다.

클래스 복제 Copy Class

클래스를 복사할 때는 단순히 Copy & Paste를 하는 방법도 있겠지만, 리팩토링 기능에서 아주 단순한 단축키 F5로 제공한다. 그저 프로젝트 탐색창에서 Copy & Paste로 처리했다니 아쉽다. 작업을 하다보면 유사한 작업이 많아 복사와 붙여넣기는 일상이라고 하는데, 클래스 단위의 Copy는 조금 새롭다. 복사하면 그만인 줄 알았던 클래스 복제가 리팩토링에 있는 기능을 이용해 진행하면, 패키지 경로 수정과 같은 소소한 일을 자동으로 처리한다.

> 카피 클래스 장면

Copy Class

Copy class org.springframework.samples.petclinic.owner.OwnerController

New name:	OwnerController
Destination package:	org.springframework.samples.petclinic.owner
Target destination directory:	[spring-petclinic.main] …/samples/petclinic/owner

☑ Open in editor   Cancel   OK

< 리팩토링 Refactoring >

이동 Move

Move 이동 기능을 통해 클래스, 디렉토리(폴더), 패키지, 이너클래스, 멤버, 파일, 네임스페이스를 이동할 수 있다. 프로젝트 뷰, 스트럭처 뷰, 에디터 창에서 각각 맥락에 맞는 이동 옵션을 보여준다.

정적 멤버 이동 Move Static Members

Structure View 도구 상자나 에디터 창에서 선택된 멤버를 다른 클래스로 이동한다. 단축키는 《 F6 》이다.

> F6 대화상자

클래스를 옮기기에는 정적 상수 (static final field) 유형을 함께 이동해야 하는 경우가 있다. 이때 enum 클래스 타입, 즉 열거형 상수를 매개변수를 하나로 하는 생성자가 존재하는 경우, 자동으로 이동시켜 주는 기능의 옵션이 있다.

접근제어 (가시성) 옵션을 통해 명시적으로 지정하거나 기본 위치인 에스컬레이터를 통해 자동으로 수준을 설정할 수 있다.

이너클래스 이동 Move Inner class

이너클래스를 선택하는 경우에는 상위 레벨로 옮길 것인지 다른 클래스로 옮길 것인지 선택할
수 있다.

이너클래스를   move   하는   창   (F6)

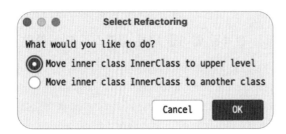

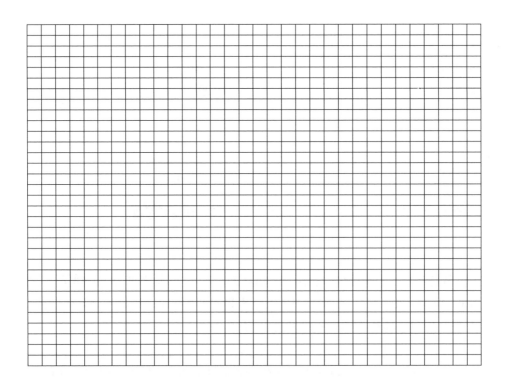

< 리팩토링 Refactoring >

이름 변경 대화창 Rename dialogs

파일명 변경, 클래스명 변경에서 사용하던 Rename 기능이 다시 등장했다. 사실은 같은 동작이다. 다만 리팩토링에서의 Rename의 의미를 설명한다. 단축키는 Shift + F6이다.

클래스 또는 인터페이스의 이름 변경, 디렉토리 이름 변경, 필드, 파일명, 메소드, 패키지, 매개변수(파라미터), 변수명을 변경할 수 있다.

> 클래스명 변경시 나타나는 팝업 메뉴

이름을 바꾸면 해당 항목을 바라보는 참조 항목까지 모두 변경해줄 것인지 묻는 옵션이 나타난다. 아울러, 주석과 문자열에서 발견된 항목도 바꿀 것인지 묻는다. 상속된 파일과 테스트 파일의 변경 여부까지 모두 체크를 해주겠다 하니 검토할 때 놓치지 말아야 할 항목들이 많다. 그만큼 안전하게 바꿀 수 있다는 의미이기도 하며, 애초 이름 지을 때 많은 고민 끝에 결정해야 함을 역설적으로 보여준다. 이름 짓는 일이 결코 쉬운 일이 아님을 보여준다.

클래스 이름 뿐 아니라 다른 요소의 이름을 바꾸는 것은 단순히 이름을 일괄 변경하거나 텍스트로서 replace를 진행하는 것과는 다른 개념이다. 항목 변경에 영향을 받는 유효한 스코프를 모두 찾아 바꿔준다. 지역 변수, 필드, 메서드명처럼 유형에 상관없이 영향을 받는 부분을 찾아 변경하니, 나중에 변경할 일이 없도록 이름 지을 때, 고민이 많이 필요하다. 이 기능은 역설적이게도 아무런 고민없이 일단 temp와 같은 임시 명칭으로 적고 빠르게 코드를 작성한 후, 의미하는 바로 일괄 변경할 때도 부담이 없다. 선택의 문제다.

메소드 서식 변경 Change Signature

메소드의 시그네이쳐를 변경하는 기능이다. 단축키는 《 Ctrl + F6 :: Cmd + F6 》이다.
메소드 이름은 물론 메소드를 구성하는 인자 파라미터와 리턴 타입에 대한 변경 기능이다.
최초 메소드 생성시에는 텍스트 변경만으로 가능하겠지만, 이미 해당 메소드를 참조하는 곳이
많아지면 일괄 적용을 위해 도구의 힘을 빌릴 수 밖에 없다.

> 시그네이쳐 변경 화면

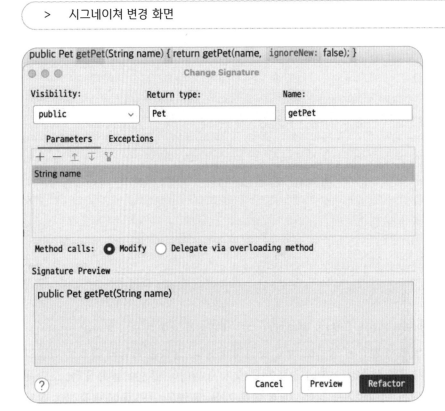

메소드를 콜(호출)하는 방법에 대한 옵션이 두 가지 있다. 메소드의 시그니처를 직접 변경하는
경우는 Modify 옵션을 선택하면 된다. 대부분 여기에 해당한다. 한 편으로는 메소드의
시그니처를 변경할 수 없는 경우가 있다. 이때는 대리자(딜리게이트)를 통해 메소드를
오버로딩하는 방식을 택해야 한다.

메소드를 변경할 때 직접 변경할 수 없는 경우에는 협업 진행 중 다른 사람이 만든 코드에 직접
수정을 할 수 없거나, 타 업체나 외부 라이브러리를 사용하는 경우, 이미 구성된 메소드에
추가적인 호출 방법이 필요한 경우가 될 수 있겠다. 파라미터가 추가될 때는 오류 방지를 위해
기본값을 넣을 수 있으며, 필요한 값이 없으면 빈 값에 대한 적절한 오류처리를 해야 한다.

< 리팩토링 Refactoring >

타입 일괄 변경 Type Migration

> 타입 마이그레이션

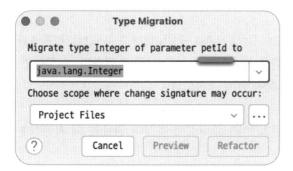

타입 일괄 변경(마이그레이션)은 편집창에서 작업 중 항목이 가르키는 Type을 일괄 변경하는 기능이다. 단축키는 《 Ctrl + Shift + F6 :: Cmd + Shift + F6 》이며, 다른 변경 기능과 마찬가지로 영향받는 요소들을 찾아서 경고해주고 일괄 변경해준다.

자동 정렬 오토 임포트 Optimize imports

코드를 작성하다면 필요한 import 문을 미리 작성하거나 입력된 항목들이 어지럽게 정리되지 않을 때가 있는데, 이때 자동으로 import 내용을 정리해주는 단축키가 있다. 《 Ctrl + Alt + O :: Ctrl + Opt + O 》이며, 많이 쓰이는 기능이므로 단축키를 코드를 자동포맷 해주는 《 Ctrl +Alt + L :: Cmd + Opt + L 》 과 함께 꼭 외워두자.

참고로, 인텔리제이 설정에서 편집 > 일반 항목에서 Optimize imports on the fly 옵션에 체크를 하면 코드 작성시 import 문이 자동으로 삽입되게 된다.

> 설정 – 에디터 영역에서 import 자동 처리 옵션

부울 반전 invert Boolean

boolean 값을 리턴하는 메소드나 변수, 조건문에 대해서 반대의 값을 만들어낸다. 조건문의 결과를 뒤집는 것으로 값은 반대의 값을 내주고, 조건식이라면 반대의 값을 내주는 식으로 변경한다.

boolean 형태의 요소에서 Refactor This 《 Ctrl + Alt + Shift + T :: Ctrl + T 》를 눌러, Invert Boolean을 선택하거나 단축키를 등록하여 사용하는 것이 편하다. 실행하면, 해당 요소가 변수라면 영향을 받는 스코프를 찾아 함께 조치한다.

기존의 메소드가 리턴하는 true/false의 값의 반대 결과값의 응답이 필요할 때 사용하는 것도 유용하다.

> 리팩터링 메뉴에서 invvert Boolean.

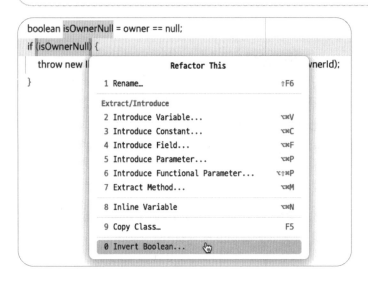

```
boolean isOwnerNull = owner == null;
if (isOwnerNull) {
    throw new I                                              vnerId);
}
```

Refactor This	
1 Rename...	⇧F6
Extract/Introduce	
2 Introduce Variable...	⌥⌘V
3 Introduce Constant...	⌥⌘C
4 Introduce Field...	⌥⌘F
5 Introduce Parameter...	⌥⌘P
6 Introduce Functional Parameter...	⌥⇧⌘P
7 Extract Method...	⌥⌘M
8 Inline Variable	⌥⌘N
9 Copy Class...	F5
0 Invert Boolean...	

< 리팩토링 Refactoring >

클래스 단위 리팩토링

라인이나 메소드 단위의 리팩토링에 대해 알아보았다. 이제부터는 클래스와 인스턴스 단위로 보다 넓은 범위의 리팩토링을 소개한다.

정적 메소드 만들기 Make Static

현재 생성 중이거나 이미 만들어진 메소드를 정적 메소드로 변경할 수 있다. 재미있는 사실은 이 리팩토링이 보통은 잘 일어나지 않는지 단축키나 Refactor This에 조차 나타나지 않다가 갑자기 Refactor This의 최 하단에 나타났다는 점이다. 이전에는 필요한 경우 액션검색을 통해 접근했어야 했다.

> 액션 검색에서, Make Static을 찾았어야 했다.

액션 검색에서, Make Static을 찾았어야 했다.

> Make Static 옵션

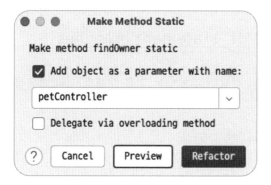

메소드에서 Refactor This 《 Ctrl + Alt + Shift + T :: Ctrl + T 》를 눌렀을 때 어느 순간 최 하단에 나타난 Make Static

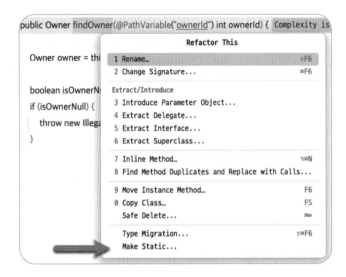

일반 메서드를 static으로 만들면서 주변에 영향을 미치게 되는데, 전파 옵션에서 체크를 하면 호출한 쪽에도 static으로 적용된다. Select Methods To Propagate Static 옵션을 통해 호출한 쪽도 static 으로 만들지 선택하게 된다.

정적 메소드 추가 Add Static Import

static 메소드는 Show Context Action 《 Alt + Enter :: Opt + Enter 》를 하게 되면 Static Import 메뉴가 나온다. 마치 외부 라이브러리처럼 심볼만 가지고 프로그래밍이 가능해진다.

반환 구문 조건문에 넣기 Move up into 'if' statement branches

최종 리턴 앞에 있는 if 분기문은 분기에 따른 리턴 항목이 구분되는 것을 전제로 리턴 항목을 if 문의 분기에 자동으로 넣어주는 기능이다.

> 분기문 안으로 리턴 항목을 넣어준다.

```
return _solution( K: K, A: A);
```

Introduce local variable	19 return _solution(K, A);
Move up into 'if' statement branches ⋮	20 } else {
@ AI Actions...	21 return _solution(K, A);

< 리팩토링 Refactoring >

팩토리 메소드로 생성자 교체 Replace Constructor with Factory Method

생성자를 편하게 만드는 방법은 이미 설명했다. '생성'이라는 말이 들리면, 《 Alt + Insert :: Cmd + N 》을 누르면 된다. 디폴트 생성자가 아닌 의도적인 혹은 설계나 계획으로 만들어지는 생성자를 만들어 보자. Show Context Action 기능인 Quick Fix 《 Alt + Enter :: Opt + Enter 》를 눌러보면 Replace Constructor with Factory Method가 나온다.

> Quick Fix 로 살펴보는 기능

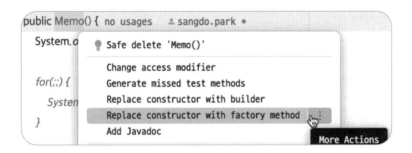

팩토리 메서드의 관습에 따라 일반적으로 create 혹은 of 형태로 생성자를 만드는 경우가 많다. 생성자 교체 기능을 통해 만드는 방법도 유용하지만, 직접 생성자를 만들고, 해당 메소드에 마찬가지로 Quick Fix 《 Alt + Enter :: Opt + Enter 》기능을 불러, 'add static import'를 통해 간단히 생성하는 방법도 있다.

> 생성자를 자동으로 편하게 만드는 방법

```
@AllArgsConstructor(staticName = "create") no usages
public class Memo { Complexity is 3 Everything is cool!
```

복잡한 논리를 숨기는 팩토리 패턴의 관습에서 이어진 관행으로 staticName 옵션에는 of 또는 create를 주로 사용한다. 롬복을 사용하는 경우 편하게 생성자를 만들 수 있다.

빌더로 생성자 교체 Replace Constructor with Builder

마찬가지로 생성자를 생성하는데 있어, 'Replace Constructor with Builder'를 이용하는 방법이다. 별도의 빌더 클래스를 사용해야 할 만큼 필드가 많거나, 생성 시기를 지연시켜야 할 때 유용하다. 마찬가지로 롬복으로도 사용할 수 있으나, 코드 레벨에서 명시적으로 작업하는 것이 낫다. Show Context Action 기능인 Quick Fix 《 Alt + Enter :: Opt + Enter 》를 눌러 기능을 호출한다.

Setter Prefix를 일괄 적용할 수 있으며, 새로 빌더 클래스를 사용하거나 이미 존재하는 클래스를 활용할 수 있다. 필드 값을 설정하는데 기본 디폴트 값을 누락하지 않는 것에 주의한다.

> 빌더로 생성자 교체

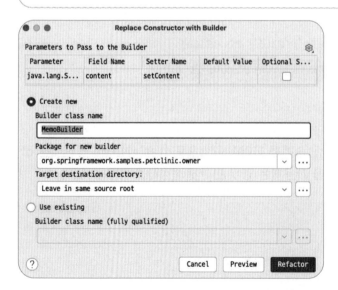

> 빌더로 생성자 교체시 옵션

< 리팩토링 Refactoring >

인터페이스/상속의 반대 방향으로 추출 Extract (Interface, SuperClass)

OOP(Object Oriented Programming)을 학습한다며 자바를 기반으로 배울 때, 부모 클래스 상속이나 인터페이스의 구현에 대해서는 많이 배웠고, 실제 업무에도 많은 작업이 이루어진다. 그런데, 이를 반대로 수행하는 기능이 있다. 아쉽게도 단축키는 주어지지 않았다.

> 인터페이스, 슈퍼클래스, 대리자를 만들어 내는 액션

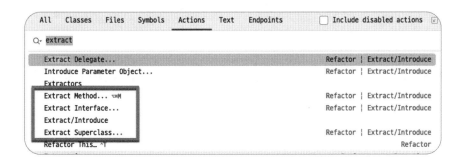

상위의 추상화된 개념을 구현하는 것이 아닌, 이미 동작중인 클래스를 역으로 추상화하여 분리한 다음 상위 계층을 만드는 방법이다.단축키가 없으니 키워드 'extract'로 액션 검색을 통해 찾아야 한다. 자주 사용하게 된다면 단축키를 만들자.

대리자 확장 Extract Delegate

어떤 메소드를 사용하는데 해당 메소드가 원하는 기능이 아니거나 다른 기능을 부여해야 한다면, 기존의 코드를 현재의 클래스 내부에 이너클래스 혹은 별도의 클래스로 만들어 해당 메소드가 원래의 메소드 기능을 대신하게 만드는 기법이다.

> extract delegate 기능을 보여주는 액션 검색 화면

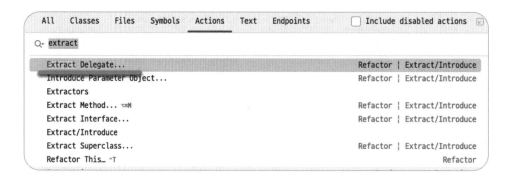

> 대리자 객체 화면과 메소드 교체된 여부의 확인

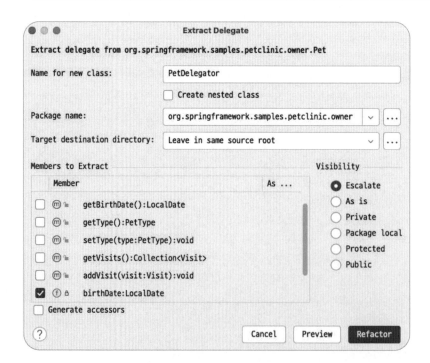

< 리팩토링 Refactoring >

기법을 상세히 설명해보면, 대리자 (딜리게이트) 객체를 생성하고, 해당 객체 내부에 동일명의 메소드를 생성하여 그 메소드가 대신 실행하게 만드는 것이며, 기존의 기능이 부족한 경우 많이 사용하는 기법이다보니 주로 확장의 개념으로 활용된다. 한 번에 작업하기 보다는 우선 원래의 객체로부터 분리하는 작업을 수행한 후, 해당 메소드에 대한 작업을 진행하는 순으로 하는 것이 문제 발생 여지를 줄일 수 있다.

이너클래스로 작업하는 경우에는 Quick Fix 기능 《 Alt + Enter :: Opt + Enter 》 를 하면 생성자가 생성할 때, 생성자에 따라 원래의 객체와 새로 만드는 대리 객체를 어떻게 생성할지에 대한 선택을 하게 된다. 내부 필드값이 겹치지 않도록 하는 것도 주의할 점이다.

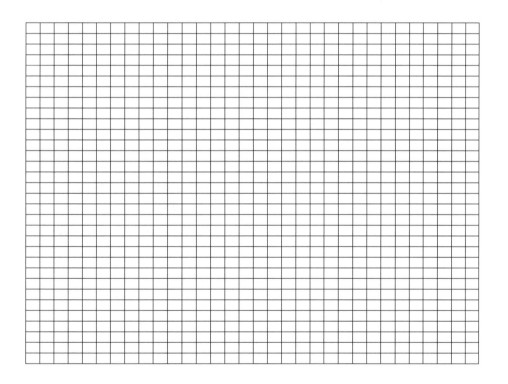

파라미터 객체 만들어 사용하기 Introduce Parameter Object

메소드를 호출해야 하는 상황에 파라미터로 사용해야 하는 항목이 너무 많을 때, 파라미터를 모아 하나의 객체(Object)로 만들어 호출할 수 있도록 객체를 생성해주는 기법이다. 해당 메소드의 파라메터 자체에 변경이 이루어지기 때문에 호출하는 쪽의 코드도 변경이 이루어진다.

> 메소드 파라미터 부분에서 액션 검색을 한다. Introduce Parameter Object

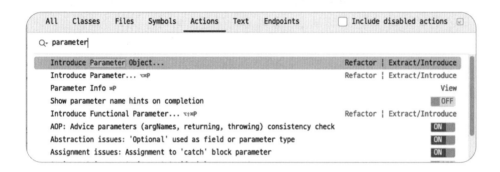

> 파라미터 객체 생성 대화창

단축키는 별도로 지정되어 있지 않으며, 액션검색에서 Introduce Parameter Object를 검색하면 해당 기능이 동작한다. 참고로 검색시, 초성 검색 처럼 단어의첫 대문자인 ipo 를 입력하면 자동으로 찾아 필터링 해준다.

해당 메소드를 원래 사용하던 호출하는 측이 있었다면 많은 코드 변경이 일어난다. 많은 변경은 또 다른 문제를 만들 수 있기 때문에 변경 대상인 원래의 메소드는 그대로 둔 채, 대리자(Delegate)를 만드는 옵션(Keep method as Delegate)이 있다.

< 리팩토링 Refactoring >

인스턴스 메서드 옮기기 Move Instance Method

말 그대로 Move 다. 단축키는 《 F6 》이다. 단축키도 기능도 설명은 쉬우나 고려할 점이 많다. 일반 인스턴스 메소드를 옮길 수 있다는 것은 클래스를 설계하거나 구상하는데 큰 도움이 된다. 단 조건이 있다.

> 이동 옵션

옮겨 가기 전의 클래스의 필드나 다른 인스턴스 메소드를 참조한다면, 기존의 정보를 옮겨 가야 하는데, 이때 원래의 클래스 Orgin이라면 Origin.xxx의 형식으로 사용해야 하는 단점이 있다. 메소드를 다른 클래스로 불가피하게 옮기기 보다는 추출하여 사용하는 것이 좋다. Extract Method를 활용할 것을 추천한다. 이미 활용되고 있는 메소드를 다른 클래스로 가져가는 것이 쉽지 않을 뿐더러, 기존에 참조하는 곳에서는 이동 자체를 모르더라도 작동할 수 있도록 해야 하는 점을 고려해야 한다.

멤버함수 올리기 Pull Member Up

서브 클래스의 멤버를 상위 슈퍼 클래스로 올리는 기능이다. 리팩토링에서는 많이 쓰이는 기법인데 단축키가 없다. 조금 의아한 부분인데, 대신 슈퍼 클래스, 인터페이스가 있는 경우 올리고자 하는 멤버에서 액션 검색 《 Ctrl + Shift + A :: Cmd + Shift + A 》을 누르면, 제일 상단에 Pull Members Up을 보여준다.

> 상위에 슈퍼 클래스가 존재할 경우, 멤버에서 액션 검색하기 - 바로 Pull 기능 노출

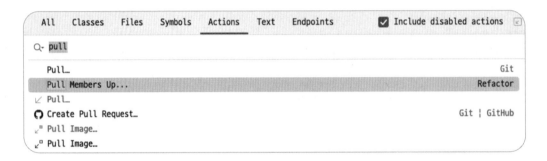

> Pull Members Up

< 리팩토링 Refactoring >

멤버함수 내리기 Push Member Down

반대로 상위 슈퍼 클래스에 있는 멤버를 서브 클래스로 내리는 기법이다. 마찬가지로 단축키는 없다. 상위 슈퍼 클래스에 있는 기능은 오히려 줄어들고 추상화 된다는 의미다. 즉, 추상 클래스로 만들 수도 있다.

그러나, 사용하는 다른 클래스 측에서도 상위의 슈퍼클래스에 있는 내용을 직접 생성하고 사용하게 되는 것은 옳지 않다. 차라리, 팩토리 메소드를 이용하여, 상위 클래스의 생성을 가리는 방법을 활용하는 것이 좋다.

```
>    Push Member Down
```

```
All   Classes   Files   Symbols   Actions   Text   Endpoints      ☐ Include disabled actions

Q- push

↗ Push...  ⇧⌘K                                                                  Git
  Push                                                               Preferences > Git
○ Share Project on GitHub                                              Git ¦ GitHub
  Push Members Down...                                                      Refactor
  git push live template                                                  Preferences
```

상속 관계에서 Push Member Down은 리스크가 크기에 주의가 필요하다.

상속 치환 대리자 Replace Inheritance With Delegation

Replace Inheitance With Delegation 기능을 직역해보면, 대리자(Delegate)를 이용한 상속 치환이다. 쉽게 번역하면 상위 클래스의 기능은 유지하면서 상속 계층에서 상위 클래스와 상속 관계를 없애는 기법이다. 방법으로는 상위 슈퍼 클래스를 상속 받겠다는 extends 구문을 없애고, 슈퍼클래스의 인스턴스를 필드로 갖는 서브 클래스로 변경하는 것을 말한다.

> 단축키 없는 기능 찾기

All	Classes	Files	Symbols	**Actions**	Text	Endpoints	☐ Include disabled actions

Q- replace

Replace Inheritance with Delegation...	Refactor
Introduce Parameter Object...	Refactor ¦ Extract/Introduce
↻ Replace... ⌘R	Edit ¦ Find

리스크가 존재하는 Push Member Down을 대체하여 서브 클래스의 필드에 상위 클래스를 생성하여, 서브 클래스에서 사용하는 대안 기법이기도하다.

단축키는 없지만, 상위 클래스가 존재하는 경우, Refactor This에 바로 나타난다. Refactor This 《 Ctrl + Alt + Shift + T :: Ctrl + T 》를 누르면 Replace Inheritance With Delegation 기능이 나타난다.

언제나 그렇듯 기본적으로는 액션 검색 《 Ctrl + Shift + A :: Cmd + Shift + A 》을 통해서 Replace Inheritance With Delegation를 검색하면 바로 수행할 수 있다. 또한 액션 검색에서 팁이 하나 있는데, 해당 하는 기능의 명칭에 단어마다 앞 글자에 해당하는 내용을 대문자로 이어 붙여 검색하면 빠르고 정확하게 해당 기능을 찾아 앞으로 배치한다.

Generate getter for delegated component 옵션을 사용하면, 상위 객체의 멤버에 접근하는 메서드를 대리자(Delegate)를 통해 접근하겠다는 의미로 상위 객체 메서드를 호출하기 위해 사용한다. 체크가 되면, 상위 클래스에 접근할 때, A가 Delegate 되고, getter(A a = new B().getA())로 동작한다.

< 리팩토링 Refactoring >

> 　액션 검색에서 단어 첫글자 검색 입력

All	Classes	Files	Symbols	Actions	Text	Endpoints	☐ Include disabled actions ☑

Q- RIWD|

Replace Inheritance with Delegation...	Refactor

Tip : 빠른 리팩토링 검색

단축키 유무에 관계없이 어디서든 해당 위치에서 리팩토링이 필요하거나 가능한 상황이라면 습관적으로라도 Refactor This를 호출해보자. 리팩토링 챕터에서 소개되는 내용들이 상황에 맞춰 나타난다.

> 　리팩토링 디스에 바로 나타나는 메뉴

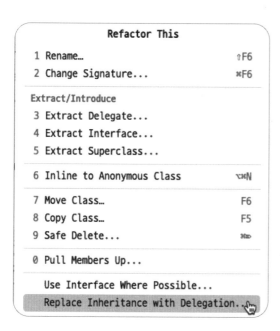

Refactor This

1 Rename...　　　　　　　　⇧F6
2 Change Signature...　　　⌘F6

Extract/Introduce
3 Extract Delegate...
4 Extract Interface...
5 Extract Superclass...

6 Inline to Anonymous Class　⌥⌘N

7 Move Class...　　　　　　F6
8 Copy Class...　　　　　　F5
9 Safe Delete...　　　　　⌘⌫

0 Pull Members Up...

Use Interface Where Possible...
Replace Inheritance with Delegation...

리팩토링 마무리

리팩토링 기능을 설명하며 맥락에 맞춰 리팩토링 기능을 호출하는 방법과, 명시된 단축키가 없어도 해당 기능을 불러오는 방법을 자연스럽게 설명했다. 객체지향이나 디자인패턴과 같이 프로그래밍 도구가 아닌 프로그래밍 기법이나 관련된 개념을 학습할 때 충분한 도움이 되리라 생각한다.

> 인텔리제이의 리팩토링 메뉴

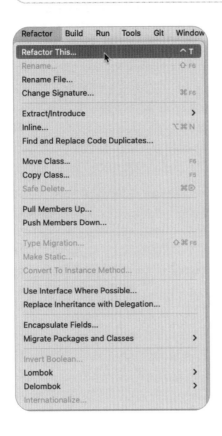

인텔리제이가 메뉴에 포함시킨 리팩토링 기법도 이제 기능의 이름만 알아도 활용할 수 있게 되었을 것으로 믿는다. 메뉴에 나오지 않더라도 Refactor This와 Quick Fix, 액션 검색을 통해 필요한 항목을 찾고 불러올 수 있게 되었다. 아울러, 나중에 추가되는 기능이 있다면 쉽게 응용 가능하리라 생각한다. 이제 작성한 프로그램을 실행하고, 발견된 문제를 디버깅하고, 배포하는 과정을 순차적으로 살펴본다.

< 컴파일과 빌드 >

컴파일과 빌드

IDE의 정의를 내릴 때, 필수항목 이었던 컴파일과 빌드에 대하여 알아본다.

소스 파일을 기계어나 중간 과정의 코드로 컴파일(compile)하고 외부 라이브러리와 결합하여 실행 가능한 상태의 파일로 만드는 빌드(Build)작업을 설명한다.

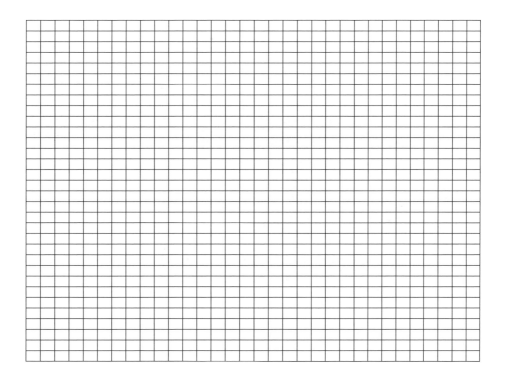

컴파일

단일파일 또는 클래스 컴파일 Compile

인텔레지에는 사용자가 설정한 SDK (JDK) 의 사양에 맞는 컴파일러를 사용한다. 사용자가 인지하지 못하더라도 인텔리제이가 컴파일과 빌드를 워낙 빠르게 동시 진행하고 대부분 백그라운드 작업으로 진행되기 때문에 평소에는 잘 알아차리지 못하겠지만, 수동으로 컴파일 작업을 해보자.

작업이 진행되고 있는 파일의 편집창에서 《 Ctrl + Shift + F9 :: Cmd + Shift + F9 》를 누른다. 프로젝트 전체를 다시 컴파일한다. 이때 주의점은 프로젝트 파일 중 오타가 있거나 컴파일 오류가 있는 항목을 고쳐야 빨갛게 나타난 에러 창을 만나지 않게 된다. 컴파일이라는 것은 사용자의 입력이 이제 .class 파일이 되면서 실행하라는 명령이기 때문에 소스작성 중에는 굳이 심각한 오류라 보여주지 않았던 항목을 필수 작업 대상으로 만든다.

> 컴파일 설정 (액션 검색에서 compiler 을 해보면 나온다.)

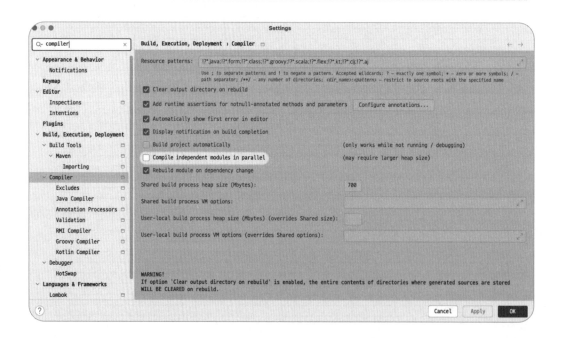

컴파일 관련 설정으로는 자동으로 컴파일 출력 폴더를 지울 것인지, 프로젝트 빌드를 자동으로 할 것인지, 의존성 변경시 다시 빌드할 것인지와 전문적인 옵션으로는 힙 사이즈 메모리와 VM 옵션을 오버라이드하여 적용할 수 있는 선택이 있다.

< 컴파일과 빌드 >

> 컴파일 설정 중 어노테이션 프로세서 활성화 부분

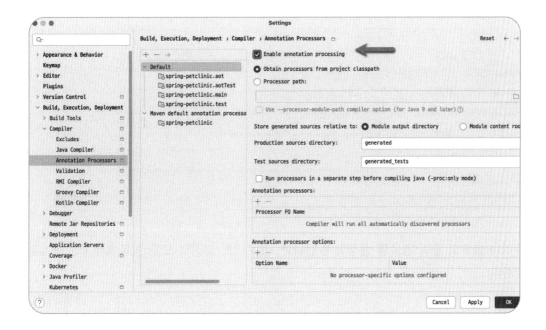

소스코드를 단순히 컴파일러가 .class로 변환하는 작업에 더해, 외부 라이브러리와 어노테이션의 적용 결과를 함께 적용하여 컴파일 하기에 외부 라이브러리와 어노테이션에 대한 활성화 설정이 필요하다. 대부분은 자동으로 되어 있지만, 이번 기회에 위치를 알아두자. 인텔리제이 설정에서 Build, Execution, Deployment 항목 아래에 compile 항목을 자세히 살펴보자. 컴파일러 설정도 중요하지만, 어노테이션 프로세서 설정 부분에 반드시 체크가 되어 있어야 다양한 롬복 기술을 활용할 수 있다. Enable annotation processing은 체크를 하자.

Tip : 컴파일 출력 위치

인텔리제이는 컴파일 결과를 출력하는 기본 디렉토리를 <프로젝트폴더> 하위에 둔다.
/out/production/모듈명
/out/test/모듈명

219

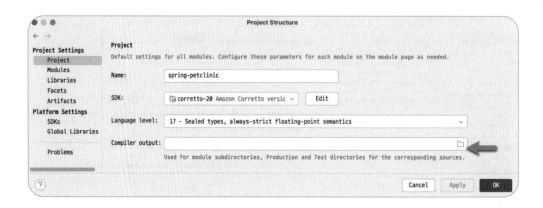

모듈마다 별도의 출력 경로를 설정해야 한다면, 프로젝트 설정의 모듈 항목에서 경로탭에서 설정한다.

> 　　모듈 별 컴파일 출력 경로 지정

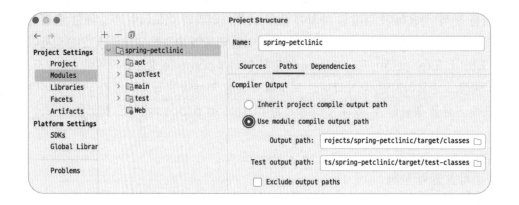

Tip : 이클립스가 유명해진 이유 중 하나가 증분 컴파일(Incremental Compilation)이다. 호기심이 발동한다면, 인텔리제이 설정에서 자바 컴파일러에서 심지어 이클립스 컴파일러를 선택할 수도 있다. 현재는 인텔리제이 역시 증분 컴파일을 제공함으로써 코드를 수정하면 즉시 변경된 부분의 컴파일을 빠르게 수행하는 기술을 갖고 있다. 빠른 컴파일과 자동화된 컴파일로 에러를 작업 중 실시간으로 발견할 수 있게 한다. 별도의 컴파일 과정을 거치는 작업과는 비교가 될 수 없을만큼 생산성 향상에 기여한다.

< 컴파일과 빌드 >

빌드 Build

사용자가 작성한 코드를 JVM에서 실행 가능하도록 .java 에서 .class로 개별 파일이나 모듈 단위로 변환하는 작업이 컴파일이라면, 프로젝트가 다른 라이브러리나 외부에 종속되어진 필요한 항목을 가져와 컴파일된 소스와 함께 구성하여 실행 가능한 상태로 만드는 작업을 빌드라 한다.

빌드 과정에서 필요한 종속성 관리와 테스트를 실행하거나, 필요한 리소스를 가져오거나, 패키징하는 일련의 과정을 묶어 관리하는 프로그램을 빌드 도구라 하며 대표적으로 Maven 과 Gradle이 있다. 빌드 툴을 설명하는 것만으로도 책 한 권 분량이지만, 인텔리제이가 빌드 툴과 어떻게 연계되어 구동되는지 필요한 항목을 살펴본다.

> 메뉴 중 빌드 항목

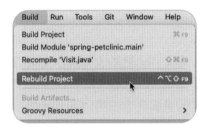

메이븐과 그래들 사용에 앞서

의존성을 관리하고, 프로젝트의 구조를 관리하는 빌드 도구라는 큰 범위에서 Maven과 Gradle은 유사한 점이 많다. 각자 다른 문법과 설정파일의 차이는 있지만, 빌드 도구로서 수행하는 역할은 큰 범위를 벗어나지 않으므로, 역할 별로 인텔리제이에서 어떻게 동작하는지 함께 살펴본다.

참고로, 메이븐과 그래들은 인텔리제와는 별도로 개인의 OS에 설치를 해야 하는 프로그램이므로, 실행에 앞서 설치 과정을 거쳐야 한다. 한 번 설치해두면 개발 툴이 변경되더라도 계속 사용할 수 있으므로 설치되어 있지 않다면 인터넷 검색이나 공식 홈페이지에 가서 다운로드 후 설치하기를 바란다.

한편으로는 프로젝트 진행에서, 빌드 도구를 사용자의 PC 혹은 OS와 같은 개발 환경에 종속되지 않고 빌드 도구의 버전 이슈에 영향을 받지 않은 채 빌드와 실행 및 배포를 편하게 하는 Wrapper 기능이 있다. 이를 통해, 프로젝트에 실행 파일을 포함시켜 동작시키거나 협업을 위해 코드를 배포하는데 편하게 사용할 수 있다.

관심이 있다면 Gradle Wrapper을 검색해보자.

빌드 도구의 시작 pom.xml gradle.build

이미 진행중인 프로젝트 파일을 전달 받거나, VCS를 통해 받아 인텔리제이에서 열게 된다면 인텔리제이는 해당 프로젝트의 빌드 도구가 무엇인지 자동으로 판별한다. 그 후, 해당 프로젝트를 설정파일에서 설정한 구성대로 재구성하여 프로젝트 뷰를 통해 트리 구조와 각종 아이콘을 통해 보여준다. 아울러, 동시에 해당 프로젝트에 필요한 외부 라이브러리를 리포지토리를 찾아 전송 받는 작업을 진행한다.

때로는 사용자가 직접 빌드 도구를 사용하기 위해 특별한 작업을 진행하지 않았음에도 빌드 도구의 설정파일인 pom.xml 이나, build.gradle이 설정되어 있는 경우가 있다. 이는 프로젝트를 초기 설정할 때, 어떤 빌드 도구를 사용할지를 선택하고, 그 선택에 의해 자동으로 프로젝트 정보를 기반으로 pom.xml / build.gradle을 IDE가 자동으로 설정하기 때문이다. 빌드 도구를 설정하지 않는 프로젝트도 존재하겠지만, 빌드 도구가 주는 편리함과 관리의 수월함을 굳이 포기할 필요는 없다.

인텔리제이에서는 아래와 같이 프로젝트를 최초 설정할 때, 빌드 시스템을 선택하는 옵션이 있고, 그래들을 선택하면 고급 설정 메뉴에서 그래들 옵션을 통해 Wrapper로 기본값으로 설정되어져 있다. 이미 많은 프로젝트에서 대중적으로 널리 사용되고 있으며, Github에서 공유되는 많은 프로젝트들이 이 방식을 따르고 있다.

> 인텔리제이 프로젝트 초기화 화면에서 빌드 시스템 선택

< 컴파일과 빌드 >

프로젝트의 컴파일, 빌드, 테스트, 배포, 실행

인텔리제이에서 사용하기 위한 프로젝트에 maven 혹은 gradle을 빌드 시스템으로 사용하기 위해 직접 명령어 실행을 통해 지정할 수 있다. 다른 IDE를 위한 자세한 실행 명령이나 더 자세한 옵션은 각각의 온라인 메뉴얼을 참조하자.

기능	Maven	Gradle
생성	mvn idea:idea	gradle init
빌드	mvn package	gradle build
실행	java -jar name.jar	gradle run
크리닝	mvn clean	gradle clean

대부분은 IDE의 Tool을 사용하기 때문에 직접 입력하여 사용하는 경우는 많지 않으나 대표적인 명령어를 정리했다. 특히 생성 명령어는 알아두면 IDE를 켜지 않은 상태에서도 빠르게 프로젝트를 구성하여 준비할 수 있다.

배포 자원과 라이브러리 관리

자동으로 빌드하는 도구지만, 가장 빛이 나는 순간은 프로젝트의 의존관계를 관리하는 도구로서 필요한 라이브러리가 다시 라이브러리를 필요로 하는 순간의 연속을 자동으로 파악하여 관리해주는 의존성 관리에 대한 부분이다. 라이브러리는 대부분 메이븐 리파지토리에 업로드되어 있어, 해당 사이트에서 검색 후, 빌드 시스템에 맞는 의존성 태그(텍스트)를 복사 붙여 넣는다.

라이브러리 조회와 사용하기

라이브러리를 자체 제공하거나, 특별히 사설 리포지토리를 서비스하는 곳이 아니라면, 대부분의 라이브러리는 메이븐 리파지토리 (https://mvnrepository.com/)를 통해 제공되는 경우가 많다. 필요한 라이브러리가 있다면 해당 사이트에서 검색해본다. 특히, 라이브러리의 정보를 가져올 때 가장 최신의 버전을 가져오기 보다는 다운로드 수가 많은 버전을 선택하는 것이 안정성 측면에서 도움이 된다. 물론, 버그나 오류로 인한 핫픽스가 있는 경우는 해당 문제가 해결된 버전을 찾아 적용한다.

> 유명한 라이브러리 검색 및 라이브러리 버전 목록

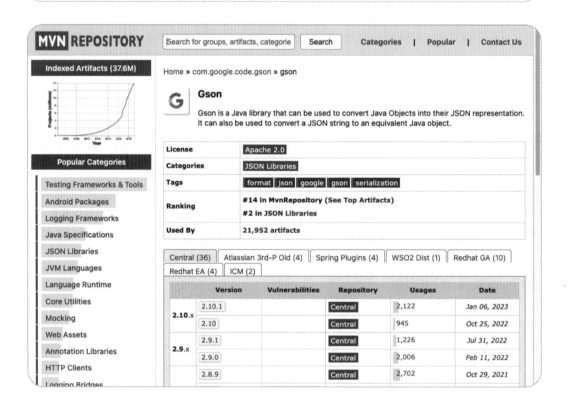

라이브러리 자동으로 조회하고 사용하기

maven의 pom.xml이나 gradle의 build.gradle 파일을 열고 새로 생성하는 제네레이터 단축키 《 Alt + Insert :: Cmd + N 》를 눌러보자.

< 컴파일과 빌드 >

> 제네레이터를 누르면 플러그인, 라이브러리를 추가하는 메뉴가 나온다.

> 필요한 항목 조회 후 자동으로 입력

Tip : 대부분의 순수 자바, 코틀린 프로젝트의 경우, 인텔리제이가 제공하는 증분 컴파일/빌드가 지원되기에 빠른 작업에 도움이 된다. 그러나, 빌드 스크립트 파일이 사용자가 임의 지정한 플러그인이나 특수한 작업을 수행해야 하는 경우에는 Gradle, Maven 프로젝트를 정상적으로 빌드하지 못하는 경우가 있다. 이때는 Gradle 이나 Maven 에 빌드 작업을 넘겨 직접 수행하게 하면 정상적으로 진행된다.

> 빌드 수행 자체를 빌드 스크립트에게 위임

< 실행과 디버깅 >

실행과 디버깅

실행 Run

이제 실행이다. 단축키는 《 Shift + F10 :: Ctrl + R 》이다.

실행 중지가 필요한 경우의 단축키는 《 Ctrl + F2 :: Cmd + F2 》이다.

일반 실행

> 프로그램 실행

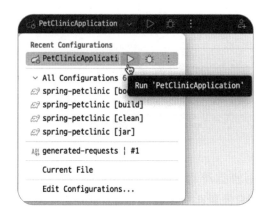

실행하기(Run This File) 단축키 《 Shift + F10 :: Ctrl + R 》를 누르거나, 우측 상단에 실행영역에서 우측삼각형 모양의 실행 버튼을 누르면 현재 파일의 실행 정보 (main 함수)를 기반으로 실행된다.

실행하게 되면 실행에 앞서 설정창이 열리게 된다. 이때 실행에 필요한 옵션을 설정할 수 있다. 실행시킬 SDK의 버전, 클래스패스 경로, 작업 디렉토리 경로와 환경 변수와 같이 실행에 필요한 항목들을 입력하거나 선택할 수 있는 창이 나온다.

두번 째 단축키를 누를 때는 실행에 필요한 설정 창 단계 없이 실행이 되는데, 필요한 설정이 필요한 경우, 실행 버튼 옆의 메뉴 버튼을 다시 누르면 설정 화면을 부르는 Configuration - Edit 를 선택하여 진입 가능하다.

디버그 모드 실행

디버깅도 마찬가지다. 디버깅을 실행하는 방법은 《 Shift + F9 :: Ctrl + D 》이다. 마찬가지로 우측의 메뉴로 설정 화면에 진입할 수 있다. 실행환경 설정과 디버깅환경 설정은 사실상 같은 화면이다.

> 사실상 동일한 실행 / 디버그 설정 화면

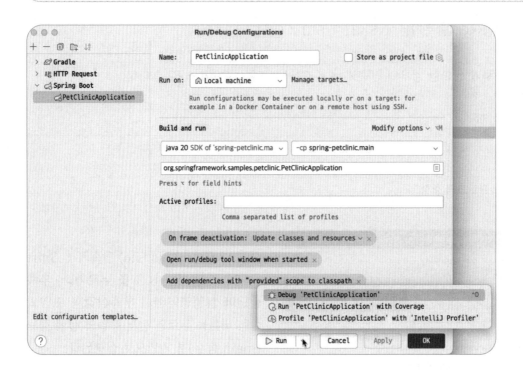

디버그 모드로 실행하는 설정 창을 열면 사실 실행 창과 다를 바 없는 설정 화면이 나오는데, 어쩌면 당연한 과정이라 여긴다. SDK, 실행에 필요한 환경 변수 등이 달라지면 디버깅 모드에서 실제 실행 환경의 과정을 살필 수 없으니 별도의 설정 항목으로 저장할 수 있다 하더라도 이 부분을 고려해야 한다.

< 실행과 디버깅 >

빠른 실행과 빠른 디버그 모드 실행

빠른 실행 《 Ctrl + Shift + F10 :: Ctrl + Shift + R 》과 빠른 디버그 모드 실행 《 Ctrl + Shift + F9 :: Ctrl + Shift + D 》으로, 각각 일반 단축키에 Shift Key 를 더한 것이다. 빠른 실행은 별도의 환경 설정 값이나 매개변수를 전달하지 않고도 실행 전에 특별히 별도의 작업 수행이 필요없는 경우 사용할 수 있다. 다만, 편집 창에서 실행할 파일이 열려 있으며, 해당 파일 안에 'public static void main(String[] args)' 형식의 유요한 진입점 시그니처가 반드시 있어야 한다.

모든 실행의 앞 단계는 자연스럽게 컴파일 – 빌드 – 실행의 순으로 순식간에 진행된다.

실행 환경 설정

> 실행/디버깅 환경 설정 윈도우

사실 최초 실행시 사전에 정해진 설정 값이 없기에 나타나는 팝업이라고 했으나, Run / Debug Configurations에서는 실행이나 디버깅을 위한 여러 항목을 만들어 놓고 사용하게 된다. 하나의 애플리케이션이라도 main() 함수가 여럿 일 수 있고, 다른 시스템에서 실행하거나, 가상의 머신 혹은 도커에 의해 실행할 수도 있다. 아울러, SDK를 변경해서 실행해본다거나, 각종 환경 변수를 다르게하여 실행할 수도 있고, 프로파일을 달리 주어 살펴봐야 할 수 있겠다.

중요한 것은 사용자가 만든 애플리케이션은 단순히 'public static void main(String[] args)' 시그니처에 의해 단일 포인트에서 매번 동일하게 실행되는 것이 아니라 여러 방안으로 실행/디버깅이 가능하다는 점과 그것을 쉽게 관리할 수 있도록 인텔리제이가 설정 관리 윈도우를 준비했다는 관점이다.

< 실행과 디버깅 >

디버깅 Debuging

실행에 문제가 생겼다면 이제 디버깅이다. 단축키는 《 Shift + F9 :: Ctrl + D 》이다.

디버깅이란

소프트웨어에서 오류 또는 버그를 찾아 개발이나 실행 중 발생하는 시스템의 논리적 오류나 비정상적 연산 을 찾아내고 수정하는 작업 과정이다.

대부분의 소프트웨어 개발은 코드를 작성하는 시간과 노력이 디버깅에도 비등하게 할애된다. 잘 만드는 것도 중요하지만, 문제가 없게 만드는 일에 디버깅만한 훌륭한 과정이 없기 때문이다.

프로그램 개발 혹은 실행시, 오류 또는 결함이 발생할 수 있다. 이를 식별하고, 발생 위치를 추적하는데 사용한다. 또는 예외 처리가 필요한 부분에 대한 대응을 하거나, 성능이 저하되는 부분을 찾아 개선하는데 사용되기도 한다. 역설적이게도 개발자가 만든 프로그램을 개발자 스스로가 이해하는데 도움이 되는 방법이기도 하다. 프로그램 동작 상태를 이해하고 문제되는 부분을 발견하는 가장 훌륭한 도구다.

인텔리제이를 이용하여 디버깅 하는 과정을 익혀보자. 사실 디버깅 자체를 전혀 모른다면 옆에 앉아 맨투맨으로 소스 코드 화면을 따라가며 단축키를 눌러가며 익히는 것이 가장 빠른 방법이지만, 지면을 통해서 다양한 분기점을 설명하기 어렵지만, 최대한 자세히 적어보고자 한다. 이미 다른 IDE나 기존 경험을 통해 디버깅 과정 자체를 알고 있다면 옆에 동료나 프로그래밍 자체를 시작하는 이들에게 친절하게 디버깅 과정을 설명하는 과정을 경험해 보기를 추천한다. 혹시 누군가에게 큰 은인이 될 기회일지도 모른다.

디버깅 패널 익히기

> 인텔리제이 디버깅 툴 안에 각종 아이콘 / 버튼 이름

| 1 | 2 | 3 | 4 | 5 | 6 | 7 | 8 | 9 | 10 | 11 | 12 | 13 | 14 | 15 | 16 | 17 | 18 | 19 |

1	Return Application 《 Ctrl + R :: Cmd + R 》	11	Show Excution Point 《Alt + F10 :: Opt + F10 》
2	Stop 《 Ctrl + F2 :: Cmd + F2 》	12	Evaluate Expression 《 Alt + F8 :: Opt + F8 》
3	Resume 《 F9 :: Cmd + Opt + R 》	13	Reset Frame
4	Pause Program	14	Step Over 《 F8 》
5	Force Step Over 《 Alt + Shift + F8 :: Opt + Shift + F8 》	15	Step Into 《 F7 》
6	Force Step Into 《 Alt + Shift + F7 :: Opt + Shift + F7 》	16	Step Out 《 Shift + F8 》
7	Smart Step Into 《 Shift + F7 》	17	View BreakPoint 《 Ctrl + Shift + F8 :: Cmd + Shift + F8 》
8	Step Out of Code Block	18	Mute BreakPoints
9	Run to cursor 《 Alt + F9 :: Opt + F9 》	19	More Options
10	Force Run to cursor		Debug Start 《 Shift + F9 :: Ctrl + D 》

편집창에서 브레이크 포인트의 목록을 볼 때는 View BreakPoints 《 Ctrl + Shift + F8 :: Cmd + Shift + F8 》를 실행하고, 브레이크 포인트를 지정하고 해제할 때는 Toggle BreakPoint 《 Ctrl + F8 :: Cmd + F8 》를 사용한다.

< 실행과 디버깅 >

디버깅의 시작 중단점 브레이크 포인트 지정

코드 실행에 있어 오류가 의심되는 부분이거나 실행 중 연산하는 값을 중간 확인해야 하는 부분에 종단점 (브레이크 포인트)를 지정한다. 단축키는 토글 방식으로 작동되며, 《 Ctrl + F8 :: Cmd + F8 》이다.

> 브레이크포인트 지정, 지정해제

브레이크 포인터를 지정하면, 프로그램이 실행되는 과정에 해당 라인에서 일시 중지를 하고, 해당 위치의 상태 (변수 값, 연산 결과, 메모리에 담긴 클래스 또는 인스턴스의 값, 연산 중인 항의 현재 값) 를 확인할 수 있다. 인텔리제이 뿐 아니라 대부분의 IDE 역시 코드의 좌측 부분에 해당 라인에 빨간 점 혹은 포인터를 통해 해당 라인이 브레이크 포인트가 활성 혹은 비활성 상태로 지정되어 있음을 표시한다.

> 브레이크 포인트 옵션 찾는 방법

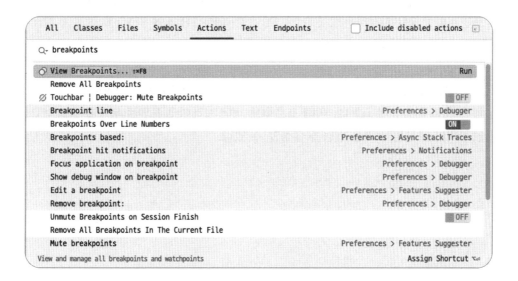

233

이쯤되면 이제 브레이크 포인트에 대한 설정이나 기능을 살펴 보고 싶을 것이라고 생각한다. 방법은 당연히 액션 검색 《 Ctrl + Shift + A :: Cmd + Shift + A 》를 누르고, 'breakpoint'를 검색해보자.

> 현재 프로젝트의 브레이크 포인트 목록

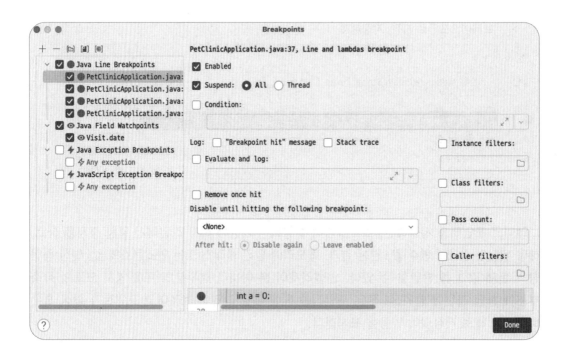

프로젝트 내에 브레이크 포인트 목록을 살펴보고 기능 설정할 수 있는 팝업으로 단축키는 브레이크 포인트를 토글로 지정하는 《 Ctrl + F8 :: Cmd + F8 》에 Shift를 더해 《 Ctrl + Shift + F8 :: Cmd + Shift + F8 》이다.

간단히 메소드 정도를 디버깅 하는 것이 아닌 프로젝트가 커진 이후에 디버깅에서는 브레이크 포인트를 많은 곳에 지정하게 되는데, 이때 프로젝트 내에 브레이크 포인트 위치를 살펴보고, 필터를 사용하거나 로그를 남기는 기능을 설정할 수 있다.

< 실행과 디버깅 >

시작

> 실행할 클래스에서 직접 실행 / 디버그 모드 실행

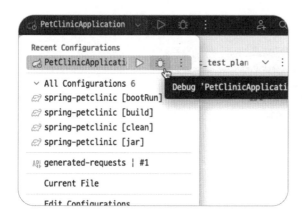

디버그 모드 실행은 《 Shift + F9 :: Ctrl + D 》이다. 디버그 모드가 아닌 일반 실행 중에는 디버깅을 할 수 없으며, 디버그 모드에서만 디버깅 동작이 수행된다. 디버그 모드에서 실행 전 옵션이 필요하다면, 실행 설정창에서 설정할 수 있다.

디버깅을 할 때는 《 Shift + F9 :: Ctrl + D 》를 외워두자. Run/Debug Configuration 에 필요한 특별한 설정 없이 열려진 에디터 창의 클래스에서 바로 디버깅을 시작하는 빠른 (실행) 디버깅 단축키는 Shift를 더해 《 Alt + Shift + F9 :: Cmd + Shift + D 》이다.

《 Ctrl + F8 :: Cmd + F8 》로 브레이크 포인트를 지정하고, 해당 지점까지 디버그 모드로 실행하게 하는 《 Shift + F9 :: Ctrl + D 》를 외워두자.

Tip : 라인 넘버 보기

본격적으로 디버깅을 하기 앞서 현재 어디에서 무슨 일이 벌어지고 있는지에 대한 좌표 확인을 위해, 편집 창에 브레이크 포인터의 위치를 확인할 라인 넘버(Line Number) 를 설정하자. Show Line numbers는 디버깅에서도 도움이 되지만, 타인과 함께 소스 코드를 살펴보는 과정에서도 많은 도움이 되므로 항상 켜두도록 하자.

> 편집 창의 왼쪽 라인 부분에 우측 클릭 후 Appearance - Show Line Numbers 선택

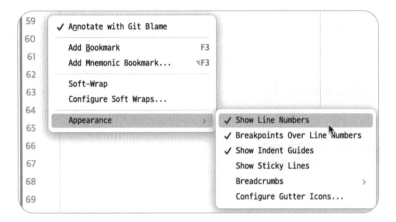

스텝오버 Step Over

브레이크 포인트를 지정해둔 지점에서 실행이 멈추고 Threads & Varables 는 현재 실행중인 스택트레이스가 표시되고, 필드 혹은 로컬 변수의 값이 정리되어 표시된다. 《 F8 》을 누를 때마다, 다음 라인이 순차적으로 실행되며, 연산이 일어나게 되면 변하는 값을 추척하며 확인할 수 있다.

일반적인 Step Over 외에 강제로 Step Over 기능이 있다. 단축키는 《 Alt + Shift + F8 :: Opt + Shift + F8 》이다. Force Step Over 기능은 라인 실행에서 메소드를 만날 때 내부로 진입하지 않고 완전히 실행한 후에 다음 라인으로 넘어간다.

> 코드 실행 다음 줄에 커서가 옮겨가는 샘플 그림

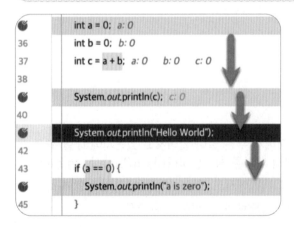

< 실행과 디버깅 >

스텝 인투 Step into

브레이크 포인트 지점부터는 라인 단위로 실행되게 되는데 라인 내에 있는 다른 메소드를 호출하는 곳으로 들어가 해당 메소드가 어떻게 처리되고 있는지 알고 싶을 때, Step Into 기능을 활용한다. 단축키는 《 F7 》이다.

> 메소드 안으로 들어가보는 샘플 그림

```
     printHelloWorld( Hello_World: "Hello World");
42
43      if (a == 0) {
          printHelloWorld( Hello_World: "a is zero");
45      }
46
47      if (b == 0) {
48          printHelloWorld( Hello_World: "b is zero");
49      }
50    }
51

     3 usages   new *
52   private static void printHelloWorld(String Hello_World) {
53       System.out.println(Hello_World);
54   }
```

Step Over 《 F8 》는 다음 라인으로 진행하지만, Step Into 《 F7 》은 해당 메소드로 진입하여 진행된다. 실행되는 실행 스택의 내부 메소드 내용을 들어가 살펴보는 과정에서 단축키를 조합하여 Step Into에 두가지 옵션을 추가로 선택할 수 있다.

> 메소드 안으로 실행 순서가 옮겨 간 모습

```
     printHelloWorld( Hello_World: "Hello World");
42
43      if (a == 0) {
          printHelloWorld( Hello_World: "a is zero");
45      }
46
47      if (b == 0) {
48          printHelloWorld( Hello_World: "b is zero");
49      }
50    }
51

     3 usages   new *
52   private static void printHelloWorld(String Hello_World) {  Hello_World: "Hello World"
53       System.out.println(Hello_World);
54   }
```

237

강제 스텝 인투 Force Step Into

브레이크 포인트 지점에서 실행 중 발견되는 다음 메소드 호출이 있는 경우, 해당 메소드로 강제 진입하는 기능이다. 메소드 내부를 디버깅 하는데 유용하다. 다만, 호출하는 부분의 브레이크 포인트 지정 여부와 관계없이 다음 라인의 메소드의 내부로 강제 진입하기 때문에 주의가 필요하다. 나타나는 모든 메서드를 진입 대상으로 보며, 바깥 쪽 브레이크 포인트를 무시하게 되므로 주의가 필요하다. 단축키는 《 Alt + Shift + F7 :: Opt + Shift + F7 》이다.

스마트 스텝 인투 Smart Step Into

《 Shift + F7 》키를 통해, 현재 실행 중 컨텍스트(스택)과 관련이 있는 메서드로만 진입한다. Step Into로 진입시 또 다시 다른 메소드를 호출해야 하는 경우, 선택을 할 수 있도록 하는 기능이기에 특정 메소드를 집중하여 디버깅할 때 유용한 기능이다. 불필요한 진입을 방지하는 효과가 있지만, 사용자의 의도와 달리 필요한 부분을 Skip 하게 될 수 있다. 이때는 해당 메소드에 명시적으로 브레이크 포인트를 지정하는 방법으로 해결하자.

강제와 자동은 때로는 의도치 않은 동작으로 이어지거나 의도한 작업이 수행되지 않을 수 있다는 점을 기억하며, 세 가지 옵션을 상황에 맞게 활용하자. 어느 것이 효율적인지는 사용자의 의도와 얼마나 부합되는가에 달려있다. 어쩌면 그래서 옵션을 2가지를 추가해 선택에 맡긴 듯 하다.

< 실행과 디버깅 >

스텝 아웃

> 스텝 아웃 (실행 중 상위 메소드로 가는 기능)

무한정 메소드 내부를 탐색하고자 들어가다보면 정말 끝이 없이 들어간다. 사용자가 작성한 코드에서 필요한 부분만큼만 내부로 진입하되, 내부 확인이 끝나거나 더 확인이 필요하지 않을 때는 상위 스택으로 벗어나야 한다. 이때 필요한 기능이 Step out이며 기능키는 《 Shift + F8 》이다.

그림으로는 잘 표현되지 않으나, 호출한 곳으로 되돌아 가는 기능으로 생각하면 이해가 쉽다. 현재 위치한 Depth에서 내용을 더 이상 확인할 필요가 없는 경우 상위 호출 스택으로 돌아간다.

조건식 브레이크

이미 브레이크 포인트 지정되어 있거나 새로 지정 《 Ctrl + F8 :: Cmd + F8 》하여 브레이크 포인트의 빨간 점이 표시된 라인에서 동작한다. 브레이크 표시부분에서 마우스를 우측 클릭하거나, 브레이크 포인트 옵션을 부르는 View BreakPoint 《 Ctrl + Shift + F8 :: Cmd + Shift + F8 》을 누르면 아래와 같이 브레이크 포인트를 설정하는 작은 창이 나온다.

> 브레이크 포인트 기능 설정

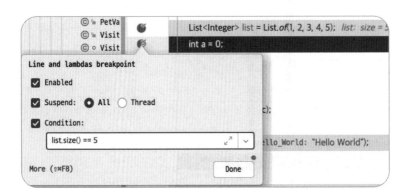

여기서 해당 브레이크 포인트의 활성화는 토글로 간단히 조절이 가능하므로, 활성화 보다는 Condition 옵션에 주목하자. 조건문을 설정하고 해당 조건이 참일 때, 해당 브레이크 포인트가 동작할 수 있게 한다. 참고로 조건문이 길어지는 경우, 해당 창을 확대 (《 Shift + Enter :: Shift + Enter 》, 축소 동일) 하여 입력할 수 있으며, 기존 입력된 히스토리 내용을 불러오는 방법은 《 Alt + Up/Down :: Opt + Up/Down 》 이다.

< 실행과 디버깅 >

> 브레이크 포인트 전체 보기

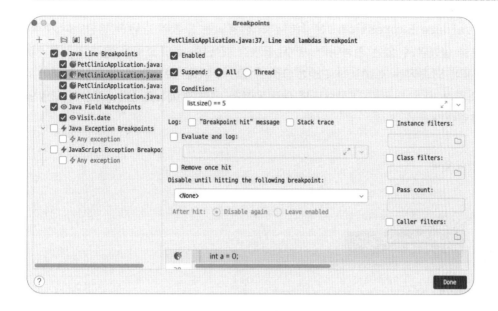

더 깊이 들어가서 단축키 《 Ctrl + Shift + F8 :: Cmd + Shift + F8 》를 한 번 더 누르면 브레이크 포인트 목록을 나타내므로 전체 브레이크 포인트를 살펴보며 조건을 입력할 수 있다.

조건문 입력이 필요한 대표적인 케이스를 살펴보자.

먼저, 특정 범위를 넘어서가나 적을 때 브레이크 포인트를 사용해야 하는 상황과 참/거짓이 명확한 상황에 디버깅을 해야 하는 경우, 또는 컬렉션에 특정 데이터의 상태나 유무로 인해 예외 여부를 판단해야 할 때처럼 조건식으로 디버깅 여부를 결정할 때 요긴하다. 다음으로, 반복문을 디버깅 하다보면, 0, 1, 2, 3, 4, 순으로 필요한 항목까지 모든 인덱스 스텝을 진행해야 하거나 특정 인덱스에서 오류가 발생한다거나, 특정 범위를 넘어서면 발생하는 오류를 찾아야 하는 경우 유용하다. 이때 범위를 알고 있거나 의심되는 영역을 조금씩 넓히거나 좁히며 문제가 안되는 상황에서는 굳이 브레이크 포인트가 작동되지 않게 하는 식으로 유용하게 활용할 수 있다.

평가식 or 표현식

평가식 (Evaluate Expression)은 디버깅이 진행되는 도중에 간단한 명령어나 수식, 메서드 호출을 실행할 수 있는 기능이다. 변수, 표현식, 간단한 코드 조각을 평가하고 결과를 보는 기능이다. 단축키는 《 Alt + F8 :: Opt + F8 》이다. 브레이크가 걸린 상태에서 단축키를 입력하거나, 디버깅 대시보드의 아이콘에서 더보기 메뉴에 있는 계산기 모양의 아이콘을 클릭한다.

> 평가식 입력

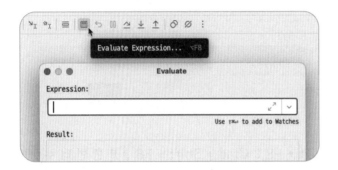

평가식을 적는 Expression 영역에 조건문을 적어보자. 입력한 식의 결과가 result 칸에 바로 바로 나타난다. 브레이크가 걸린 상태에서 현재 유효한 스택에서 사용할 수 있는 인스턴스, 필드, 변수의 값을 입력하여 확인할 수 있고, 컬렉션이나 다른 인스턴스의 메소드를 간단히 입력하여 실행할 수 있다.

대표적으로 컬렉션 인스턴스의 list() 메서드로 사이즈를 확인해보거나, get()으로 특정 값을 꺼내오거나, 현재 상태에서 특정 변수의 값을 확인하거나 연산할 수 있다. getter 함수로 데이터 확인도 유용하다. 특정 위치에서 기대한 데이터가 존재하는지 여부를 살펴보거나, 필요한 만큼 로드 되었는지를 확인하거나, 예상 외의 연산 결과에 대한 확인을 진행할 때 유용하다. 특히 반복문의 인덱스 값 확인에도 쓰일 수 있다.

무엇보다 작성된 코드를 경우의 수에 따라 별도의 버전으로 수정하고 확인하는 작업없이 바로 임의로 입력하여 정상 동작하는 코드를 빠르게 확인하는 과정에 쓰일 수 있어 활용 범위가 넓다.

다만, 아쉬운 단점은 매번 디버깅을 호출할 때마다 리셋되는 휘발성 기능이기에 매번 입력해야 하는 단점이 있다. 입력한 표현식을 일시적으로 사용하고 버리지 않고, 반복되는 디버깅에도 계속 사용할 수 있도록 표현식을 입력한 칸에서 Watch 기능에 전달할 수 있다. 표현식 입력칸에서 Watch 창에 전달하는 단축키는 《 Ctrl + Shift + Enter :: Cmd + Shift + Enter 》이며, 다음 챕터에서 바로 살펴본다.

< 실행과 디버깅 >

> Evaluation 에서 Watch 로 식 또는 변수를 넘김

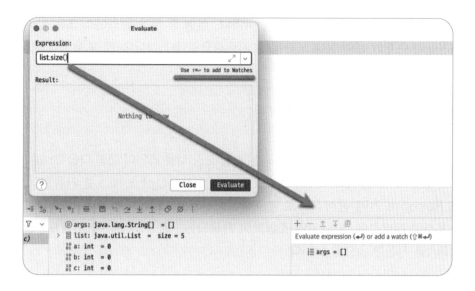

워치 Watch

디버깅 하는 도중에 특정 변수의 값을 지속적으로 살펴보거나, 특정 표현식이 가져오는 값을 브레이크 순간마다 표시하는 기능이다. 디버깅 도구 창에 한 켠에서 목록 형태로 입력하면 디버깅 내내 변화되는 값을 모니터링하여 사용자에게 보여준다. 디버그 창에 Watches 탭을 열고 + 혹은 - 로 항목을 추가하거나 뺄 수 있다.

> watch 탭

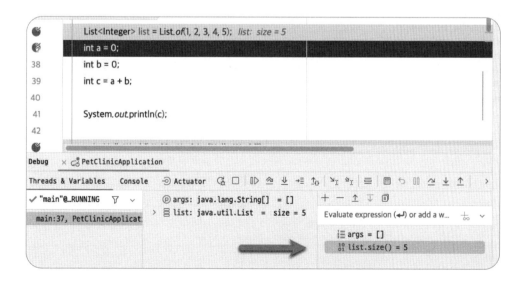

브레이크가 걸리면 해당 위치에서 사용되는 변수의 값을 보여주고, 연산이나 표현식이 입력된 경우에는 결과를 볼 수 있다. 특히, 조건식으로 참/거짓을 통해 디버깅 중 빠르게 판단해야 하거나, 반복문의 인덱스 범위가 정상적인지 판단하거나, 실행 중 특정 인스턴스 또는 값이 null 상태에 빠지는지 여부와 같이 상태 또는 값을 지속적으로 살펴보아야 할 때 유용하다.

재개 Resume

Break Point 또는 Step Over로 디버깅 실행되는 스텝 도중 다음 라인이 아닌 다음 Break Point 위치까지 실행하는 기능이다. 단축키는 《 F9 :: Cmd + Opt + R 》를 사용한다. 디버깅 작업에 Resume 기에 공식적으로 《 F9 :: Cmd + Opt + R 》을 단축키로 지정하면서도, 동시에 디버깅에 기능 키와 조합하여 사용되는 F7, F8, F9 키의 연속성을 위해 양측에 단축키를 지정한 것으로 보인다.

개인적으로도 너무나 당연하게 F9로 알고 있었기에 별도 확인 결과 동일 기능에 2가지 단축키를 할당한 것을 볼 수 있었다.

> Resume 에 할당된 단축키를 키맵에서 확인

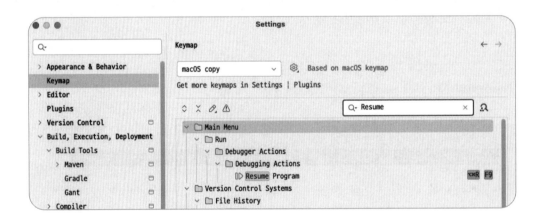

< 실행과 디버깅 >

커서까지 실행 Run to Cursor

브레이크 포인트를 지정하고 라인단위로 실행하는 과정에서 매 라인마다 실행하지 않고, 커서의
위치까지는 그대로 실행해서 브레이크가 걸리는 기능이다. 디버깅 중 특정 위치까지는 정상
수행이라 확신이 들거나, 반복되는 디버깅 중 의심되는 부분에 커서를 옮기고 해당 부분부터
살펴보고 싶을 때 유용하다. 단축키는 디버깅 중 《 Alt + F9 :: Opt + F9 》를 누르면 된다.

> 디버깅 중 커서 위치까지 점프

언제든 정지 Stop

디버깅을 진행하는 과정에서 언제든지 《 Ctrl + F2 :: Cmd + F2 》를 누르면 강제 종료된다.

다른 IDE 에서 디버깅

다른 IDE 에도 모두 디버깅 기능이 있다. 로컬, 글로벌 변수를 확인하는 창과 표현식으로 데이터를 확인하는 창 역시 갖고 있다. 디버깅 모드와 디버깅 실행, Break Point, Step over, Step in, Step out, Resume 으로 대표되는 기본 동작만 파악한다면 어렵지 않게 디버깅을 수행할 수 있다. 단축키는 조금 다를 지언정 기본 동작은 크게 다르지 않으니, 디버깅을 적극 활용하도록 하자.

> 비쥬얼 스튜디오 코드의 디버깅

> 이클립스의 디버깅

> 이클립스 디버깅 모드에서 확인하는 각종 변수 값

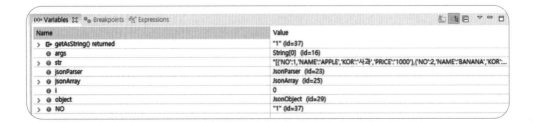

< 실행과 디버깅 >

본인은 디버깅 과정에서 키보드에 Step over, in, out 을 표시하고 디버깅 하던 시절이
있었다. 어떤 IDE를 사용하든 디버깅 단축키는 꼭 외우자.

> 키보드에 디버깅 스텝 과정을 그려놓고 디버깅 했던 시절 (크롬 , 자바스크립트 디버깅)

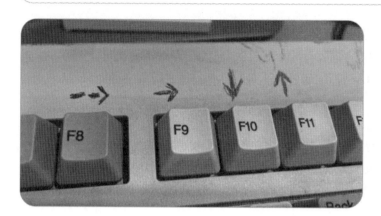

> 크롬 브라우저의 스크립트 디버깅 기능에도 동일한 기능과 단축키가 있다.

VCS

VCS는 Version Control System의 약자로, 파일의 변화를 시간의 흐름에 따라 기록 후, 나중에 특정 시점의 버전을 다시 되돌리거나 전환할 수 있는 시스템을 말한다. VCS는 꼭 프로그램 코드 내용에 국한되지 않고, 일반적인 워드, 이미지, 오디오, 동영상과 같은 파일 모두에 적용할 수 있다.

VCS의 역사와 흐름을 살펴보는 것도 의미가 있으나, 로컬 버전 관리에서 중앙 집중식, 분산 버전 관리 순으로 점차 발전해 오는 가운데, 현재는 분산 버전 관리 시스템 중에 하나인 Git 으로 정리가 되었다.

전 세계 수 많은 개발자의 Q/A 사이트인 스택오버플로우닷컴에서도 점유율 90% 이상 Git 이 차지한 이후부터는 별도로 VCS 사용률에 대해 써베이(Survey)를 중단하였다. 특수한 경우가 아니라면 Git으로 버전 관리를 하도록 하자. VCS 또는 Git에 대한 유래와 역사, 만든 이와 에피소드는 흥미로운 부분이 많으니 인터넷 검색을 통해 살펴보자. 본 책에서는 IDE로서 VCS를 어떻게 지원하고, Git을 사용할 수 있는지를 살펴본다.

< VCS >

Git

본 책에서 Git을 사용자의 시스템에 설치하는 과정은 설명하지 않는다. 터미널 프롬프터에서 git -version 이라는 명령어를 입력해보자. 버전 정보가 없이 해당 명령어가 없다는 메시지가 나오면, 자신의 OS에 맞는 git 설치 방법을 찾아 설치 후, 다음 과정을 진행한다.
인텔리제이에서 Version Control을 Git으로 시작하는 방법은 이미 진행 중인 프로젝트에 Git을 시작하는 방법과 Git으로 이미 관리되고 있는 프로젝트를 여는 방법이 있다.

Git 시작하기 1

프로젝트 대상 디렉토리에서 'git init'을 입력하여 해당 폴더를 git으로 Version Control 하는 디렉토리로 지정한다. 지정 후에는 .git 폴더와 해당 폴더 하위에 버전 컨트롤 관련 데이터와 설정 정보가 적재된다. 이는 곧 해당 디렉토리를 더 이상 git으로 관리하고 싶지 않을 때, .간단히 git 폴더만 지우면 되기에 편리하면서도 관리에 주의가 필요하다.

Git 시작하기 2

작업 중인 프로젝트가 Git 으로 관리되는 프로젝트가 아닌 경우, 메뉴에 VCS 메뉴가 나타난다. 아울러, 프로젝트 생성 기능 혹은 프로젝트 제네레이터로 프로젝트를 생성하는 경우, Git Repository 를 체크하지 않고 프로젝트를 생성하면 Version Control을 해야 한다고 상단에 표시를 해준다. 프로그래밍 소스코드를 버전관리 하지 않는 것은 정상이 아니라는 무언의 압박 같다. 집요하게 묻는다.

> 파일 > 뉴 > 프로젝트를 누르면 프로젝트 명 아래에 Create Git Repository 체크

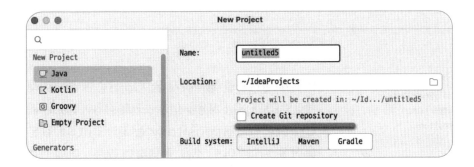

> Git 설정을 하지 않으면, 나타나는 VC 권유 화면

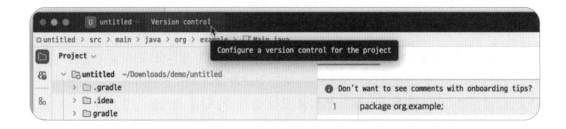

Version Control을 시작하라는 타이틀 바에 나타난 메뉴를 누르거나, 메뉴에서 Create Git Repository를 누르거나, VCS를 관리하는 팝업을 호출하는 《 Alt + ` :: Ctrl + V 》를 누르면 역시 Create Git Repository를 선택할 수 있다. 마치 어차피 하게 될거라는 식으로 방법을 열어 두었다.

> 메뉴에서 VCS > Enable Version Control Integration 선택

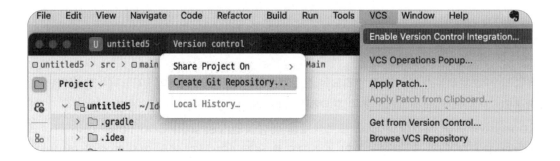

> VCS Operations 메뉴 팝업 호출 《 Alt + ` :: Ctrl + V 》 후 Create Git Repository 누르기

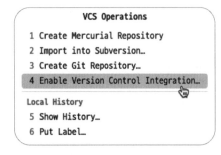

어렵게 명령어를 입력하지 않아도 단순한 클릭이나 체크만으로도 Git 사용을 이한 초기화 작업이 완료된다. Create Git Repository 는 git init 과 같은 동작을 한다. 어느 것을 선택하여 쓰든, 이제 Git 사용 준비는 끝이다.

< VCS >

Git 시작하기 3

이미 Git 으로 관리되고 있는 프로젝트라면, 개인 혹은 조직의 사설 보관소(Private Repository)에 프로젝트 URI 경로가 지정되어 있거나, 공용이나 공개된 URI로 지정되어 있을 것이다.

메뉴의 [File > New > Project from Version Control]을 누르고 Repository URL 메뉴의 URL 칸에 입력한다. 조직이 관리하는 사설 저장소, Github, Bitbucket과 같은 공개/비공개 저장소의 URL은 언제든지 Repository URL 메뉴를 통해 소스코드를 클론(복제)할 수 있다.

> File > New > Project from Version Control

Tip : URL을 입력하면, 프로젝트 명으로 디렉토리명을 자동 입력해준다.

허가되거나 혹은 공개된 URL을 정상적으로 입력하고, 프로젝트가 저장될 위치를 지정한 후, "Clone" 버튼을 누르면, 자동으로 Clone(복제)이 진행된다. 아울러, 프로젝트 파일 중 pom.xml 혹은 build.gradle 파일이 존재하면, 자동으로 해당 프로젝트의 빌드 스크립트가 실행된다.

Git 시작하기 4

대중적으로 가장 많이 사용되는 소스 코드 저장소인 Github 의 본인 계정과 인텔리제이를 연동하면 Git 으로 관리되는 프로젝트를 자동으로 받아 올 수 있다.

> 깃허브 연동 방법 (액션 검색)

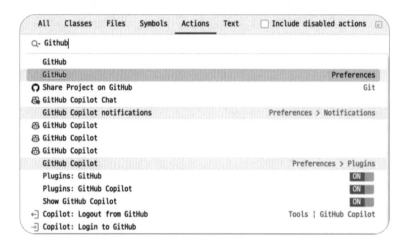

깃허브 연동을 위해 액션 검색 《 Ctrl + Shift + A :: Cmd + Shift + A 》를 누르고 github 라 입력하면, Github .... preference 항목이 보인다.

> 인텔리제이 설정에 Version Control – Github 항목이 나온다. 직접 찾아가도 된다.

< VCS >

' + ' 기호를 누르고 지시에 따라 깃허브에 로그인을 하면, 인텔리제이 내부에 로그인 값이 기록되어, 이후에는 자동으로 해당 계정의 리포지토리를 자동으로 가져올 수 있다.

File – New – Get From Version Control 에서 Github를 선택하면, 로그인 된 계정의 리포지토리 를 가져온다. 로그인 처리가 되었으므로 private 설정된 리포지토리 도 가져올 수 있다.

> Get From Version Control에서 Github를 선택한 화면

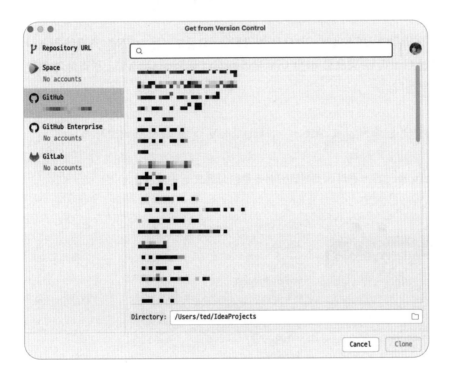

Git 관리 시작

git init 명령, 혹은 프로젝트 생성 또는 메뉴에서 Create Git Repository 를 수행하면 해당 프로젝트는 Git에 의해 버전 관리를 시작하게 된다. Create Git Repository 는 곧 Enable Version Control 을 시작하겠다는 의미이지만, 실제 코드가 변경되기 이전에 IDE 에서는 별다른 특이점을 찾기 어렵다.

아울러, Get From Version Control 메뉴를 통해 Git Repository URL을 통해, 소스 코드를 클론하는 경우에도 사실 작업에는 이전과 이후가 별 다른 영향이 없다.

가장 큰 변화는 메뉴가 바뀌어 VCS에서 Git으로 변경된다. 지금부터는 VCS를 초기화 하거나 설정하는 메뉴가 아닌 Git 메뉴 명으로 바뀐 이후부터는 Git 명령을 내리거나 관리하기 위한 항목들로 메뉴가 채워진다.

VCS를 조작하는 명령의 단축키인 《 Alt + ` :: Ctrl + V 》를 다시 눌러보자.

>   VCS Operations , Git 관리 시작부터는 Git 관련 내용으로 전환된다.

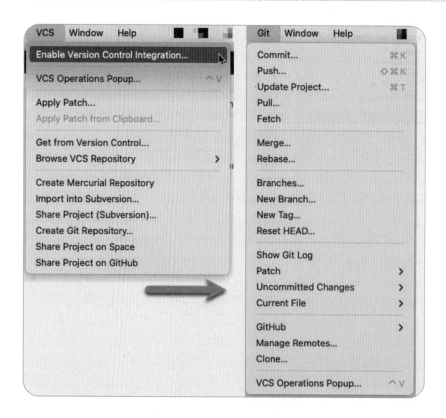

< VCS >

현재 실행 가능한 Git 관련 명령어인 Commit, Rollback, Branch(es), Push, Stash가 상태에 맞게 단축키와 함께 표시되어 노출된다. 팝업이 아닌 Git 메뉴에는 Update, Pull, Merge, Tag, Clone이 더 포함되어 있다. 물론 팝업 메뉴에서도 맥락에 맞추어 추가로 필요한 항목은 올바르게 표현된다.

인텔리제이 혹은 IDE에서 제공하는 Git GUI 보다는 터미널 창에서 Git 명령을 직접 입력으로 수행하는 것이 더 익숙하다면, 《 Alt + F12 :: Opt + F12 》 눌러 터미널 상태로 진입할 수 있다.

Git 자체에서 사용하는 용어나 명령어, 사용법은 별도로 학습해주길 바란다. 인텔리제이가 VCS인 Git과 통합되어 각 기능을 어떻게 지원하고 편리하게 작동하게 되는지 대표적인 기능을 선별하여 설명한다.

Git add

《 Alt + 0 :: Cmd + 0 (zero) 》을 누르면 커밋 대상 목록이 나오며, 《 Ctrl + Alt + A :: Cmd + Opt + A 》를 누르면 Git 명령어에서 add 가 동작한다. 자동으로 변경 사항이 추적되어 add 되는 경우가 더 많다. 이미 자동으로 변경 내역을 add 하겠느냐는 질문에 OK 를 눌러 두었을 가능성이 크다. 변경된 내역을 보거나, 변경된 내용을 커밋 대상 영역으로 지정하는 기능이지만 add 와 commit을 합쳐 둔 기능의 단계라는 설명이 이해가 쉬울 듯 하다.

> Git add 와 commit 화면이 나타난다.

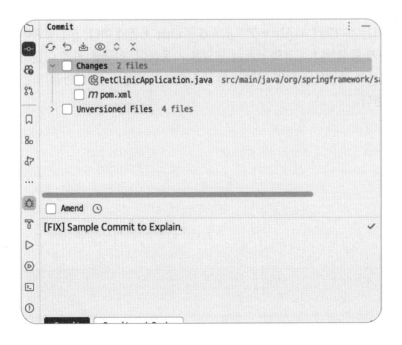

255

Git commit

커밋은 변경된 내용 혹은 파일을 확인하는 단계(add)를 거친 이후, 해당 변경 파일을 해당 시점을 기준으로 확정짓는 단계이다. 단축키는 《 Ctrl + K :: Cmd + K 》이다. (add 단계의 단축키와 의미는 다르나 기능은 같다.)

변경된 내용의 파일을 확인(add)하고, 확정(commit)하는 단계이다. Git Commit Message는 구조와 헤더, 본문, 푸터의 약속된 규칙을 사용하기를 권장한다. 팀, 조직에서 사용하는 컨벤션 규칙을 따르거나, 단독 작업이라도 가급적 규칙을 정해두고 커밋 메시지를 남기는 훈련을 통해, 협업에서 빛이 나는 경험을 꼭 한 번 해보길 바란다.

아래 간략히 소개하지만, 관심이 있는 분은 검색엔진을 통해 '[Git] Commit Message Convention'을 검색해보자.

Commit Message Structure

제목 (Type: Subject)
(한줄 띄어 분리)
본문 (Body)
(한줄 띄어 분리)
꼬리말 (Footer)

Git rebase, Git reset

Rollback 기능이며, 단축키는 《 Ctrl + Alt + Z :: Cmd + Opt + Z 》이다. git 명령어 중에서 git reset과 유사하게 동작한다. Git의 reset 명령을 사용하여, 선택한 커밋 이전의 상태로 되돌리며, 현재 브랜치에 해당하는 작업 이력과 워킹 디렉토리 내용이 롤백(변경)되는 것이므로 신중히 사용해야 한다.

< VCS >

> 인텔리제이 롤백 기능 VCS Operation 에서 롤백 기능 선택

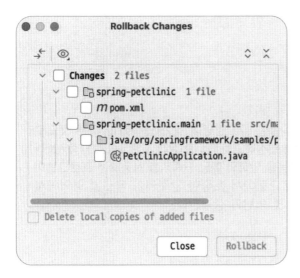

Git push

Git의 Push 기능을 수행한다. 단축키는 《 Ctrl + Shift + K :: Cmd + Shift + K 》이다.

> 커밋 이력을 검토하고 push

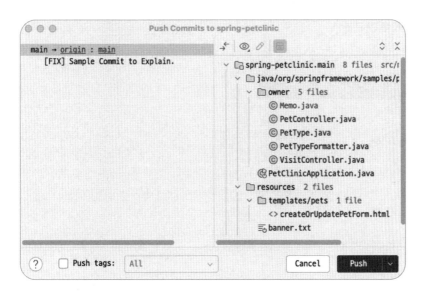

> 노션 앱과 함께 사용 시, 단축키가 충돌을 일으키는 것이 확인된다.

Command Search shortcut
Customize the shortcut used to trigger
Command Search.

shift+⌘+K

Tip : 노션과 함께 사용하는 경우, 노션 설정에서 명령어 찾기 단축키를 다른 것으로
변경하길 추천한다. 글로벌 단축키를 저렇게 설정하고는 액티브 상태 프로그램의 단축키보다
우선 적용하다니 당혹스럽다. 단축키가 작동을 안하면 해당 단축키를 사용하는 프로그램이
있는지 확인해보자. 액티브 상태의 프로그램에서 호출한 단축키가 글로벌 영역에서
블락킹이 되면 최소한 알람은 줘야 하는 것 아닌가 생각한다.

Git branch

Git Branch를 추가하거나, 이동하거나, 브랜치 작업 내용을 Update, Commit, Push
하는 기능이다. 브랜치 메뉴를 부르는 단축키는 없으나, 메뉴 중 [Git > Branches]를 누르면
브랜치를 관리하는 팝업이 뜬다. 브랜치 메뉴에 나타나는 각 기능은 우측에 단축키가 표시된다.

> 메뉴 - 브랜치 기능 팝업

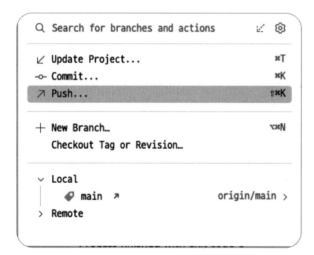

< VCS >

Git pull

Git pull 기능이다. 많이 사용하는 기능임에도 단축키가 없다.

> 메뉴 > Git > Pull

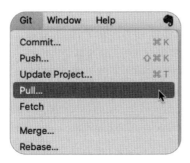

심지어, VCS Operaition (《 Ctrl + V 》) 팝업에도 pull 항목이 없다. 오로지 Git 메뉴에 Pull 항목이 있을 뿐이다.

> Pull 옵션l

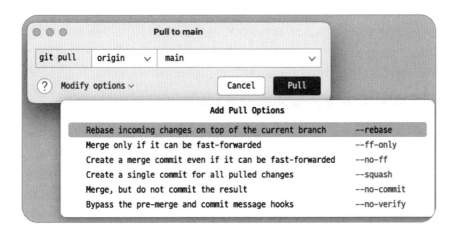

Git Conflict

Git Merge 동작에서 충돌이 발생하는 경우, 인텔리제이의 파일 비교 (Diff) 기능을 이용하여 자신의 소스와 원격지의 소스를 비교하여 의도한 목적에 부합하는 코드를 병합하는 과정을 거치게 된다.

> Tip : VCS에서 충돌 과정에 Diff 기능으로 서로 다른 내용을 비교하는 Compare Files 기능은 일반적인 상황에서도 프로젝트 파일 윈도우 창에서 파일 두개를 선택 《 Ctrl + Click :: Cmd + Click 》 후, 단축키 《 Ctrl + D :: Cmd + D 》를 누르면 동일하게 작동한다. 환경 설정 파일이나, 스크립트와 같이 변경 혹은 다른 점이 적으나 영향은 큰 파일을 비교 분석할 때 유용하다.

Git Remote

Git Remote 기능이며, 단축키는 없다. 단축키가 없다면 'Git Remote' 로 액션 검색하자.

>   Git 원격지 추가

git remote add 기능을 대신하는 팝업이다.

< VCS >

CLI

> 인텔리제이가 파일에서 우측클릭 하는 곳에 지원하는 깃 메뉴

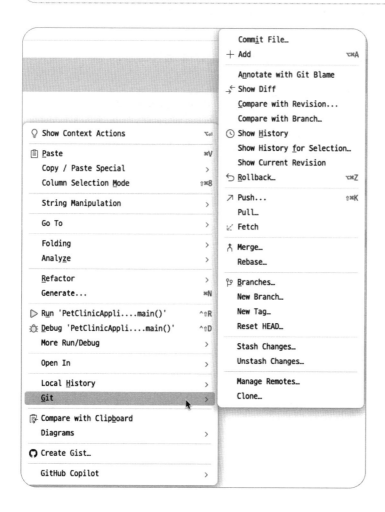

지금까지 인텔리제이의 VCS 지원 기능을 살펴보았다.

그러나 GUI에 의존하기 보다는 가능하다면 Git 이 지원하는 모든 기능과 옵션을 활용할 수 있도록 터미널에서 직접 입력하는 CLI(Command Line Interface) 방식에 익숙해지기를 바라는 마음이다.

Github으로 프로젝트 공유하기 Share Project on Github

설정에서 Github 계정과 연동이 되면, 현재 작업 중이던 프로젝트를 그대로 Github 보관소에 업로드가 가능하다. 이 기능의 명칭은 Share Project on Github이며, 단축키는 없다. 메뉴 중 Git > Github > Share Project on Github로 접근해야 한다.

> Share Project on Github 메뉴로 접근하거나 액션 검색을 통해 접근

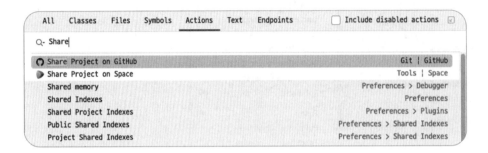

> Share Project on Github

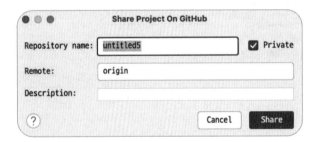

> Share Project on Github 이미 등록되어 있는 경우

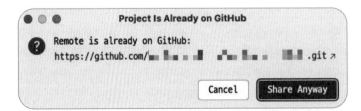

< VCS >

현재 프로젝트가 자신의 계정에 업로드 되는 것은 자연스러운 일이나, 프로젝트가 온라인 공간에 자유롭게 공개되는 것은 또 다른 문제다. 특별한 변경을 하지 않으면, Repository name은 프로젝트 명이 자동으로 입력 지정되겠지만, Private 여부를 확인하는 체크박스는 꼭 확인해야 한다.

공개할 목적의 프로젝트가 아님에도, 온라인 공간에 공유되버리면 걷잡을 수 없다. 공개되어도 좋을 단순한 학습 자료이거나, 공개를 목적으로 코드가 아닌 이상 Private 항목에 필수로 체크하는 것을 권한다.

Github에 로그인 되어 있는 경우에만 작동하며, 로그인 과정을 거치지 않은 경우, 로그인을 위한 절차가 진행된다. 로그인 과정에서 젯브레인을 선택하면 선택된 제품에 로그인을 매번 할 필요가 없어진다. 기존에는 아이디 / 패스워드 방식이 있었으나 보안이 매우 중요해지는 추세에 맞추어 개선되었다.

GIT ignore 사용하기

Git ignore는 공개된 리파지토리 또는 리모트에 올릴 수 없는 민감 정보나, 시스템 환경 정보, 비밀번호나 접근 코드, DB 접속 정보와 같은 파일을 별도로 관리하는 방법이다. 해당 파일이 존재한다면 Git에서 관리하지 못하도록 하는 기능이며, .gitignore 파일에 의해 관리된다.

.gitignore 에서 제외할 파일을 지정하는 방법으로서 문법이 존재한다. 인텔리제이 자체에서 관리되는 파일이 리모트 또는 다른 사용자에게 전달되지 않도록 미리 설정되어 있는 값을 보며, 문법을 파악해보자. 라인 단위에서 '#'을 만나면, 이후 문자열은 주석으로 처리되거나 무시된다.

GIT ignore 예제

.gitignore 의 인텔리제이 버전 예제는 다음과 같다.

```
### IntelliJ IDEA ###
.idea/modules.xml
.idea/jarRepositories.xml
.idea/compiler.xml
.idea/libraries/
*.iws
*.iml
*.ipr
out/
!**/src/main/**/out/
!**/src/test/**/out/
```

GIT ignore 문법과 규칙

/ 디렉토리 구분
bar 디렉토리와 관계없이 매칭 (디렉토리 또는 파일)
/bar 현재 위치 (.gitignore 위치) 에 bar 하위 모두 매칭
bar/ bar 디렉토리 (파일 x) 에 매칭
* 모든 것에 매칭 (/ 제외)
? 한 글자에 매칭 (/ 제외)
** → 디렉토리 사이의 전체 경로

.gitignore에서 지정되더라도, 이미 tracked 되고 있는 파일에는 적용되지 않는다.

< VCS >

GIT ignore 우선순위

우선순위는 다음과 같다.
1. command line을 통해 입력된 패턴
2. .gitignore 파일에 작성된 패턴
3. 하위 디렉토리에 작성된 .gitignore은 상위 디렉토리 .gitignore를 override 한다.
4. $GIT_DIR/info/exclude에 작성된 패턴
5. 깃 설정 변수인 core.excludesFile에 작성된 패턴
동일 레벨에서는 나중에 작성된 내용이 적용된다. 자세한 내용은 Git 공식 홈페이지의 내용을 확인하자.

GIT ignore 자동 생성

.gitignore에 무엇을 적어야 할지 모르겠다 싶을 땐, gitignore.io 웹사이트를 이용하여, 특정 개발 환경 키워드를 입력하면서 필요한 내용을 전달 받도록 하자. .gitignore 를 사용하는 상황은 개발 툴(IDE), 사용 언어, 프레임워크와 같이 대체적으로 패턴이 있기 마련인데, 그 패턴에 따라 미리 작성해 둔 내용으로 채워준다.

> 필요한 경우 gitignore를 자동으로 만들어주는 사이트

Tip : 참고로 인텔리제이 환경에 적합한 파일을 받기 위해서는 먼저 'idea'를 입력하면 된다. 이클립스 환경에서 작업 중이라면, 'eclipse'를 입력하면 된다.

로컬 히스토리 Local History

VCS 인 Git 을 사용하더라도, 작업이 진행되는 도중 주요 포인트에서 커밋을 누락했거나, 파일을 삭제했거나, 혹은 실수된 부분을 만회하기 위해 편집 기능의 Undo를 사용하여도 이전으로 되돌릴 수 없는 경우가 있다.

VCS를 사용하는 여부와 관계없이 인텔리제이는 주요 변화되는 지점마다 파일의 변경 내역을 자체적으로 보관한다. 이를 Local History 기능이라 하며, 단축키는 별도로 없다. 자체 임시 VCS 기능이라고 할 수 있겠다.

> 에디터 창에서 우측 버튼으로 Local History 메뉴 호출

> VCS Operations 《 Alt + ` :: Ctrl + V 》로 호출된 팝업에서 Local History 메뉴 호출

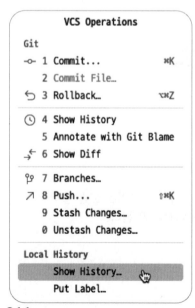

< VCS >

> Show Local History 내용 파일 변경 내용

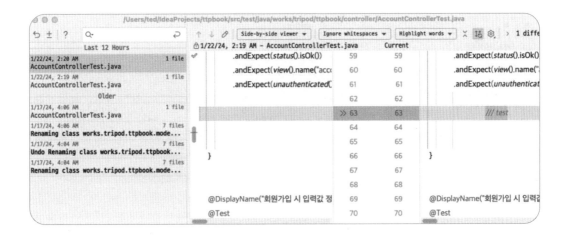

변경 작업이 있던 시간마다 변경 시간과 내용이 빠짐없이 기록되어 있다. 작업에 집중하다보면, 어느 순간 Commit 시점을 놓치는 경우가 종종 발생하거나, 의도치 않게 다른 작업과 혼동이 생겨 엉뚱한 파일을 변경하게 되는 경우처럼 문제가 발생하기 이전으로 되돌릴 때 매우 유용하다.

> Current 비교와 두 시점 간 비교 화면

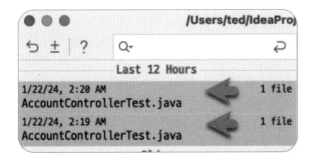

복원 혹은 확인을 위해 특정 시점을 클릭하면 현재 상태와 다른 점을 Compare File 기능으로 보여준다. 《 Ctrl + Click :: Cmd + Click 》으로 두 지점을 지정해주면, 두 지점 사이의 차이를 보여준다. 모든 히스토리를 다 살펴보는 것이 어려울 때, 특정 작업을 시작할 때와 문제가 의심되는 시점을 비교하고자 할 때 도움된다.

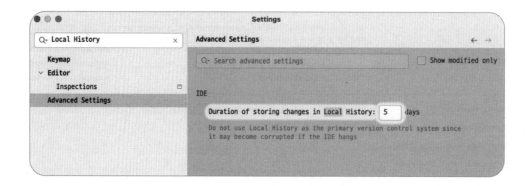

Local History 기능으로 몇 번 지옥에서 살아 돌아온 경험을 하면, 조금 더 오랜 기간동안 히스토리가 남았으면 하는 필요성을 느끼게 된다.

인텔리제이 설정에서 고급 설정 (Advanced Settings) 에 Local History를 남길 기간을 일 단위로 설정할 수 있다. 필요하다면 늘리도록 하자.

< 플러그인 >

플러그인

인텔리제이 플러그인 마켓을 살펴보고, 설치하고 사용하면 도움이 될 몇가지 플러그인을
소개한다.

플러그인 마켓플레이스

구글의 플레이 스토어, 애플의 앱 스토어와 같이 인텔리제이도 인텔리제이 제품에 기능을
추가하는 목적으로 활용할 수 있는 플러그인을 위한 스토어가 있다. 처음에는 플러그인으로
제공되어 동작하다 인텔리제이에 정식으로 번들로 포함되어 제공되는 기능도 있으며, 워낙
많이 사용되어 자체 번들이라 생각되는 플러그인도 있다.

> 플러그인 사이트 https://plugins.jetbrains.com/

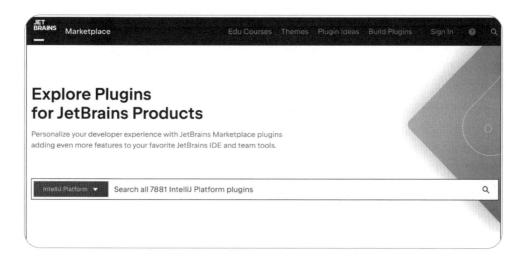

검색해서 찾아도 유용한 플러그인이 많지만, 평소에도 가끔 플러그인 마켓플레이스를 열어보면,
유용한 플러그인이나 인기가 상승하는 플러그인이 추천되어 목록에 나타나니 관심을 갖도록
하자.

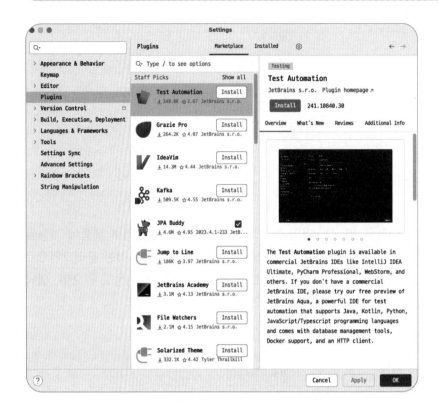

< 플러그인 >

자주 사용하는 플러그인

.ignore

VCS 를 설명할 때, gitignore 를 설명했다. Git에서 사용하는 .gitignore 뿐 아니라 여러 VCS에서 사용되는 ignore 파일을 생성하는데 기능을 제공하는 플러그인이다. 사이트에 직접 가서 생성하는 것이 번거롭거나, 새로 만들기 메뉴에서 간단히 생성하고 싶을 때 사용하면 된다.

> .ignore 설치 후 사용할 수 있게 되는 설정 파일

Key Promoter

단축키를 외울 수 있게 해주는 아주 강력한 플러그인이다. 마우스로 클릭하거나 메뉴로 진입하는 경우, 해당 기능의 단축키를 알려주고, 단축키 없이 몇 번 수행하는 중이라고 카운트 (Hit List)를 해준다. 마치 언제까지 생산적이지 않은 일을 반복할 것이냐고 묻는 듯 하다. 무료다. 안 쓸 이유가 없다.

Code Metrics

코드의 복잡도를 분석하여 메서드 작성에 있어 복잡도(Complexity)의 상태를 보여준다. 단계 별 색상을 보여주는데, 점점 복잡해질 수록 복잡도를 나타내는 구문이 재미있어진다. 미리 보여주는 것 보다 직접 코드를 작성하다가 만나게 되길 바란다. 무서워진다. 직역할 수 없지만, '장난하니?' 수준부터 끝까지 가보자 하고 코드를 극한으로 작성하는 재미도 느낄 수 있다. 메소드에 대한 객체지향적 관점에서 단일책임원칙이라든지, 클린코드에서 제안한 가능한 쪼개라던지, 가독성을 높이라든지에 대한 여러 방안을 코드에 담아내는 과정에서 기준점이 될 수 있을 것이다.

> 심각도에 따라 달라지는 재미있는 (무서운) 멘트와 복잡도 증가 항목 리포트

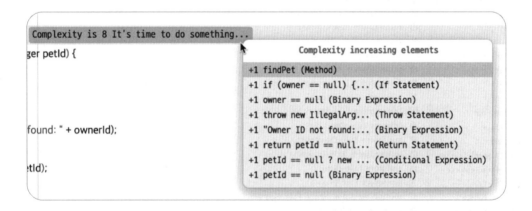

Tip : 코드 메트릭에 관심이 있는 경우, Cyclomatic Complexity, Number of Call Levels, Number of Function Parameters, Number of Calling Functions, Number of Called Functions, Number of Executable Code Lines를 검색해보고 각각 리팩토링 기법에 대해 알아보자.

< 플러그인 >

String Manipulation

텍스트를 조작할 때, 필수적으로 필요한 플러그인이다. 특히 연속된 데이터에 연번을 넣거나, 문자열의 Case를 일괄 스위칭하는데 매우 유용하다. 대소문자, 카멜케이스, 스네이크케이스, 파스칼케이스와 같은 다양한 케이스를 상호 변환 시킬 수 있는 강력한 도구이다. 안 쓸 이유가 없다. 컬럼 모드와 조합하여 사용할 때 매우 강력한 텍스트 조작 플러그인으로 동작한다.

> 플러그인의 다양한 메뉴

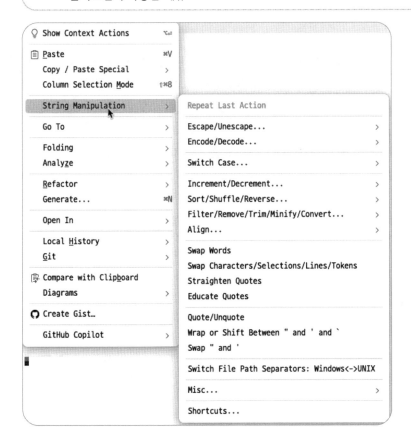

무언가 키보드로 텍스트를 편집하고 있는데, 자꾸 반복되는듯한 느낌이 들면 이 플러그인을 살펴보자.

Idea vim

https://plugins.jetbrains.com/plugin/164-ideavim

Vim의 Normal, Insert, Visual 모드를 지원하는 플러그인이다. .gitignore의 방식처럼 .ideavimrc 파일로 환경 설정이 가능하다. Vim 방식의 편집이 익숙하다면 플러그인을 이용하자.

HTTP Client

HTTP API를 테스트 하는데 주로 사용하던 Client 프로그램인 POSTMAN을 사용하였으나, 팀 작업시 필요한 기능이 유료화가 되면서, 인텔리제이 얼티밋 에디션에서 제공하는 HTTP Client가 급부상했다. 흔히 사용하는 Restful 및 GraphQL, Web Socket 통신에 활용되는데, .http 파일을 만들어 간단히 사용하던 Http Client가 마치 프로젝트 코드의 한 부분처럼 조직에서 팀원들간 공유하며 API 테스트를 진행하는 시스템 또는 환경으로 만들어지게 되었다.

> HTTP Method 에 맞는 URL 호출과 HTTP Body 부분을 쉽게 전송한다.

```
          HTTP Client
  Create Request in HTTP Client
  Open HTTP Requests Collection
  Show HTTP Requests History
  Convert cURL to HTTP Request
+ Add to HTTP Client...              >
  Import from Postman Collection File
```

< 플러그인 >

> HTTP Method 에 맞는 URL 호출과 HTTP Body 부분을 쉽게 전송한다.

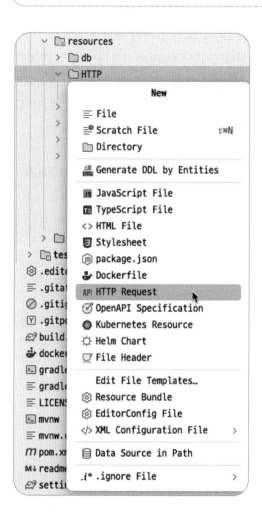

> HTTP Method 에 맞는 URL 호출과 HTTP Body 부분을 쉽게 전송한다.

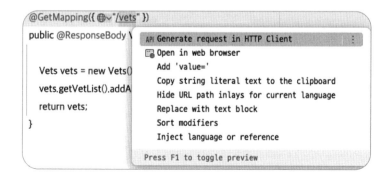

HTTP Method 에 맞는 URL 호출과 HTTP Body 부분을 쉽게 전송한다. 또한 컨텐츠 타입을 지정하는 것과 같이 HTTP Header 에 값을 임의로 지정하며, 모든 내용은 프로그래밍 소스 코드와 같이 저장되기도 하고 버전 관리가 되며, 팀원 또는 조직이 함께 사용할 수 있다. 별도의 HTTP Client 프로그램을 쓰는 것과 달리, 인텔리제이 내부에서 사용되는 플러그인이다 보니 자동완성이 지원되며, '@RequestMapping (Get, Post, Put, Delete)' 형식으로 Http Method 호출 부분으로 판단되는 부분은 Http Client 기능을 자동으로 생성하여 오픈해준다.

> 컨트롤러에 URL 과 @PostMapping 에 자동으로매칭된 http Client 생성 또는 링크 부분

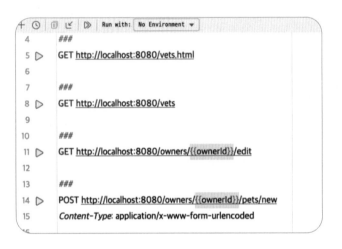

직접 파일을 생성하여 각종 Request 문을 구성하여 작성할 수 있다. 파일을 생성할 때는 Resources 영역에 도메인 카테고리에 맞추어 확장자를 .http로 하는 파일을 만들면 된다. .http 파일이 열리면, HTTP Method로 호출하는 입력을 지원하는 + 버튼이 나온다. 다만, 선수들은 입력기능 보다는 빠른 직접 입력을 선호할 것으로 여겨진다.

> Run With 환경 설정 env 화면

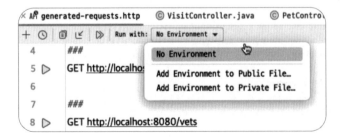

< 플러그인 >

API 호출은 필연적으로 개발, 테스트, 운영과 같은 다양한 환경에서 다른 URL이나 인증을 요구 받게 되는데, 공개 또는 비공개된 환경 설정 파일인 http-client.env.json 이름으로 환경 설정을 하게 된다. 환경 값인 env 에 맞추어 적용된 호출을 수행하게 된다.

> 환경 설정에 맞는 API 호출과 해당 설정 파일의 변수에 담긴 값을 가져오는 파일을 만드는 과정

> 환경 설정에 맞는 API 호출과 해당 설정 파일의 변수에 담긴 값을 가져오는 파일을 만드는 과정

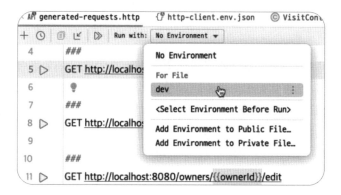

포스트맨과 유사하게 환경 변수 값을 Root 인 env 밑에 값을 {{ }} 이중 중괄호에 감싸진 변수를 통해 접근하여 가져온다.

PostMan도 API 테스터로 매우 훌륭한 프로그램이다. 인텔리제이에서 제공하는 Http Client도 협업 및 테스트에 있어 전혀 부족함이 없다. 익숙한 것이 우선이겠으나, 서로의 특징이 명확하니 선택은 여러분의 몫이다.

Korean Language Pack

도구를 사용함에 있어 언어가 장벽이라면, 한글로 번역된 메뉴가 반가울 수 있다. 그러나 다른 개발자와 소통에서 용어의 차이로 인한 소통에 어려움과, 기능 검색에 대한 용어 혼란과 같이 여러가지 문제점들이 함께 따라온다. 특히, 액션 검색이나 기능에 대한 상세 정보를 얻을 때처럼 대부분 영어로 검색해야 원하는 데이터를 만나게 될 확률이 높은 상황에서 굳이 한글화를 하여 더 혼란스러움을 더할 필요는 없다고 생각한다.

인텔리제이 뿐 아니라 대부분의 모든 프로그램이나 개발 도구, IDE 등이 포함된다. 영어보다 더 문제를 크게 만드는 것은 용어가 서로 다른 상황이다. 영어사전을 옆에 둘 지언정 가능하면, 한글화는 사용하지 않는 것을 권한다.

내장 플러그인 Bundled

 매우 유용한 플러그인이 어느 새 인텔리제이 프로그램 내부의 정식 기능이 되어 번들로 구성될 때, 매우 반갑기도 하지만 검색에서 갑자기 사라지는 일도 있다. 불과 얼마전까지는 가장 인기와 대중적으로 많이 사용되던 presentation Assistance 이 그러하다. 번들이 된 플러그인을 살펴보자.

presentation Assistance 키

presentation Assistance '보여주다 + 도움' 단어 뜻 그대로 현재 작동된 기능의 기능명과 단축키를 보여주는 플러그인 기능이다. 인텔리제이의 기능을 모두 알지 못하고, 단축키를 잘 알지 못하는 단계라면 이를 켜두고 의식적으로라도 단축키를 익힌다면 도움이 된다. 특히 타인과 함께 코드 리뷰를 하는 상황이거나, 모니터 출력 내용으로 강의를 할 때는 켜두자. 방금 무엇을 누르고 진행 중인지에 대한 별도 설명이 필요하지 않게 된다.

2023. 3 버전에서 갑작스럽게 인텔리제이 내부 번들 기능으로 전환되었다. 이 책을 쓰기 시작할 때는 분명 플러그인이었다. 마켓플레이스에서 검색하는 플러그인이 갑자기 보이지 않을 때, 번들 이력을 살펴보자.

< 플러그인 >

> 뷰에서 접근하는 메뉴

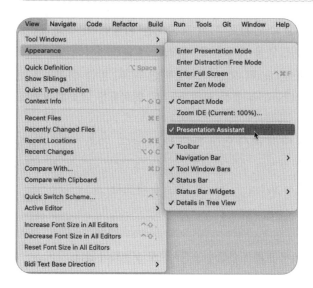

> 단축키를 눌렀을 때 나타나는 기능명과 단축키 화면

이 기능이 가장 빛을 발휘할 때는 인터넷 강의 녹화라 생각한다. 혹은 온라인 미팅에서 화면 공유를 할 때가 아닐까 싶다. 사용하는 단축키를 라이브로 보여주는 기능이라고 명명해도 크게 다르지 않다. 편하다. 토글 방식으로 On/Off 가능하니 가능하다면 켜 놓자. 메뉴나 기능을 마우스로 접근해도 단축키를 보여준다.

MarkDown

마크다운 문법을 지원하는 플러그인이다. 문서를 작성하면 라이브로 해당 문서의 내용을 보여주는 기능을 포함한다. 별도의 플러그인을 통해 UML도 지원하니 관심있는 분은 다이어그램과 차트를 그리는 도구로 유명한 'Mermaid'를 검색해보자.

Vanilla 문법을 모두 지원하며, Live Html Preview를 지원한다.

Kubernetes

쿠버네티스를 지원하는 플러그인으로 번들로 번들로 직접 제공하는 기능이다. 쿠버네티스 활용에 필요한 고수준의 편집기 제공과 런타임을 지원한다. 클러스터 인터랙션에 대한 거의 모든 것을 지원하는데, 기능이 워낙 많아 클러스터 오브젝트에 대한 지원, 환경 설정을 위한 YAML, Helm Templates 편집과 Kustomize 설정 지원과 같은 항목들을 공식지원한다.

플러그인이 관리하는 대상이 플러그인에 비해 버전 업이 매우 빠른 경우, 간혹 어떤 기능을 지원하지 못하거나, 잘 지원하던 기능이 오동작하는 일이 발생할 수 있는데, 이럴 때는 플러그인의 웹페이지나 플러그인 검색시 나오는 뷰에서 What's New 탭을 살펴보자.

> 공식 번들된 플러그인이다보니 인텔리제이 환경 설정에 공식적으로 포함되어 있다.

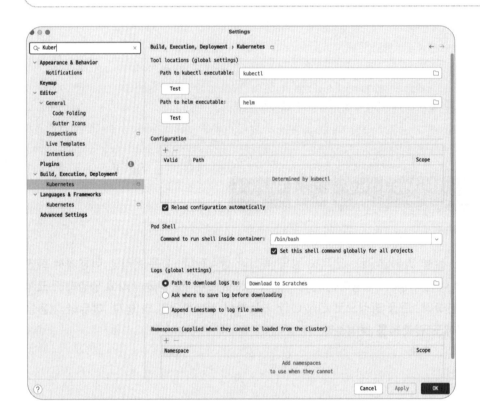

< 플러그인 >

Docker

실제 개발과 테스트에는 쿠버네티스 보다는 도커 플러그인을 더 많이 활용하고 있지 않을까 생각한다. 도커 컨테이너를 관리하는 플러그인이며, 공식적으로 번들로 포함되어 있다. 도커와 연동하는 기능을 지원하는데, 도커 이미지 다운로드, 실행과 도커파일 구동, 특정 도커 실행환경을 위한 설정, 멀티 컨테이너 실행이 포함된다.

도커 역시 공식 번들로 인텔리제이 설정에 도커 설정항목이 존재한다. 도커 컨테이너를 실행하기 위해서는 도커 런타임이 사용자의 PC에 설치되어 있어야 하지만, 개발 측면에서 보면, 가상 컨테이너를 통해 개발과 테스트를 매우 쉽게 수행하는 잇점이 매우 크므로 적극 활용하도록 하자.

> 도커 설정 화면

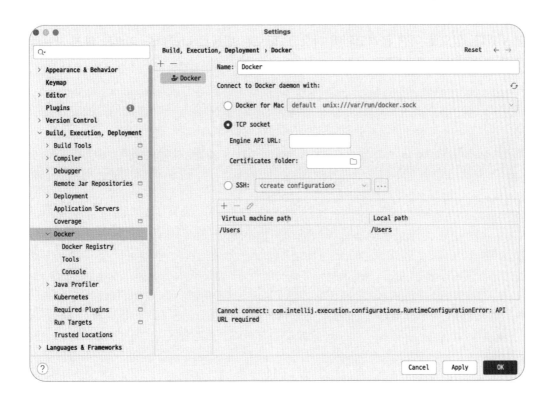

그 밖의 플러그인

유용한 인텔리제이 플러그인은 너무나 많다. 저자의 인텔리제이의 설정에서 플러그인 항목 중 Installed 탭만 눌러봐도 수십 개가 이미 설치되어 있다. 그중 절반 이상이 Bundled 항목이긴 하나 모든 플러그인을 다 알고 사용하는 것은 거의 불가능에 가깝다.

어떤 언어나 프레임워크, 라이브러리, 기능을 사용해야 하거나 도입을 고민할 때 꼭 플러그인을 검색해보자. 이런 플러그인도 있었는가 하는 놀라움과 때로는 이미 설치되어 있다는 사실에 놀라게 된다. 플러그인을 설치하면 메뉴나 설정, 특정 화면에서 항목 추가가 되는 식으로 알게 모르게 사용자에게 도움이 되는 역할을 충실히 수행하므로 평소에도 플러그인 마켓 플레이스에 관심을 갖자.

플러그인을 찾고, 설치하고, 이력을 살펴보고, 때로는 비활성화하고, 설치 후 메뉴에 나타나는 항목을 찾아 사용하고, 때론 환경 설정이 필요하면 설정을 찾아 필요한 항목을 수정하는 과정을 겪어 보았다. 앞으로 어떤 플러그인이 나오고, 때로는 번들로 나타나도 어렵지 않게 사용할 수 있게 되었으리라 생각한다.

< 2라운드 정리 >

2라운드 정리

정리

사실상 시작부터 필요한 설정과 편집에 필요한 기능을 포함하여, 리팩토링과 디버깅, 빌드와 작업 결과물 공유인 VCS까지 알아보았다. 아울러, 인텔리제이의 플러그인과 자체에 통합되거나 기본으로 제공되는 플러그인을 살펴보았다.

아직 인텔리제이가 익숙하지 않다면 3라운드로 바로 진행하지 않고 다시 2라운드를 반복하기를 추천한다. 책을 처음부터 다시 보는 일은 부담되지만 2라운드를 반복하는 것은 보다 가벼우리라 생각한다. 인텔리제이와 익숙해져 친해지는 것이 2라운드의 목표다.

3 라운드

시작

지금부터는 인텔리제이 사용에 어려움이 없는 익숙한 사용자임을 전제로, 다양한 환경에서 인텔리제이를 이 이해하고 문제없이 사용할 수 있도록 한 단계 높은 내용을 다룬다. 1,2 라운드를 살펴보지 않았다면, 1번은 익히고 오기를 추천한다. 지금부터는 설정을 찾는 법이나, 기본적인 단축키, 메뉴의 진입 순서, 자주 등장한 항목 또는 용어의 반복 설명을 최대한 줄이고 빠르게 진행한다.

반드시 알아야 할 기능으로 데이터베이스, 파일비교, 북마크, 투두(task), A.I., 프로젝트 관리와 문제 대응, 마이그레이션을 순차적으로 알아보자. 마지막 라운드를 마치면 인텔리제이에서 생기는 뜻 밖의 문제도 거뜬히 해결할 수 있는 힘이 생기리라 생각한다.

< 반드시 알아야 할 기능 >

반드시 알아야 할 기능

데이터베이스 도구

데이터베이스 도구 Database Tools and SQL

기본으로 제공되는 번들 플러그인으로 Database Tools and SQL의 기능을 설명한다. 어떤 프로그래밍 언어를 사용하든, 프레임워크를 사용하든, 프로그래밍에는 Database 작업은 필연적으로 함께 하게 된다. 인텔리제이에는 젯브레인의 Database Tool인 Datagrip 제품의 거의 모든 기능을 플러그인으로 활용할 수 있도록 지원한다. 쿼리 구문을 작성하거나, 생성, 관리와 같은 모든 SQL 을 지원한다.

> 데이터 베이스 플러그인

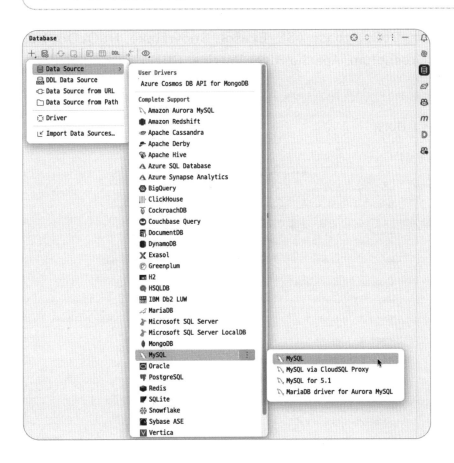

지원하는 DB

공식적으로 완벽하게 지원하는 Database와 기본 기능을 제공하는 Database가 약 50여개이다. 거의 모든 DB를 연동하는 기술의 든든한 기반은 플러그인이 JDBC Driver와 연동되어 작동되는 범용성에 있다. 향후, 새로운 Database 혹은 새로운 버전의 Database가 등장하더라도 적합한 JDBC Driver를 구한다면, 문제 없이 데이터베이스 도구와 SQL 플러그인을 사용 가능하다.

RDB / Major relational

MySQL, MariaDB, PostgreSQL, Oracle Database, Microsoft SQL Server, Azure SQL Database

NoSQL

MongoDB, Redis, Couchbase, Cassandra

Other

SQLite, Redshift, Db2, Sybase ASE, Exasol, Snowflake, HSQLDB, H2, Apache Derby, Greenplum, Apache Hive, Vertica, ClickHouse, BigQuery, CockroachDB

> 데이터베이스 드라이버

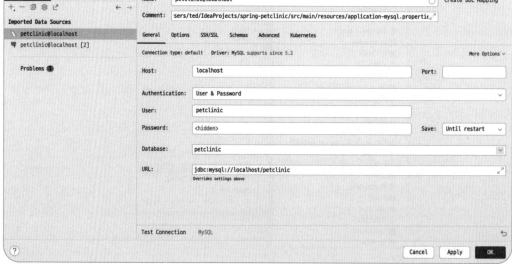

286

< 반드시 알아야 할 기능 >

라이브 템플릿과 자동 주석

Live Template

코드를 작성하는데 있어 더 중요한 것은 주석이라는 점에 의문을 둔 적이 없다. 협업을 하는 경우라면 더더욱 그러하다.

한 줄 주석을 자동으로 만들어네는 《 Cmd + / 》

여러 라인에 걸쳐 직접 작성할 때는 /* ... */ 사용

JavaDoc 문서를 위한 주석은 /**를 누르고 엔터를 누르면, 자동으로 * 와 **/를 구성해준다.

프로젝트를 진행하게 되면 코드에 대한 설명을 하는 주석 이외에도 문서화나 API, 테스트, 어노테이션과 같이 여러 주석 작성이 필요하거나 활용된다. 이때, 문서의 성격이 더해지며, 반복적으로 나타나는 패턴의 주석이 나타나기 시작한다. 필수적으로 작성해야 하는 주석인데 패턴이 있다면 2 라운드에서 살펴본 Live Template 기능을 자동으로 메소드나 클래스 선언부에 주석을 입력하는 기능으로 활용해보자.

라이브 템플릿을 부르는 단축키 《 Ctrl + J :: Cmd + J 》를 누르면, 라이브템플릿으로 입력 가능한 축약어 목록이 나온다.

라이브 템플릿으로 주석을 위한 템플릿을 만들어보자. 액션 검색에서 Live Templates를 검색하여 들어간다. 날짜, 패키지명, 클래스명, 작성자 이름과 같은 매번 사용되는 패턴의 값을 자동으로 입력한다.

필요한 곳에서 《 Ctrl + J :: Cmd + J 》를 누르고 지정한 키워드를 찾은 후, 《 Tab 》 (Choose Lookup Item Replace)키를 통해 템플릿을 자동으로 적용하거나, 지정한 키워드를 입력한 후, 《 Tab 》을 누르면 자동으로 반영된다. 2라운드에서 설명한 라이브템플릿과 사실 대동소이한 설명이다. 그러나 주석 작업에 필요한 입력 시간을 최소한으로 줄이고 주석의 내용에 더 많은 노력을 담도록 하자는 의미에서 재차 설명하였다. 주석이 중요하다는 점은 몇 번 이야기해도 부족하지 않다.

그런데 잠깐, 매번 반복되는 주석을 달아야 한다면 파일을 만들 때 미리 생성하면 어떨까하는 생각이 든다.

File And Code Template

"파일을 생성할 때, 미리 템플릿을 만들어 놓는다. "

가장 먼저 할 일은 인텔리제이에 해당 기능이 있는지 찾는다.

액션 검색을 통해 'File Template" 혹은 'Code Template'를 찾아본다.

> 액션 검색에서 파일 템플릿

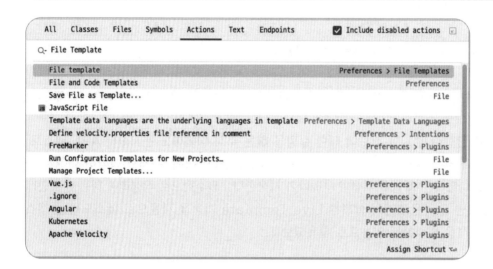

운이 좋게도 해당 기능이 존재한다. File Template 라고 적었으나, 해당 키워드 뿐 아니라 전체 기능 이름도 함께 표현해준다. 파일 템플릿을 눌러도, 파일&코드 템플릿을 눌러도 해당 기능으로 연결해준다.

File and Code Templates 로 커서를 옮긴 후, 선택하여 Preferences 설정 화면을 열어본다.

< 반드시 알아야 할 기능 >

> File and Code Templates 설정 화면

' + ' 버튼을 누르고, 제목을 적고, 파일 형식 키워드 (java, xml, yaml, ...) 를 적고 본문을 적는다. 필요한 변수는 {$ .. } 안에 적는다. 사전에 정의된 변수는 편집 화면의 Description 칸의 내용을 확인하자.

> 사용자가 직접 지정한 변수를 사용하는 방법

289

사전에 정의된 변수 목록

변수	설명
${PACKAGE_NAME}	Name of the package in which a new file is created
${USER}	System login name of the current user
${DATE}	Current system date
${TIME}	Current system time
${YEAR}	Current year
${MONTH}	Current month
${MONTH_NAME_SHORT}	First 3 letters of the current month name
${MONTH_NAME_FULL}	Full name of the current month
${DAY}	Current day of the month
${DAY_NAME_SHORT}	First 3 letters of the current day name
${DAY_NAME_FULL}	Full name of the current day
${HOUR}	Current hour
${MINUTE}	Current minute
${PROJECT_NAME}	Name of the current project

파일의 생성시 적용되는 템플릿을 샘플로 설명하였으나, File, Included, Code, Other 탭을 모두 살펴보자. 자동으로 무언가 지원해주는 방법을 자유롭게 컨트롤 할 수 있게 능숙해지면 많은 도움이 될 것이라 생각한다.

< 반드시 알아야 할 기능 >

인레이 힌트 Inlay Hints

어쩌면 인텔리제이를 가장 인텔리하게 보여주는 숨은 기능이 아닐까 생각한다. 기능의 이름은 Inlay Hints이다. 설정하는 화면에 진입하여 해당 기능이 무엇을 의미하며, 설정 항목은 무엇인지 살펴보자. 참고로 inlay는 무늬를 새겨넣는다는 의미의 단어이다. 한국어 언어팩에서도 음차하여 '인레이 힌트'라 적혀있다. (이렇다면, 언어 팩을 굳이 설치하지 말라는 이유 중 하나다.)

>  Inlay Hints 설정 화면

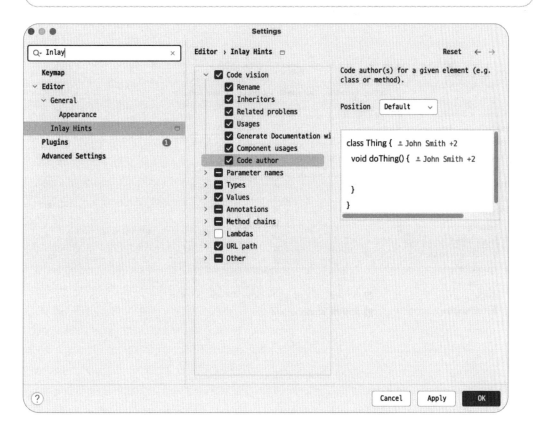

대부분 기본 값으로 체크 표시가 되어있다. 오히려 빠져 있으면, 체크하고 싶을 것이다. 인텔리제이가 소스코드를 지원하며 보여주는 여러 정보를 이 곳에서 설정할 수 있다. 선택할 수 있는 옵션 목록을 살펴보다보면 몰랐던 항목도 알게 되는 기회가 될 수 있으니 모두 살펴보자.

컴파일러와 어노테이션 설정

컴파일러 바꾸기

컴파일러의 버전을 바꾸는 일은 의외로 자주 일어난다. 특히 프레임워크에서 더 이상 이전 버전의 컴파일러를 지원하지 않거나, 특정 라이브러리가 오래되어 이전 버전에서 작동하거나 할 때, 혹은 호환 여부를 판단하기 위해 컴파일러 버전을 바꿔 볼 수 있다. 설정 창에서 Compiler 를 찾아 옵션을 살펴보자.

> 작업 중에 자바 컴파일러 바꾸기

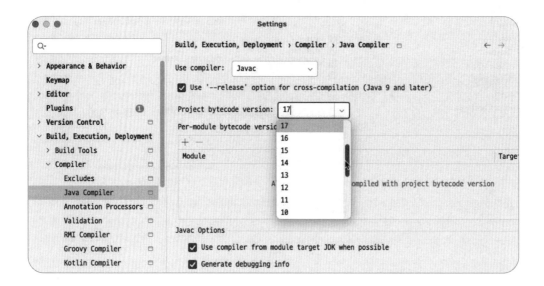

어노테이션 활성

프로그래밍 언어에서 지원하는 어노테이션, 프레임워크가 지원하는 어노테이션, 직접 작성한 어노테이션과 같이 다양한 어노테이션을 동작시키거나, 어노테이션을 통해 코드를 자동 생성해주는 Lombok 라이브러리를 사용하기 위해 활성화 해줘야 하는 옵션이 있다.

< 반드시 알아야 할 기능 >

> 어노테이션 활성화

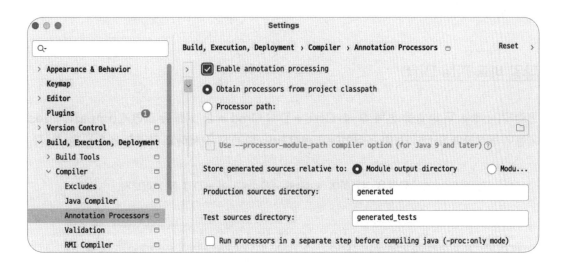

어노테이션을 사용하지 않는 프로젝트를 찾는 것이 더 어려울만큼 많이 사용되는 기능인만큼 기본적으로 활성화 상태를 유지하자.

늘 그렇듯 프로젝트가 세팅되면 액션검색을 통해 제일 먼저 어노테이션을 활성화 하는 습관을 들이자.

> Enable + 기능 명 , 어노테이션 활성화 찾기

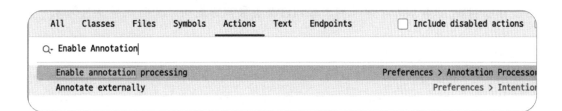

Tip : 액션 검색에서 Enable + 기능 명은 필요한 기능을 빠르게 찾아 동작시킬 수 있다. enable 만 입력해도 나오는 많은 항목들로 모르던 기능도 찾을 수 있게 되리라 기대한다.

편집 기능 고급

파일 비교 File Diff

편집 기능에서 두 파일을 선택 후 《 Ctrl + D :: Cmd + D 》를 누르면 Compare Files 기능이 동작하며 Diff 기능이 동작한다고 설명한바 있다. 더 자세하고 다양한 옵션을 만나보자.

> 프로젝트 뷰에서 파일을 선택하여 《 Ctrl + D :: Cmd + D 》를 눌러보자.

두 파일은 물론, 세 파일까지 비교 기능을 동작시킬 수 있다. 프로파일 설정을 위한 파일이나, 환경 설정 파일, 쿼리 비교와 같이 텍스트 기반의 설정 파일을 비교할 때 매우 유용하다.

파일 변경 비교 VCS Diff

VCS를 설명 할 때, Local History를 살펴볼 때, 각 시점별로 《 Ctrl + D :: Cmd + D 》를 통해 Diff 기능을 호출하여 비교할 수 있다고 설명한바 있다.

Git에 익숙해지고 브랜치를 활용할 수 있게 되었다면, 이제 서로 다른 브랜치와 비교하거나, 커밋 히스토리에 저장된 리비전과 비교해볼 수 있다.

< 반드시 알아야 할 기능 >

> Git 에서 브랜치 또는 리비전 비교

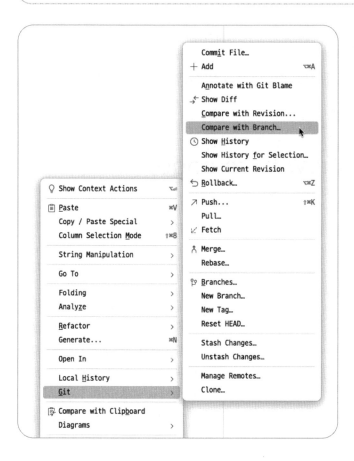

> VCS (Git) 동작중인 프로젝트에서는 라인 단위로 변경 이력과 작성자를 표시할 수 있다.

다른 파일이나 이전 파일이 아닌 파일 자체의 변경 이력을 라인 단위로 보고 싶다면 파일이 열린 에디터 창의 좌측 여백에 마우스 오른쪽 클릭을 한 후, Annotate with Git Blame 옵션을 체크하여 활성화 해보자. 해당 파일의 변경 이력과 누가 작성했는지를 보여준다. 협업시 이전 작업자를 찾아 문의하기에 아주 빠르고 유용한 기능이다.

295

클립보드 비교 Clipboard Diff

코드 조각을 복사해 클립보드에 저장되어 있을 때, 현재 작업중인 코드와 비교해보고 싶을 때가 있다. 수정 중인 코드에서 우측 버튼을 누르면 Compare With Clipboard 메뉴가 나온다. 해당 기능을 호출하면 메모리에 저장된 클립 보드와 현재 작업중인 코드와 비교한다. 기능과 화면은 Diff 기능과 동일하다.

바이트 코드 보기 Show byte code

> 바이트 코드 보기 예시

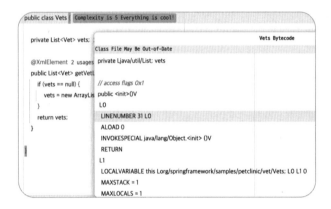

별도의 단축키가 할당되지 않았지만, 개발자의 호기심을 자극할만한 기능이다. 현재 작업 중인 파일의 바이트 코드를 보고 싶을 수 있겠다. Menu 에서 View - Show Bytecode 혹은 액션검색 《 Ctrl + Shift + A :: Cmd + Shift + A 》를 누르고 Show byte code를 검색하면 선택한 파일의 바이트 코드를 보여준다.

> Tip : 또 언급한다. 이처럼 인텔리제이에서 있을 것 같은 기능을 찾을 때, Shift 를 두번 누르거나, 액션 검색 《 Ctrl + Shift + A :: Cmd + Shift + A 》를 눌러 검색해보는 습관을 들이자.

< 반드시 알아야 할 기능 >

북마크 Bookmark

프로젝트가 복잡해지고 규모가 커지면, 필요한 곳에 북마크를 기록하고 필요한 곳으로 빠르게 이동하기를 원하게 된다. 단축키가 매우 잘 구성되어 있어 클래스를 찾아가고, 메소드 단위로 뛰어 다닐 수 있어도 사용자가 직접 작성하여 의도한 곳을 넘나드는 것에 비할바 못된다.

북마크 지정

북마크에는 두 가지 종류가 있다.

> 리본모양 익명 북마크와 기호 표시 북마크

```
@XmlRootElement 5 usages
public class Vets {  Complexity is 5 Everything is cool!


    private List<Vet> vets;  3 usages


    @XmlElement 2 usages
 A  public List<Vet> getVetList() {  Complexity is 4 Everything is cool!
        if (vets == null) {
            vets = new ArrayList<>();
        }
        return vets;
    }
```

이름표가 따로 없는 익명 북마크 Anonymous Bookmark	등록 《 F11 :: F3 》
기호에 할당하여 이름표를 할당하는 기호(니모닉) Mnemonic Bookmark	등록 《 Ctrl + F11 :: Opt + F3 》

익명 북마크 등록 F3 시, 리본 모양의 아이콘이 에디터 좌측 여백에 표시된다. 이름표가 할당된 기호 니모닉 단축키는 《 Ctrl + F11 :: Opt + F3 》이다.

> 기호 북마크 등록, 해당 위치에 할당 된 기호가 에디터 좌측 여백

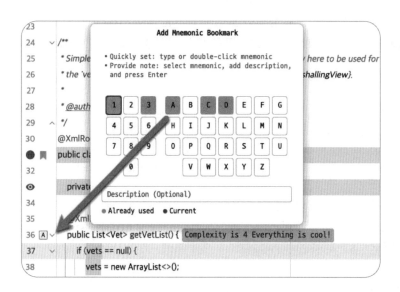

현재 위치를 기호에 할당하기 위해 해당 기호위치에서 더블클릭을 하거나, 해당 키호의 키를 입력하면 할당된다. 해당 기호에 할당된 북마크에 대해 별도의 설명 텍스트를 남기고 싶다면, 해당 키의 위치에 마우스를 우측 클릭으로 선택한 후 Rename Bookmark를 선택하고 입력한다.

북마크 목록과 이동

북마크는 기호 북마크를 볼 수 있는 Bookmarks 《 Shift + F11 :: Cmd + F3 》과 북마크 목록 전체를 살펴볼 수 있는 북마크 도구 창《 Alt + 2 :: Cmd + 2 》를 통해 확인한다.

Tip : 특정 파일의 라인에 표시를 하고 지정하는 북마크 기능과 사실상 동일한 기능으로 Breakpoint가 있다. 붉은 점으로 표시한다는 점만 다를 뿐인데, 북마크 목록 《 Alt + 2 :: Cmd + 2 》을 보면 하단에 브레이크 포인트 목록을 함께 보여준다. 문제가 생기거나 의심되는 부분에 브레이크포인트를 지정했다면 살펴보는데 도움이 된다.

< 반드시 알아야 할 기능 >

> 북마크 목록 《 Shift + F11 :: Cmd + F3 》

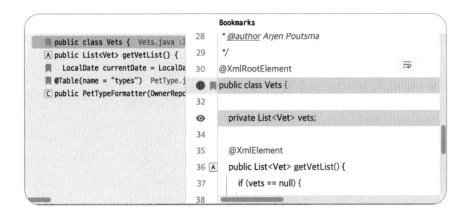

기호가 부여된 라인 단위의 북마크 목록으로 좌측에 보이는 부여된 키로 바로 이동이 가능하다.
또는 커서를 통해 이동 후 Enter 키를 눌러도 된다. 지정할 때는 《 Ctrl + F11 :: Opt +
F3 》, 이동할 때는 《 Shift + F11 :: Cmd + F3 》을 기억하자.

> 북마크 도구창 목록 Cmd + 2

북마크 목록 보기 도구창은 단축키 《 Alt + 2 :: Cmd + 2 》로 열 수 있다. 방향키 커서를
움직이거나, 해당 위치를 클릭하면 바로 에디터 창에서 이동된다. 익명, 기호 북마크는 물론
브레이크포인트 지정 목록도 함께 확인할 수 있다.

파일, 탭 북마크

코드 라인 단위가 아닌, 파일이나, 패키지 혹은 작업 중인 탭 목록에 북마크를 할 수 있다.
단축키는 동일하다.

> 현재 파일이나 패키지에 북마크를 등록하면 북마크 목록에 표시된다.

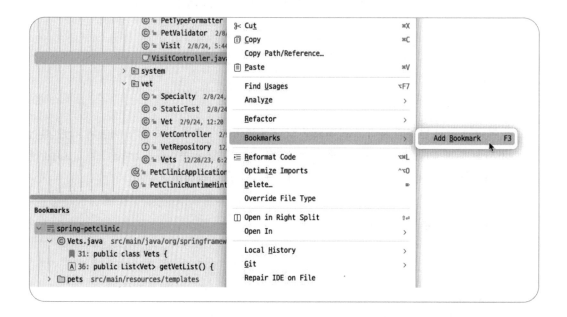

현재 작업중인 패키지 혹은 파일에 북마크를 하는 방법으로는 프로젝트 목록 뷰 《 Alt + 1
:: Cmd + 1 》을 통해 북마크할 대상 파일이나 패키지를 선택 후, 북마크 단축키를 누른다.

라인 단위의 북마크와 동일하게 익명은 《 F11 :: F3 》, 기호(니모닉) 북마크는 《 Ctrl +
11 :: Opt + F3 》으로 동일하다. 메뉴에는 등장하지 않지만, 기호 (니모닉) 단축키도 정상
작동함을 확인하였다.

> Tip : 아쉬운 점은, 파일이나 패키지에 할당되는 기호(니모닉) 북마크는 기호 북마크
> 바로가기인 Bookmarks (《 Shift + F11 :: Cmd + F3 》) 화면에는 나타나지
> 않는다는 점이다. 북마크 목록 도구창(《 Alt + 2 :: Cmd + 2 》) 목록에서만 커서를
> 통해 이동이 가능하다. 북마크 목록 도구창에서는 키 입력이 항목 검색으로 작동되며,
> 기호 북마크 바로가로 동작하지 않는다. 추측컨데, 북마크 화면에 프로젝트 파일의 트리
> 구조까지 담아내기 힘들어서가 아니었을까 생각한다. 그래서 등록 단축키로는 작동하지만,
> 기호 북마크 등록(《 Ctrl + 11 :: Opt + F3 》)은 메뉴에서 빼 놓은 듯 하다.

< 반드시 알아야 할 기능 >

TODO Pattern Comments

TODO Patterns

목수가 목재에 선을 긋는 것처럼, 프로그래머는 코드를 작성하다 필요한 곳에 TODO Comments(투두 주석)를 적어 놓는다. 보통, Todo Patterns 방식으로 약속된 방식으로 기록을 하는데, 해야 할 일의 대상 소스에 메모를 적는다거나 급히 수정해야 하는 부분의 위치를 기록하는 방법으로 쓰인다.

> 투두 예시

```
owner.addPet(pet);

// TODO:: add the pet to the owner
if (result.hasErrors()) {
    model.put("pet", pet);
    return VIEWS_PETS_CREATE_OR_UPDATE_FORM;
}
```

코드에 영향을 주지 않도록 주석에서 작성하며, 주석 안에서 키워드를 입력하여 메시지를 남기는 방식이다. 거의 모든 IDE에서 자동으로 인식하고 표시를 지원하는 대표적인 패턴은 TODO, FIXME이며, 프로그래밍 언어를 사용하는 커뮤니티, 혹은 조직 내의 약속 혹은 사용하는 IDE 에서 지정한 특정 패턴이 있다면, 미루지 말고 적극 활용하도록 하자.

특히, 이슈 트래커나 작업 관리 툴 (예, Jira)를 사용하는 경우, 해당 이슈 번호를 코드에 적는다면 쉽게 링크 또는 참조를 이용할 수 있게 된다.

예시
// TODO : 해결해야 할 일은 많다. #12345

TODO Patterns 등록

TODO Patterns를 직접 등록하여 사용할 수 있다. 조직이나 단체에 속해 있다면, 기존의 TODO Patterns을 확인하여 동일하게 작성하는 것을 추천하다. 액션 검색으로 TODO 를 검색하여 설정 화면에 진입한다.

> 투두 패턴 등록

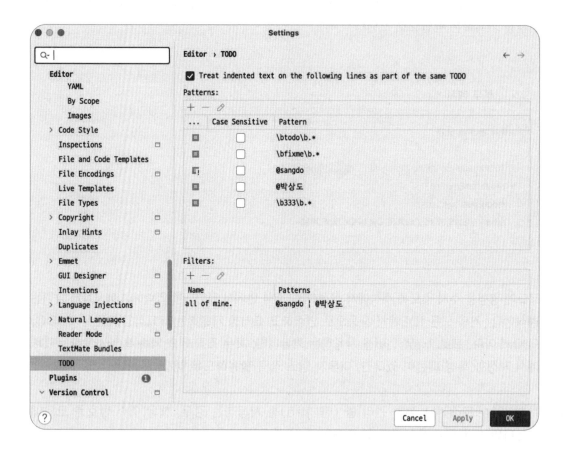

' + ' 버튼을 누르고 입력하여 등록한다. Patterns 에 기 등록된 내용을 보면, 쉽게 등록할 수 있다. 주석에서 해당 사항을 만나면 TODO로 판단하여 IDE에서 해당 라인의 폰트 굵기, 색상을 별도로 적용하여 표시한다. 사용자가 지정한 Theme에 따라 다르겠지만, 주석 내에 특이 케이스 구문이기에 바로 구분 가능하다. 임의의 폰트 설정을 할 수 있지만, 가능한 기본값을 권한다.

> Tip : 인텔리제이 설정에 TODO 부분에서 필터 항목을 추가할 수 있다. 필터의 이름을 입력하면 TODO 목록에서 해당 이름으로 필터링을 적용시킬 수 있으며, 여러 항목을 선택하면 OR 로 작용한다.

< 반드시 알아야 할 기능 >

> 등록 후 주석에서 해당 패턴을 입력하면 바로 표시 된다.

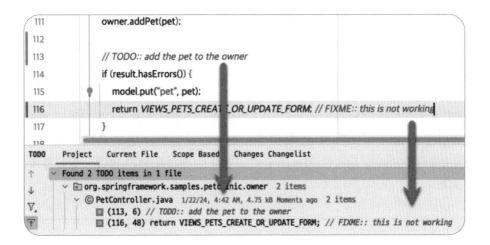

TODO 도구창에 TODO Patterns의 위치와 텍스트 내용이 표시되므로 패턴 유형별로 적절한 조치나 작업을 진행하면 된다. TODO 목록에서는 프로젝트 전체, 현재 파일, 스코프 기반, 변경 내역 기반으로 목록 표시를 탭을 통해 선택할 수 있다.

투두 필터 Todo Filter

프로젝트가 커지거나, 조직의 구성원이 많아지면, TODO 가 많아지기 마련인데, TODO 입력 패턴을 이용하여, TODO 목록에 필터를 사용할 수 있다.

> 투두 필터 사용

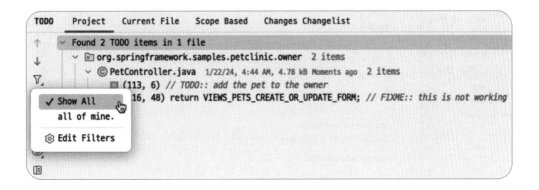

TODO 패턴을 사용하다보면 특정 TODO 패턴만을 취하여 보고 싶을 때가 있는데, 그때는 필터를 이용하자. 이전 페이지에서 본 TODO 설정 화면에서 하단에 Filters 항목이 있다. '+' 버튼을 누르고 살펴볼 패턴 항목만을 선택한 후, 이름을 적으면, 추후 선택하면 필터에 적용해두면, 자신에게 할당된 TODO만을 보거나, 특정 키워드가 포함된 TODO를 볼 수 있다.

Light Edit mode

라이트모드

혹시 인텔리제이에 익숙해져 인텔리제이 편집기의 활용이 편안해졌다면, 단일 파일을 열어 수정하거나, 간단한 작업이 필요한 경우, 프로젝트 전체를 오픈하지 말고 라이트 모드를 사용해보자. 익숙해진 단축키와 다양한 기능을 굳이 프로젝트 전체를 열지 않아도 활용할 수 있는 방법이 있다.

Mac OS	idea -e myfile.txt
Windows	idea.bat -e myfile.txt
Linux	videa.bat -e filename.txt

Tip : 인텔리제이 실행 파일위치(/bin)를 System PATH에 등록하면 모든 경로에서 가능하다.

> 라이트 모드 실행 화면

< 반드시 알아야 할 기능 >

> 편집 중 상태바에서 모드를 변경하면 프로젝트 윈도우가 열린다.

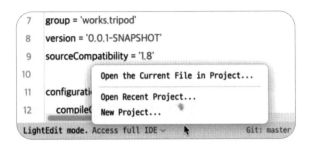

AI 도움 받기

최근 AI(Artificial Intelligence)이 발달하면서 젯브레인에서도 AI Assistant 기술을 도입하였다. LLM(Large language model) 기반의 서비스를 바탕으로 플러그인 형태로 기능을 제공하는 자체 기능과 Github에서 제공하는 copilot을 살펴본다. AI 도입으로 코드 작성에 얼마나 도움이 되는지 살펴보고 직접 경험해본다.

젯브레인 어시스턴트 AI Assistant

인텔리제이를 만드는 젯브레인에서 제공하는 AI 기능이며, 소프트웨어 개발에 필요한 기능을 수행한다. 코드를 설명하고, 필요한 문서를 생성하거나, 메시지를 커밋하는 작업을 수행한다. AI Assistant는 23년 베타 버전을 거쳐, 24.1 버전부터 정식 번들 플러그인 형태로 제공되지만, 별도의 젯브레인 라이선스가 필요하다. 사용에 앞서 설정에서 플러그인 설치 메뉴를 통해 'AI Assistant' 플러그인을 설치하자.

라이선스

> AI 약관 동의 후, 동작 화면

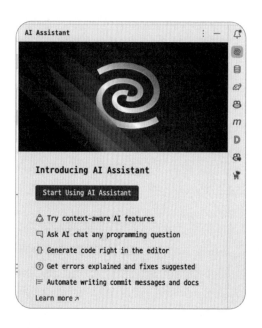

AI Assistant는 JetBrain AI 서비스를 통해 제공되기에 별도의 라이선스가 필요하다. 따라서 자동으로 인텔리제이에서 활성화되지 않는다. 현재 정상 유료 구독 상태인 Ultimate License가 있다면, JetBrain AI Service 웹사이트에서 라이선스를 얻을 수 있다. 플랜 페이지를 통해 살펴보면, 무료로 사용할 수 있는 단기 무료 평가판이 있으나, 본래는 구독 라이선스다. 살펴보니 개인인 경우 월 구독으로 약 8$, 조직 구성원의 경우 약 16$ 수준으로 책정되어 있다. 인텔리제이 유료 라이선스에 한해, 단기 트라이얼을 주던 베타 기간을 지나, 정식 서비스로 출시되었다.

< AI 도움 받기 >

> 플러그인이 설치되어 있으나, 라이선스가 활성화되지 않은 상태

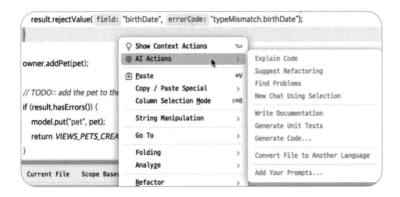

> 라이선스 활성화

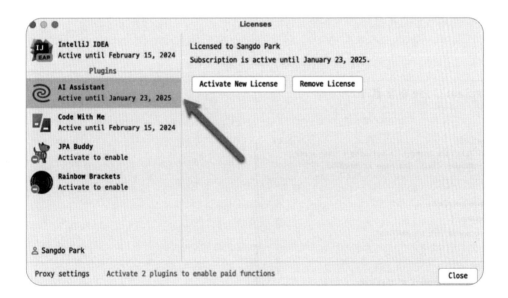

코드 설명 Explain Code

설명이 필요한 코드 영역을 선택하고 Quick Fix(《 Alt + Enter :: Opt + Enter 》)를 눌러 AI Actions > Explain Code를 선택하면, 해당 영역에 대한 설명 대화창이 나타난다.

> Explain Code 실행 요청

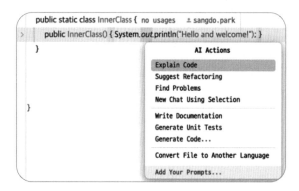

> Explain Code 실행 결과

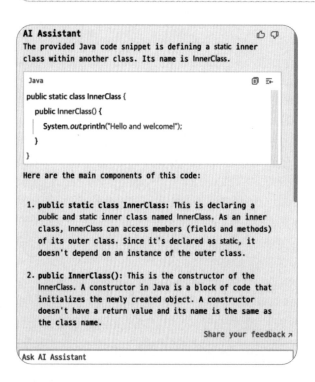

< AI 도움 받기 >

> 젯브레인 AI 한국어 문답

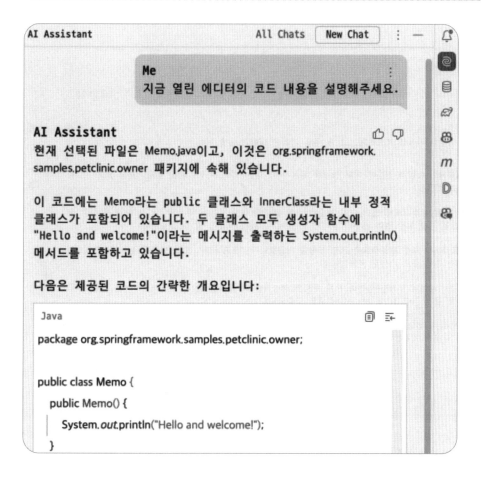

단축키로 요청하면 기본 설정인 영어로 설명을 한다. 영어로 설명하는 것이 더 직관적이긴 하지만, 호기심에 한국어로 물어보면 한국어로 설명을 한다.

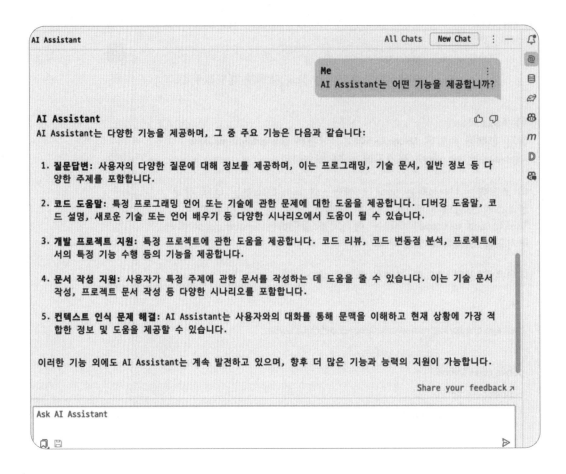

이용 중 놀라운 사실은 Github Copilot의 예제를 작성하기 위해 주석으로 작성해 둔 '100 까지 세는 프로그램을 작성하시오.' 라는 구문을 스스로 번역하여, 다음과 같은 답변을 남겼다.

```
/* It looks like there's an instruction for implementing codes that counts
up to 100 using two language constructs - 'while' and 'do-while' loops,
however, the implementation itself is      missing */
```

주석조차 무시되지 않고 번역되어 수행될 수 있다는 점은 반가우면서도 조심스러운 부분이다.

< AI 도움 받기 >

리팩토링 제안 Suggest Refactoring

리팩토링이 필요한 코드 영역을 선택하고 Quick Fix ≪ Alt + Enter :: Opt + Enter ≫ 를 눌러 AI Actions > Suggest Refactoring를 선택하면, 해당 영역에 대한 리팩토링 제안 내용이 상세한 설명과 함께 AI Assistant창에 나타난다.

> 리팩토링 제안 내용

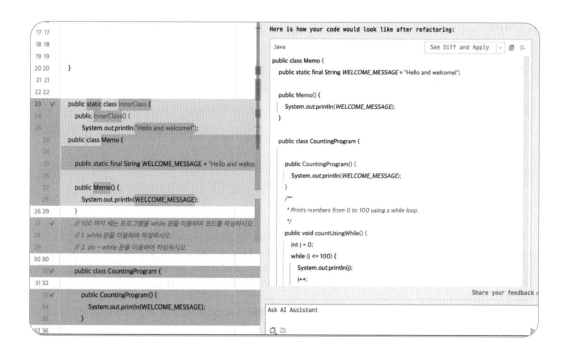

제안 내용은 See Diff And Apply를 통해 비교해보고 원한다면 Apply를 누른다. 코드 자체에 대한 아주 상세한 설명과 덧붙여 주석에 대한 내용까지 번역하여 실제 프로그램으로 만들어내는 것을 확인할 수 있다.

문제 찾기 Find Problem

문제가 의심되는 코드 영역을 선택하고 Quick Fix 《 Alt + Enter :: Opt + Enter 》를 눌러 AI Actions > Find Problem를 선택하면, 해당 영역에 대한 혹시 모를 잠재적인 문제를 찾아 설명한다.

> Find Problem 이 찾은 문제 예시

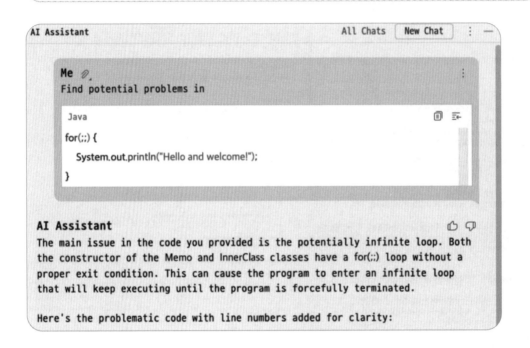

일부러 무한 루프에 빠질 수 있는 코드를 작성한 후, 해당 부분에서 문제점을 찾으라는 요청을 하자, 정확히 짚어냈다. 혹시 한국어로 설명이 가능한지 물었다. 내용이 길어 모두 담진 못했지만, 문제되는 코드와 문제의 원인, 대안이 모두 설명되었다.

< AI 도움 받기 >

> Find Problem 이 찾은 결과 한국어 문의

Recommendation: Introduce an exit condition for this loop based on your
program requirement. If meant to run indefinitely, ensure there's an external
way to stop the execution (like running this in a separate thread and
providing a stop mechanism).

Me
앞의 설명을 한국어로 설명해줘.

AI Assistant
제공하신 코드의 주요 문제는 무한 루프가 발생할 수 있다는 점입니다. Memo 클래스와
InnerClass 클래스의 생성자 모두 적절한 종료 조건 없이 for(;;) 루프를 사용하고 있습니
다. 이로 인해 프로그램이 무한 루프에 빠져서 프로그램이 강제로 종료되기 전까지 계속
실행하게 될 수 있습니다.

런타임 오류 설명 Explain runtime error

실행 중 오류가 발생하는 경우 오류가 표시되는 콘솔에, 인레이 힌트 형태로 Explain With
AI 기능이 나타난다. 해당 텍스트 링크를 누르면, AI Assistant 도구 창이 열리면서 해당
에러에 대한 설명과 대처 방안 혹은 코드를 보여준다.

> AI 가 설명하는 런타임 오류

```
/Users/ted/Library/Java/JavaVirtualMachines/corretto-20.0.1/Contents/Hon
Connected to the target VM, address: '127.0.0.1:57691', transport:
 'socket'
0
Exception in thread "main" java.lang
 .ArithmeticException Create breakpoint : / by
zero Explain with AI @
at org.springframework.samples.petclinic.PetClinicApplication.main
 (PetClinicApplication.java:42)
Disconnected from the target VM, address: '127.0.0.1:57691', transport:
 'socket'

Process finished with exit code 1
```

실제 코드를 작성하는 과정에서 수식에
나누기 0을 하는 개발자는 없으리라
생각하지만, 테스트를 위해 구동을 했다.
오류 부분에 정확히 AI가 관여하여
설명을 하겠다는 인레이 링크를 생성했다.
클릭하면 AI Assistant 도구 창에서
해당 부분의 코드와 문제 내용, 해결책이
설명된다.

오류를 수정한 내용이 적합하다고
생각되는 경우, 코드 삽입 아이콘을
클릭하면 AI가 자동으로 생성한 코드를 에디터의 해당 영역에 자동으로 삽입한다.

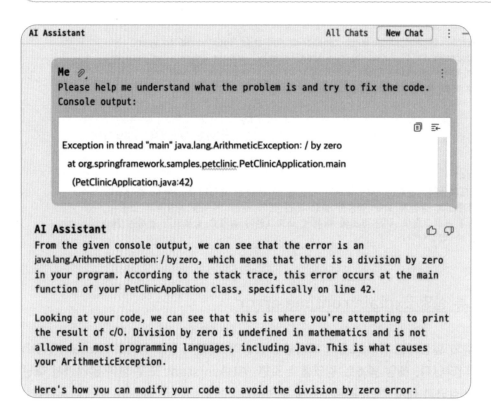

< AI 도움 받기 >

단위 테스트 자동생성 Generate Unit Test

테스트 코드가 필요한 코드 영역을 선택하고 Quick Fix 《 Alt + Enter :: Opt + Enter 》를 눌러 AI Actions > Generate Unit Tests를 선택하면 별도의 분리된 윈도우에 자동으로 생성된 테스트 코드를 보여준다.이때 Diff 기능으로 보여주며, 사용자는 테스트 코드를 향상 시키기 위해 추가적인 요구사항을 부여《 Enter 》를 하며 더 향상된 생성 코드를 요청할 수 있다.

> 테스트 코드 자동 생성 과정

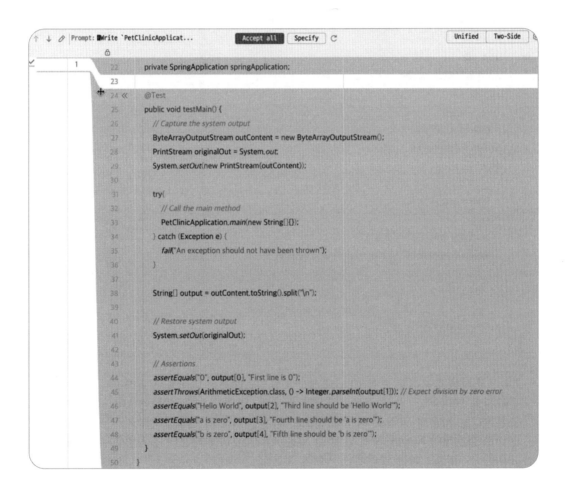

언제든 Regenerate를 통해 새롭게 작성하거나, Accept all 버튼을 통해 생성된 테스트 코드를 저장한다. 테스트 코드가 작성되는 과정이 시각적으로 실시간으로 보여지기에 마치 누군가 옆에서 함께 작업하고 있는 착각마저 든다. 작성된 코드의 주석을 한국어로 작성해 달라는 요청도 가볍게 해결한다.

> 테스트 코드 자동 생성 주석을 한국어로 요청

```java
Java                                                    📋 ☰

@SpringBootApplication
@ImportRuntimeHints(PetClinicRuntimeHints.class)
public class PetClinicApplication {

    public static void main(String[] args) {
        // 숫자 리스트 생성
        List<Integer> list = List.of(1, 2, 3, 4, 5);
        int a = 0;
        int b = 0;
        // a와 b의 합계를 c에 할당
        int c = a + b;

        // 콘솔에 c의 값을 출력
        System.out.println(c);
        if(c != 0) {
            // c가 0이 아닌 경우 c를 0으로 나눈 값을 출력
            System.out.println(c/0);
        } else {
            // c가 0인 경우 경고 메시지 출력
            System.out.println("Cannot perform division by zero!");
        }

        // "Hello World" 문자열을 인자로 하는 printHelloWorld 함수 호출
        printHelloWorld( Hello_World: "Hello World");
```

AI Assistant
테스트 코드에 한국어 주석을 추가하겠습니다:

Tip : 주석을 한국어로 요청하니, 국제적인 개발팀에서는 영어를 사용하라는 주의사항 안내문을 보여준다. 사실 주석이든 코드든, 메뉴얼이든 영어로 작성해야 국제적으로 소통된다는 사실과 영어로 된 레퍼런스의 엄청난 규모의 혜택을 잘 알고 있다. 다만, 영어로 질문해야 더 정확하게 답할 수 있는 AI 엔진 효율 때문에 뜬금없이 주의사항을 보여준 것 아닌가 하는 합리적인 의심을 해본다.

< AI 도움 받기 >

다른 프로그래밍 언어로 변환 Convert File To Another Language

> Convert File To Another Language 기능의 호출

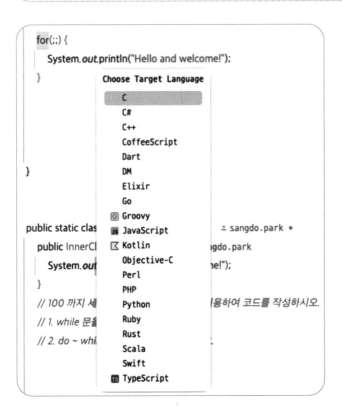

사용자에게 익숙한 언어로 코드를 작성한 후, Convert File To Another Language 기능을 이용하면 다른 주요 프로그래밍 언어로 파일을 변경할 수 있다. 이제 막 출시된 기능이라 많은 검증은 할 수 없었으나 백엔드에 익숙한 개발자가 모바일 앱 프로그래밍에 적합한 Dart 또는 Kotlin 언어로 코드를 변경할 수 있다는 점은 관련된 학습이나 실무에 도움이 되지 않을까 기대해본다. 인텔리제이에서 동작하지만 젯브레인사에서 제공하는 다른 언어의 IDE나 응용 프로그램에서도 동작이 가능하기에 언어 제약이 사라지게 되리라 기대해본다.

깃허브 코파일럿 Github copilot

Github copilot은 Open AI의 기술을 활용하여, 사용자가 주석 혹은 함수명으로 코드를 작성하고자 하면, 인공지능이 마치 협업을 하듯 실시간으로 자동으로 생성 또는 도움을 주는 기술이다. 마치 지능이 매우 높은 자동완성 기능이 작동하는 느낌이다. 실제 사용하다보면 타이핑의 횟수가 획기적으로 줄어든다. 사용하기 위해서는 GitHub Copilot Extension을 설치해야 하며, 무료 기간이 지나면 구독료를 납부해야 한다.

데이터기반 코드 자동 완성 Github copilot

깃허브에 올라온 수 많은 코드를 인공지능이 분석하여 학습한 데이터를 기반으로 Github Copilot은 사용자의 의도를 파악하고 필요한 코드를 거의 실시간으로 제안하고 확정지으라 한다. 대부분 스택오버플로우나 깃허브에 공개된 코드를 기반으로 작동하기 때문에, 자칫 프로그래머가 코파일럿에서 제공하는 코드를 오인하거나 잘못된 코드를 해석하지 못한다면 사고가 발생하거나 도움이 되지 않을 수 있다. 자동으로 만들어주지만, 확인은 사용자의 몫이다.

주석으로 코드 자동 완성

주석을 적으면 해당 주석대로 코드가 작성되는 기능은 어느덧 놀라움의 단계에서 벗어나 일상이 되어 버린 듯 하다. 이제 AI에게 원하는 결과를 얻기 위해 질문(여기서는 주석)을 더 효율적으로 만드는 일이 중요해지는 시기가 온 듯 하다.

> Github 코파일럿 동작 화면

```
// write the code for the 2nd question here
// 1부터 100까지의 합을 구하는 프로그램을 작성하시오.
int sum = 0;
int k = 1;
    while (k <= 100) {
    sum += k;
    k++;
}
```

특수한 케이스의 업무 비즈니스 요구사항을 100% 자동으로 만들어 낼 수 없지만 코드를 해석 및 작성할 수 있는 능력만 있다면 아주 빠른 속도로 개발이 가능하다.

< AI 도움 받기 >

인텔리제이 자체 기능이 아니었기에 깃허브 코파일럿을 사용하기 위해서는 자체 단축키를
지정해야 하는데, 기본으로 지정된 단축키가 몇 개 되지 않기 때문에 Keymap에서 'copilot'
을 검색하여 단축키를 지정해야 한다. 유료로 제공받는 서비스인만큼 살펴보고 놓치는 서비스가
없도록 하자.

> Github 코파일럿 로그인 화면

> 마우스 우측 버튼으로 호출한 깃헙 코파일럿 기능

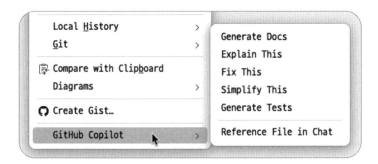

인텔리제이 AI와 견주어 지지 않을만큼, 문서를 생성하는 기능과 설명 요청, 수정 기능과 최적화 기능, 테스트 자동 생성 기능이 작동된다. 'Github Copilot Chat' 채팅 기능은 23년 1월 말 현재 아직 프라이빗 베타 기능으로 대기자 명단 등록페이지만 작동된다. 아마 곧 서비스가 정식 출시되리라 여겨진다.

Tip : Github Copilot을 사용중에, 코딩 테스트 문제 풀이를 진행하는데, 깃허브 코파일럿 기능이 동작하며 모든 문제를 너무나 쉽게 풀어버리는 이슈가 있었다. 시험준비중이라면 Copilot을 미리 꺼두자.

< 프로젝트 관리 >

프로젝트 관리

인텔리제이를 지인에게 소개하거나 유튜브에서 영상으로 소개한 후, 가장 많이 접한 질문이 프로젝트와 모듈의 관계에 대한 내용이었다. 아무래도 이클립스에서 사용하던 용어와 혼동되기 때문이고, 전혀 다른 범위에 동일한 용어가 사용되기 때문이기도 하다. 프로젝트의 구성과 모듈, 설정에 대해 자세히 알아본다.

프로젝트의 구성

글로벌 설정

글로벌 설정은 인텔리제이 자체를 뜻하며, 인텔리제이의 버전을 뜻한다. 인텔리제이의 버전이 바뀌면, 글로벌 상태가 변경되는 것이라 할 수 있겠다. 글로벌 설정에는 테마가 대표적이다. 인텔리제이의 색상, 에디터와 메뉴의 색상이나 폰트, 메뉴와 도구들이 포함된다.

또한 플러그인을 설치하는 경우 글로벌에 포함되는 것이며, 각 개별 프로젝트에 플러그인이 설치되는 것은 아니다. 디버깅 기능 및 코드 자동완성 기능도 글로벌 속성에 포함된다.

프로젝트 설정

프로젝트 설정은 인텔리제이에서 새 프로젝트 메뉴 기능을 통해 생성한 하나의 프로젝트에 적용되는 개념이다. 프로젝트 설정에는 대표적으로 VCS (Git), 코드 스타일, 언어별 코드 검사 목록이 포함된다.

모듈 설정

모듈은 모든 프로젝트에 최소 1개 이상 포함되는 필수 요소다. 하나의 프로젝트에 여러 모듈이 포함될 수 있고, 필요하지 않은 모듈은 언제든지 언로드 되기도 한다. 모듈은 컨텐츠 루트 (SRC)와 모듈 설정 부분으로 구성된다. 컨텐츠 루트는 흔히 프로젝트에 소스코드, 테스트코드, 리소스파일을 말하는 부분에 해당한다.

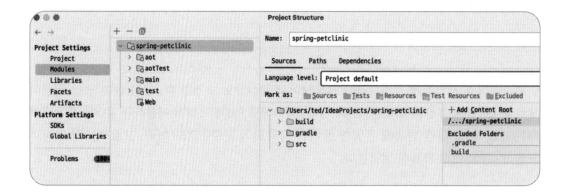

멀티 모듈을 이용하면 서로 다른 기술 또는 프레임워크를 하나의 애플리케이션으로 구동 시킬 수 있다. 또한 모든 모듈이 꼭 자바일 필요도 없다. 프론트엔드와 백엔드 기능을 구분하는 기능에도 사용될 수 있다.

인텔리제이 글로벌 설정과 프로젝트 설정 구분

지금까지 설명하면서 접근 편의상 인텔리제이 설정은 《 Ctrl + Alt + S :: Cmd + (,) 》이며, 프로젝트 설정은 《 Ctrl + Alt + Shift + S :: Cmd + (;) 》이라고 표현했으나, 정확히는 인텔리제이 글로벌 + 프로젝트 설정과 프로젝트 구조 설정이라는 용어가 더 합당하다. 인텔리제이 설정 창에는 글로벌 설정과 프로젝트 설정이 아이콘을 통해 구분되어 있다.

< 프로젝트 관리 >

> 글로벌 설정과 프로젝트 설정의 구분

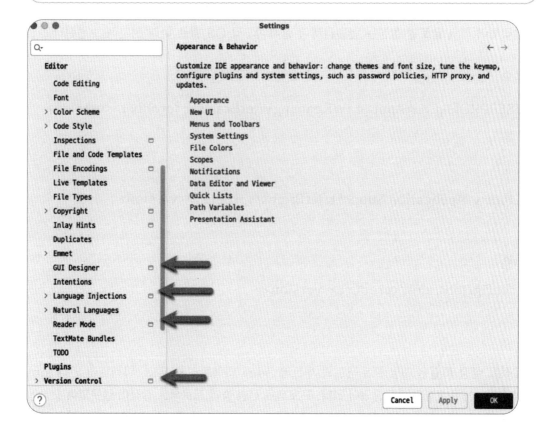

창 모양의 아이콘이 있으면 현재 오픈된 프로젝트에만 적용되는 프로젝트 설정이며, 아이콘이 없는 메뉴는 인텔리제이 자체의 글로벌 설정에 해당한다.

설정 파일의 위치

인텔리제이 전역 글로벌 설정은 인텔리제이 설치 후, 각 OS 별로 아래 위치에 보관된다.

윈도우

%USERPROFILE%₩AppData₩Roaming₩JetBrains₩<product><version>

맥

~/Library/Application Support/JetBrains/<product><version>

리눅스

~/.config/JetBrains/<product><version>

프로젝트 설정 파일은 해당 프로젝트의 루트에 .idea 디렉토리를 두고, 디렉토리 안에 xml 형식의 파일들로 구성되어 저장되어 있다. 프로젝트 진행 중에 프로젝트 설정이 잘못되어 오작동 하거나 라이브러리를 임시로 적용되지 않게 하거나, 리프레쉬가 안되는 문제가 발생하는 경우 직접 열어서 조치를 취할 수 있을만큼 구조와 명칭, 내용이 체계적이고 단순하게 되어 있다.

> .idea 폴더 내용

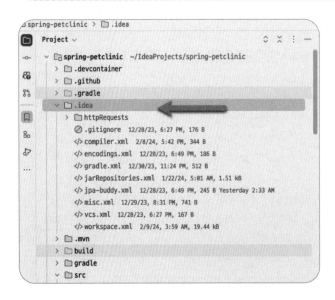

프로젝트 설정에 포함되는 컴파일러, 인코딩, 그레이들 (빌드툴), VCS 설정 값이 저장되어

< 프로젝트 관리 >

있다.

빌드 툴을 선택하지 않고 인텔리제이가 직접 관리하도록 Build System을 IntelliJ 옵션으로 선택하는 경우, 모듈의 설정 파일은 '모듈이름.iml'로 구성되며, 해당 모듈의 SDK 언어와 레벨, 모듈에 적용된 소스코드 경로, 라이브러리 설정, 프레임워크 설정이 포함된다.

> iml 위치 확인

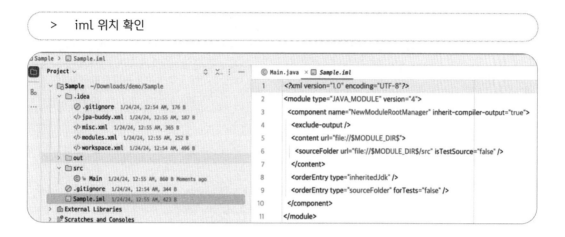

프로젝트 설정 공유 (로컬방식)

지금까지 인텔리제이를 사용하며 알게된 내용이나 적용한 설정을 저장하고 다음에 사용할 때 그대로 적용하고 싶다는 생각을 했다면 이번 내용과 일치한다. 설정을 외부에 저장해 두었다가, 다시 시작하거나 다른 환경에서 재차 적용시키는 과정을 살펴보자. 인텔리제이 메뉴에서 [File > Manage IDE Settings]를 살펴보자.

> 인텔리제이 설정 관리

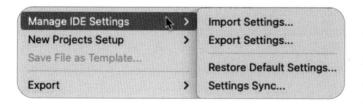

인텔리제이를 사용하면서 현재 사용하고 설정을 외부에 Export 시키는 방법은 메뉴에서 [File > Manage IDE Settings > Export Settings]를 선택하면 된다. 저장하고자 하는 설정을 체크하면 Zip 파일로 저장이 가능하다. 그리고 다시 환경 설정이필요한 경우 Import Settings을 선택하고 설정 내용이 저장된 'settings.zip' 파일을 선택한다.

프로젝트 설정 공유 (젯브레인 계정 연동 방식)

젯브레인 계정이 있는 경우, 인텔리제이 설정을 젯브레인 계정에 동기화 하는 방식으로 저장할 수 있다. 이 방식은 파일을 별도로 보관할 필요없이 오로지 온라인 상에서 로그인이 되어 있다면 얼마든지 저장해두고 불러올 수 있다는 장점이 있다.

메뉴에서 [File > Manage IDE Settings > Settings Sync]를 선택하면 최초에는 활성화되어 있지 않지만, 활성화 버튼을 누르면 어떤 항목들을 동기화 할 것인지 선택할 수 있는 팝업 메뉴가 나타난다.

> 인텔리제이 (젯브레인) 계정을 통한 동기화 설정

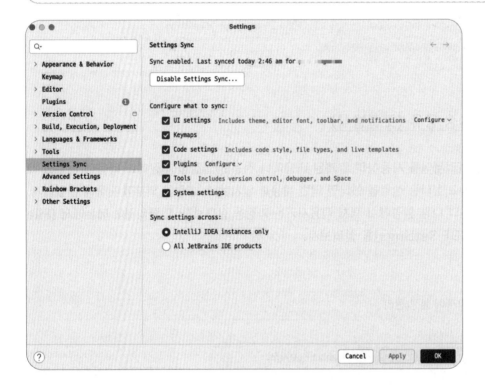

< 프로젝트 관리 >

> 우측 상단 설정 버튼을 누르고 동기화 상태를 확인

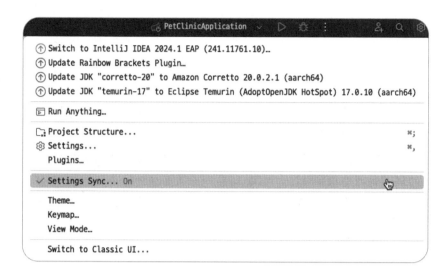

서버로 전송된 환경 설정은 사용자의 설정에 따라 계정이 로그인 된 젯브레인 제품군 또는 인텔리제이에서 로그인을 하면 자동으로 동기화가 된다. 인텔리제이에서는 우측 상단 설정 아이콘을 선택하면 설정 동기화의 동작을 선택할 수 있는 옵션이 나타난다.

IDE를 재설치하거나 시스템이 변경되어도 익숙한 설정이 바로 적용되는 것은 환경 설정에 많은 시간을 쏟아야 하는 일에서 벗어날 수 있도록 해준다. 특히 갑작스러운 원격 작업이나, 오피스와 홈오피스 사이에 동기화에 큰 도움이 된다.

단점으로는 개인 계정과 조직/회사 계정이 서로 다를 때는 별개의 계정이기에 상호간에는 작동되지 않는 점이다. 이때는 어쩔 수 없이 zip 파일로 export 받은 후, dropbox, windrive, google drive 같은 외부 서비스를 이용하여 파일을 통해 동기화 하는 방법을 이용하면 된다.

문제와 해결

인코딩

일반적으로 문자셋과 인코딩은 UTF-8를 사용하지만, 간혹 별도의 설정이 되어 있지 않아 한글 표시가 알아 볼 수 없는 형태로 나타나는 깨짐 현상이 나타나는 경우가 있다. 인코딩 설정은 생각보다 많은 곳에서 나타나는데, 문자의 집합을 나타내는 문자셋(Character Set)과 인코딩(Encoding)의 혼동에서 비롯되기도 하며, 다른 시스템과 정보를 주고 받을 때 상호 약속된 인코딩/디코딩 방식의 차이에서 발생하기도 한다. 인코딩 설정을 살펴보며, 문제가 발생했을 때 대처하는 방법을 차례로 알아본다.

인텔리제이 VM Option

인텔리제이 자체의 VM 옵션을 살펴보자. 메뉴 [Help > Edit Custom VM Option]을 누르면, 인텔리제이의 인코딩 설정을 입력할 수 있다. 이미 지정되어 있는 경우 수정하면 된다.

-Dfile.encoding=UTF-8
-Dconsole.encoding=UTF-8

이는 파일의 인코딩, 콘솔(터미널)의 인코딩을 UTF-8로 설정하겠다는 뜻이다. 직접 파일을 수정하는 경우에는 인텔리제이의 설치폴더의 / (Root)에 idea.vmoptions파일을 열어 수정하면 된다. 인텔리제이를 재시작하면 반영되며, 대부분의 문제는 여기서 해결되는 경우가 많다.

파일 인코딩

파일을 열거나 새로 작성할 때, 설정된 File Encoding 값을 이용하여 인코딩하게 되는데, 다른 에디터에서는 문제가 없는데, 인텔리제이의 편집 창에서 제대로 보이지 않는 경우가 있다.

< 프로젝트 관리 >

> 파일의 속성 중 첫번 째 속성이 인코딩이다. 그만큼 중요

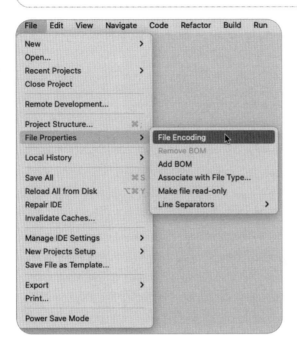

메뉴에서 파일 인코딩을 누르면 인코딩을 선택하는 선택창이 나온다. 파일을 열면 하단에 해당 파일의 속성을 보여주는데, 간단히 마우스로 클릭하여 변경 가능하다.

> 편집창에서 바로 변경

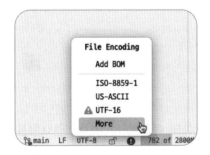

More를 누르면 모든 인코딩이 나오지만, 현 시점에는 UTF-8로 해결되는 경우가 많다. 파일을 열었을 때, 인코딩 문제로 정상적이지 않을 때 빠르게 확인하고 조치할 수 있다.

인코딩 기본값 설정

프로젝트 구성에는 글로벌, 프로젝트, 모듈, 파일 순이다. 해당 항목에 기본 인코딩 값을 할당하는 설정을 살펴보자.

> 환경 설정 File Encoding / Editor > File Encoding

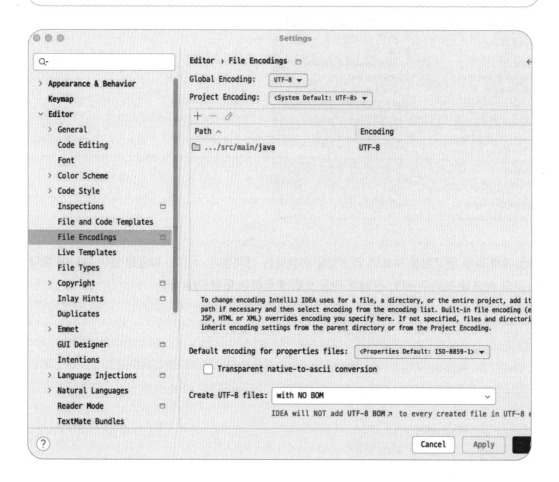

인텔리제이 기본 설정, 프로젝트 설정에 이어 특정 경로 이하의 파일에 자동으로 인코딩을 지정하는 기능이 있다. 다만, 파일 자체에 (built-in) 인코딩 설정값이 있어도 오버라이딩 되어 적용되는 것은 주의가 필요하다. 보통 HTML, XML, JSP 와 같이 통신으로 전송되는 파일의 경우, 파일 내부에 해당 파일의 인코딩 속성을 기입하게 되는 경우가 많아 주의가 필요하다. 파일 내부에 인코딩 값이 기입되지 않은 경우, 상위 경로에 지정된 인코딩을 상속되어 적용된다.

Default encoding for properties files은 UTF-8로 설정하자.

< 프로젝트 관리 >

Tip : 자바 1.8 까지 properties 파일에 기본 인코딩으로 사용되던 ISO-8859-1은 서부, 중부 및 북부 유럽의 일부 언어에만 적용가능한 인코딩이었다. 대안으로 native2ascii - Native-to-ASCII Converter 를 사용하여 선택된 인코딩의 이스케이프 문자로 처리하게 되는 옵션이 있다. 주로, 프로퍼티 파일에 유니코드로 된 한글 코드 또는 특수 문자가 있는 경우 적용한다. 불가피하게 이전 버전의 SDK를 사용하는 것이 아니라면, 우선 UTF-8로 설정한 후 사용하고, 문제가 생기는 경우에만 해당 옵션을 통해 해결하자.

서버 (톰캣) 인코딩

API 혹은 Web 서비스를 개발하여 송수신을 해보면, 간혹 인코딩 문제로 데이터가 깨져 보이거나, 로그 데이터가 확인할 수 없는 문자열로 나타나는 경우가 있다. 이때, 웹서버 혹은 웹서버를 내장한 애플리케이션이든 실행 환경 옵션 (Run/Debug Configurations)에서 VM Options를 설정하면 된다. 서버 애플리케이션을 예를 들었으나, 일반 애플리케이션도 동일하다.

실행/디버깅 환경 설정에서 VM Options 에 입력한다.

VM Options에 인코딩 설정인 -Dfile.encoding=UTF-8을 입력한다.

Tip : Run/Debug Configurations에서 VM Options 항목을 찾을 수 없는 경우, 우측에 Modify Options 항목을 클릭하면, Add Run Options 창을 열고, 필요한 입력칸 항목을 나타나게 할 수 있다. Add VM Options를 선택하면 입력칸이 나타난다.

> 실행 옵션에 항목 추가하기

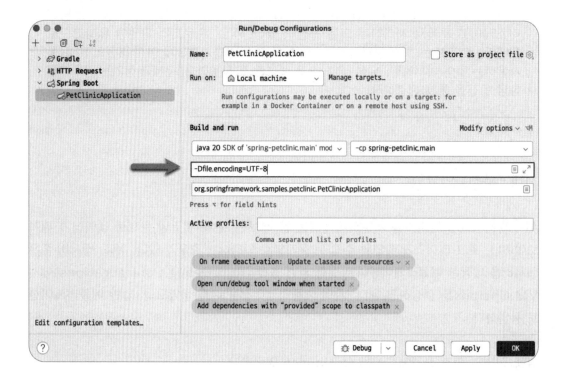

< 프로젝트 관리 >

터미널 인코딩

인텔리제이에서 터미널 창《 Alt + F12 :: Opt + F12 》을 열 때, 인코딩이 맞지 않는 경우 고급 옵션에서 설정을 바꿀 수 있다. 인텔리제이 [Settings > Advanced Settings]에서 Terminal character encoding을 UTF-8로 설정한다. 특별한 경우가 아니면 UTF-8 로 고정하는 것을 추천한다.

>   고급 옵션에서 터미널 인코딩

개행문자 (CRLF)

운영체제(OS)별로 서로 다른 개행문자(코드)로 인해, 대부분의 IDE는 CRLF (Carriage Return + Line Feed) 설정을 지원한다. 인텔리제이에서도 해당 기능을 지원한다. 캐리지리턴 (CR) 또는 라인피드(LF)라는 용어보다는 ₩r (리턴) ₩n (뉴라인) 또는 ₩r₩n 에 익숙할 수도 있다.

캐리지리턴과 라인피드는 컴퓨터보다 이전에 보급된 타자기에서 유래된 용어다. 문서의 라인 끝에서 타자 입력기에서 다음 라인으로 넘어가기 위해 헤드를 앞으로 당겨 리턴하고 새로운 라인으로 이동하는 과정을 말한다.

유닉스와 리눅스 : ₩n
예전 Mac : ₩r
현재 Mac : ₩n
윈도우 : ₩r₩n

CRLF - Windows
CR - Classic Mac OS
LF - Unix and macOS

> 설정

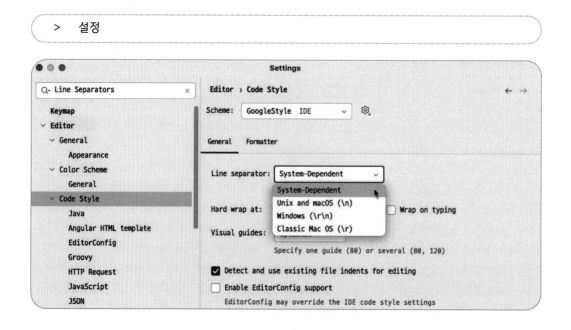

< 프로젝트 관리 >

의식하지 않아도 큰 문제가 없던 이유는 인텔리제이가 사용자의 시스템(System-Dependent)에 맞추어 자동으로 Line Separator (라인 구분)을 처리하고 있기 때문이다.

오픈된 파일이 CR, LF 간 문제가 있다면 인코딩 변경 후 저장한 후, 하단에서 정상적으로 변경되었는지 확인하자.

> 파일을 열었을 때, 에디터 창의 하단에서 마우스 클릭으로 간단히 선택할 수 있다.

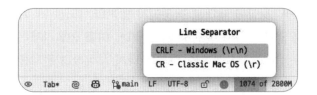

> Tip : IDE는 기본적으로 편집 대상 파일의 EoL(End of Line) 설정을 갖고 있다. 이클립스는 Workspace 설정에 New Text File Line Delimiter라는 이름으로 설정하며, VS Code는 화면 하단 상태바에 표시된 옵션으로 CRLF 설정을 변경할 수 있다. 새로 접하는 IDE가 있다면 확인해보자.

> Tip : CR/LF가 문제가 되는 경우는 윈도우 사용자와 리눅스/맥 사용자간 서로 다른 CRLF 상태에서 VCS (Git)을 통해 코드가 공유될 때 생긴다. 리포지토리에 저장된 코드가 서로 다른 개행문자를 갖게 되면 해당 코드의 모든 부분에서 변경점이 있다고 판단되어 전체 코드가 실체없는 변경이 일어났다는 결과를 받게 된다.

어느 한쪽이 상대 OS에 맞춰 CRLF를 맞추는 것도 방법이지만, 현실적으로는 VCS의 설정을 조금 변경하여 CRLF가 서로 달라도 자동으로 줄바꿈 코드를 인식하는 방법을 추천한다. Git를 처음 설치할 때, CRLF 처리 방식에 대해 설정하겠지만, 혹여 놓쳐 설정하지 않았더라도 다음 명령어를 통해 자동으로 처리하도록 설정할 수 있다.

git config --global core.eol lf

git config --global core.autocrlf input

캐시 지우기, 초기화

인텔리제이는 내부적으로 빠른 코드 검색과 자동완성을 위한 캐시와 프로젝트의 빠른 빌드를 위한 캐시를 사용한다. 아울러 플러그인과 확장 기능을 사용할 때 캐시를 사용하여 빠른 성능을 이끌어낸다. VCS 기능을 이용할 때 많은 파일을 관리하게 되는데, 캐시를 통해 빠른 동작을 보장한다.

간혹 캐시 적용이 제대로 작동되지 않아 변경사항이 제대로 적용되지 않거나, Import 가 제대로 동작하지 않거나, 빌드에서 의도치 않은 오류가 발생할 때가 있다. 이때 인텔리제이 캐시를 삭제(File > Invalidate Caches)하고 재시작하면 캐시를 다시 시작하며 문제를 해결할 수 있다.

> Invalidate Caches 메뉴

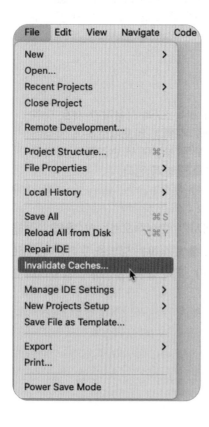

단순히 재시작하는 기능의 버튼과 시스템 캐시와 로컬히스토리를 지우눈 옵션, VCS 캐시와 인덱스를 삭제하는 옵션이 있다. 공유 인덱스를 재사용하는 옵션이나 내장 브라우저의 캐시와 쿠키를 삭제하는 옵션은 생긴 기능으로 필요한 경우 선택한다.

< 프로젝트 관리 >

> Invalidate Caches 메뉴

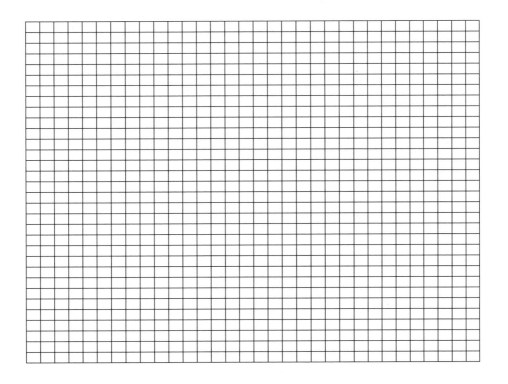

Invalidate Caches

Remove caches and indexes for all projects. New caches will be built when you reopen the projects.

Optional:

☐ Clear file system cache and Local History

☐ Clear VCS Log caches and indexes

☐ Mark downloaded shared indexes as broken

    Download fresh shared indexes if they are available. Otherwise, indexes will be re-built locally.

☐ Delete embedded browser engine cache and cookies

    Affects components that use an embedded browser to render HTML-based content and web pages.

(?) Just restart   Cancel   Invalidate and Restart

Tip : 캐시 삭제 메뉴에서 이전에는 단순히 재시작, 캐시 삭제 후 재시작 옵션을 선택할 수 있었으나, 지속적인 버전업그레이드를 통해 많은 옵션을 선택할 수 있도록 발전하고 있다. 다만, 모든 캐시를 삭제하면 다시 캐시를 빌드하는데 오랜 시간이 소요될 수 있으므로, 필요한 항목만 선택하는 것을 추천한다.

마이그레이션

어느 IDE라도 기본은 자바 프로젝트를 프로그래밍하고 실행하고 테스트하고 디버깅하는 기능은 동일하기에 마이그레이션을 수행하는데 어떤 문제도 없다. 그러나 IDE 간에 서로 다른 사용자 인터페이스나 컴파일 과정, 단축키나 바로가기, 프로젝트의 구성 방법처럼 차이점이 분명한 부분도 있다.

인텔리제이와 이클립스 상호 간 프로젝트를 마이그레이션하는 방법을 알아본다. 사실, 이클립스 프로젝트 뿐 아니라, 어떤 IDE든 자바 프로젝트라면 얼마든지 마이그레이션 할 수 있다.

이클립스에서 인텔리제이로

이클립스에서 인텔리제이로 마이그레이션을 할 때, 가장 먼저 알아야 할 점은 이클립스에서의 프로젝트 하나는 인텔리제이 프로젝트 하나에 대응한다는 점이다. 즉, 한 번에 하나의 프로젝트만 가져올 수 있다.
여기서 잠시 용어 정리가 필요한데, 굳이 하나의 프로젝트를 하나의 프로젝트로 가져올 수 있다는 조건은 이클립스의 프로젝트와 인텔리제이의 프로젝트가 동일 단어이지만, 스코프가 다르기 때문이다.

이클립스에서 전달 받았다면, 인텔리제이 메뉴에서 File > New > Project From Existing Sources 를 선택하여 프로젝트의 경로를 선택한다. 빌드 도구의 설정 파일인 pom.xml, build.gradle이 존재한다면 해당 파일을 우선 선택한다.

> 프로그램 소스가 저장되어 있는 곳의 내용을 통해 프로젝트를 시작하는 방법

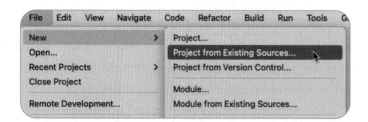

< 마이그레이션 >

프로젝트 폴더를 선택하여 오픈을 하면 해당 경로를 루트로 하는 프로젝트를 생성할지, 기존의 프로젝트의 정보를 확인하여 오픈할지 선택하는 창이 열린다. 이클립스로 구성되어 있던 프로젝트이므로 Eclipse를 선택하고 열게 되면, 이클립스의 설정 파일을 기반으로 인텔리제이의 기능에 맞게 프로젝트를 로드한다.

> 압축이 풀린 프로젝트 폴더의 루트

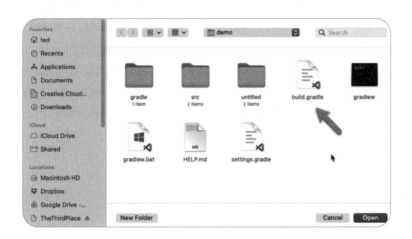

'빌드 도구로 시작하기'와 Spring Initializr 설명에서 언급한대로 에서 이미 설명한 것처럼, 빌드 도구 Gradle의 설정파일인 build.gradle 혹은 Maven의 pom.xml 파일을 직접 선택하는 것을 추천한다.

인텔리제이는 프로젝트 루트 경로가 확정되고 로드가 시작되면, 해당 경로에 있는 설정파일을 찾아 해당 기능을 적용시킬 것인지를 사용자에게 묻는다. 미처 빌드 도구 선택을 놓치더라도 설정파일을 인식하는 순간 사용자에게 묻게되니 뒷일은 인텔리제이에게 맡기고 인텔리제이와 이클립스의 가장 큰 차이점에 대해 알아보자.

인텔리제이는 이클립스의 퍼스펙티브 (Perspective, 관점) 기능이 없다. 이클립스에서는 작업 유형에 따라 화면의 레이아웃을 자유롭게 변경하고, 플러그인이 사용이나 디버깅 활동시 개별 퍼스펙티브로 특정 기능을 수행하지만, 인텔리제이는 레이아웃을 별도로 전환하지 않고, 필요한 도구 또는 윈도우를 자동으로 불러온다.

이클립스와 또 다른 차이점은 인텔리제이에는 별도의 저장 버튼이 없다는 것이다. 또한 당연할 수 있지만, 이클립스와 인텔리제이의 단축키는 서로 다르기에 별도로 외워 사용해야 한다.

인텔리제이에 이클립스 단축키를 매핑하여 사용할 수 있는 키맵이 존재하지만, 결코 추천하지 않는다. 이클립스의 단축키가 익숙하더라도 인텔리제이에서 각각의 키에 대응하는 기능의 단축키를 외우길 추천한다. 나중에 오히려 더 혼란스러워 단축키를 3번 외워야 하는 혼돈을 맞이하게 된다. 정확히 1:1 매치가 되는 것도 아니기 때문에 오히려 더 많은 노력이 필요하다. 먼저 경험한 사용자의 조언이다.

자동 완성 기능이 이클립스에서 하나의 기능으로 존재했다면, 인텔리제이에서는 3가지 방법이 존재한다. 우선 이클립스 자동완성과 유사한 기본 완성 기능 《 Ctrl + Space 》과 타입 매칭 코드 자동완성 기능 《 Ctrl + Shift + Space 》, 명세 완성 혹은 문장 완성 기능 《 Ctrl + Shift + Enter :: Cmd + Shift + Enter 》 기능이 있다. 이외에도 Context Action 《 Alt + Enter :: Opt + Enter 》 퀵픽스 기능으로 다방면의 자동 완성 기능을 지원한다. 그 외 템플릿, 코드 스타일, VCS, 빌드도구의 사용법과 같이 이클립스와는 다른 사용방법을 통해 프로젝트를 구동하게 된다.

> 용어 비교

Eclipse	IntelliJ IDEA
Workspace	Project
Project	Module
Facet	Facet
Library	Library
JRE	SDK
Classpath variable	Path variable

< 마이그레이션 >

워크스페이스와 프로젝트, 프로젝트와 모듈의 관계와 오해

> 인텔리제이의 프로젝트

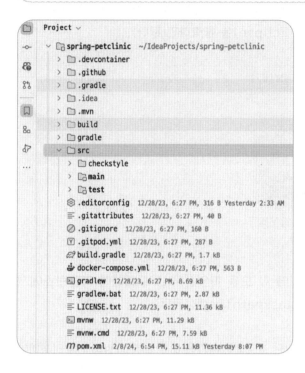

그렇다고 아예 방법이 아예 없는 것은 아니다. 인텔리제이에서 빈 프로젝트를 생성한 후, 각각의 이클립스 프로젝트(인텔리제이에서는 단일 프로젝트 개념)를 일일이 모듈로 추가하는 방식이다. 굳이 필요하다면 할 수 있으나 추천하지는 않는다.

> 이클립스의 프로젝트 상위 워크 스페이스 / 밑에 프로젝트

이클립스에서는 워크스페이스라는 상위 개념을 통해 여러 프로젝트를 한 번에 오픈하고 관리하는 체계가 있다. 그렇기에 인텔리제이에서의 프로젝트를 이클립스의 워크스페이스와 동일하게 묶는 설명이 주를 이룬다. 그러나 따지고 들어가보면 인텔리제이에는 이클립스의 워크스페이스처럼 여러 프로젝트를 묶어 한 번에 오픈하는 개념은 없다고 보는 것이 맞다.

인텔리제이에서 이클립스로

인텔리제이 프로젝트를 이클립스로 마이그레이션을 할 때는 생각보다 간단히 해결된다.
메뉴에서 [File > Export > Project to Eclipse]를 클릭하면 된다.

> 인텔리제이에서 이클립스 프로젝트로 내보내기

콘텐츠 루트를 포함하여 모듈의 디렉토리에 각 모듈 파일(.iml)에 대하여 이클립스에서
환경설정 파일로 사용되는 (.project , .classpath)가 생성된다.

인텔리제이 계정에 로그인을 하면 에서 관리되던 프로젝트이기에 내부 설정 파일이 인텔리제이에
맞게 구성되어 있으므로, 파일 내용으로 보면 자바 프로젝트 모듈 형식으로 출력하게 된다.
이클립스에 호환되는 설정을 자동으로 생성할 수 있는 옵션으로 Convert selected modules
into Eclipse-compatible format이라는 전환 옵션을 제공한다. Export non-module
libraries는 외부 라이브러리를 사용한 경우, 해당 경로를 이클립스에서 사용할 수 있도록
하는 구성 파일(*.userlibraries)을 만들어 주는 역할을 한다. 저장 경로를 지정하면 해당
경로에 저장된다.

Tip : 여러 콘텐츠 루트가 있는 모듈은 마이그레이션 불가하다.

사실 이 모든 마이그레이션의 수월함은 Eclipse Interoperability라는 플러그인 덕분에
수행되는 고마운 기능이다. 설치를 해야 하거나 특별한 설정을 하지 않아도 구동되는 멋진 번들
플러그인이다. 일부러 비활성화해두지 않았다면 말이다. 인텔리제이는 사용자가 알아차리지
못해도 후방에서 든든하게 지원하는 기능이 많아 본인이 인텔리제이를 사용하는 가장 큰 이유
중 하나이다. 든든한 믿음을 준다.

< 마이그레이션 >

Tip : 동일 프로젝트를 이클립스와 인텔리제이 사용자가 동시에 작업하는 경우, VCS 를 사용하면 대혼란이 발생하기도 한다. 특히 외부 라이브러리가 사용되거나 복잡한 모듈 상태일 때 그러하다. 인텔리제이는 iml 파일을 기반으로 모듈을 관리하지만, 이클립스와의 호환을 위해 .classpath 파일로 관리할 수 있다.

> Export to Eclipse

> 프로젝트 설정 창에서 모듈 디펜던시 옵션 창 하단 설정 파일 호환

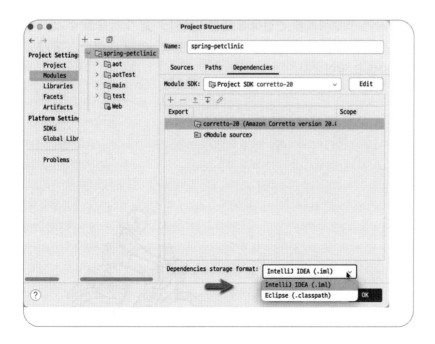

3라운드 정리

정리

인텔리제이에 포함된 데이터베이스 툴을 배우고, 반복되는 입력에 템플릿을 적용하는 방법을 배웠다. 아울러, 직접 코드를 작성하진 않지만 많은 도움을 주는 IDE의 기능으로 파일 비교 (diff) 기능과 북마크, 투두 패턴을 익혔다. 또한 인텔리제이 전체를 구동하지 않고도 에디터를 이용할 수 있는 라이트모드를 익혔다.

젯브레인사가 준비한 A.I.Assistant 기능이 도입되어 미리 살펴보는 과정을 거쳐 이제 프로그래밍에 협업 기능으로서의 가능성을 살펴 보았다. Github Copilot은 외부 기능이긴 하지만 포함했다.

코드를 작성하는 단계를 넘어 프로젝트를 관리할 때 생길 수 있는 문제와 해결방법, 설정 파일의 위치를 살펴보며, 문제가 생기는 경우에도 당황하지 않고 문제의 원인과 해결의 실마리를 찾을 수 있도록 했다. 자주 발생하여 시간을 많이 빼앗길 수 있는 인코딩과 개행문자, 캐시 문제는 가장 최신의 EAP 버전으로 해결책을 담아냈다.

이클립스를 사용하던 개발자가 프로젝트를 안전하게 인텔리제이로 옮겨 사용할 수 있도록 마이그레이션을 설명했고, 반대의 경우도 대응할 수 있도록 했다. 이제 라이선스 문제와 오프라인에서도 사용하는 방법을 알아보자.

< 라이선스에 관하여 >

라이선스에 관하여

> jetbrains.com 에서 로그인 버튼을 누르면 나오는 화면

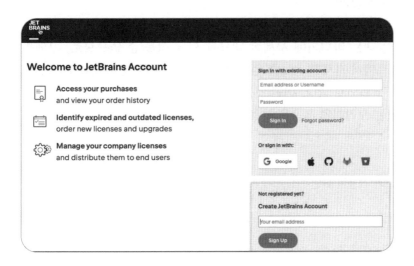

개인이 커뮤니티 에디션 사용에서 얼티밋 에디션 사용자로 업그레이드 하기 위해서는 먼저 젯브레인 홈페이지에서 간단한 회원 가입을 한다.

인텔리제이만을 선택할 수 있고, 필요하다면 젯브레인의 전체 패키지를 한 번에 구독하는 All Products Pack 옵션도 있다. 비용은 인텔리제이 단독 또는 전체 패키지에 따라 다르고 간혹 변경도 되니 공식 홈페이지를 참고하길 바란다. 다만, 할인 받을 수 있는 방법 몇 가지를 소개하고자 한다.

첫 번째는 환율이다. 달러로 구입하게 되기 때문에 단순히 환율의 차이만으로도 할인 효과가 있다. 1400원에 가까울 때와 1200원에 가까울 때의 차이는 의외로 크다.

두번 째는 연단위 구독이다. 매월 구독은 12개월 구독료를 내야 하지만, 연 구독은 10개월치 가격으로 12개월 사용을 보장한다. 또한 연 구독을 이어간다면, 2년차에는 20 % 할인, 3년차 이후부터는 40%를 재구독 할인이라는 이름으로 보장한다. 처음 한 번은 부담될 수 있으나, 3년차 부터는 부담을 덜 수 있다.

세번 째는 Fallback License로 월 구독 혹은 연 구독으로 1년(12개월) 이상 라이선스를 유지한 경우, 영구 라이선스를 부여 받을 수 있게 되는데, 구독 만료 시점까지 출시된 최종 버전을 구독을 유지하지 않아도 그 이후에도 영구적으로 사용할 수 있는 것을 말한다.

12개월 이상 유지한 상태라면 구독을 만료한 시점까지 출시된 버전 중 가장 최신의 버전이 자신의 영구 라이선스 권한 (폴백 라이선스)이므로 구독을 연장하지 않아도 계속 해당 버전을 사용할 수 있다. 다만, 새로 출시되는 플러그인과 호환되지 않거나 구 버전의 플러그인을 사용해야 하는 경우가 생길 수 있다. 참고로, 구독 만료가 되었더라도 폴백 라이선스가 있다면, 마이너버전은 업그레이드를 지원한다.

젯브레인 프로모션을 위한 책은 아니기에 자세한 내용을 모두 적을 순 없으므로, 구매를 고민한다면 젯브레인 사이트에서 자세한 정보를 얻기 바란다. 대표적인 학생 100 % 할인과 그 외 무료 또는 할인 기회가 의외로 많다. 어떤 것을 사용하는가는 개인의 선택이므로, 우선 30일 무료로 이용할 수 있는 트라이얼 제공을 사용해보자.

> 인텔리제이 라이선스가 적용된 화면

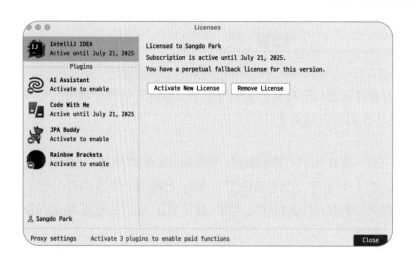

구매 후, 인텔리제이를 실행한 후, 메뉴에서 Help > Register를 통해 등록하면 바로 얼티밋 기능을 사용할 수 있다. 개인용도가 아닌 기업 용도의 라이선스 및 조직원 등록/해제 기능에 대한 내용은 기업 내 라이선스 담당자가 시트 단위로 직접 젯브레인 홈페이지를 이용하여 관리한다.

< 라이선스에 관하여 >

오프라인으로 작업

인텔리제이는 온라인을 통해 사용자의 라이선스 여부를 체크하게 되는데, 온라인이 아닌 상태에서 사용자의 라이선스를 입력하여 활성화 하거나 유지해야 하는 경우 별도의 조치가 필요하다.

> 사용자 계정에서 라이선스 입력을 위한 오프라인 활성화 코드를 다운로드 받을 수 있다.

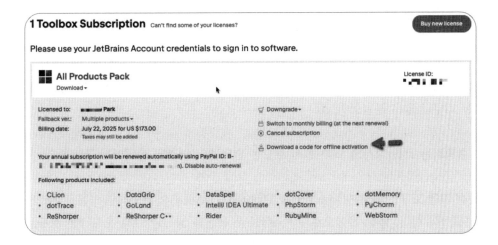

사용자 계정에 로그인을 하면 보유한 라이선스를 오프라인 활성화 코드로 다운로드 받을 수 있는 메뉴가 나타난다. 해당 코드를 사용하고자 하는 제품의 Regist 화면에서 입력하면 활성화 된다.

온라인으로 작업해야 하는 이유

인텔리제이는 인터넷 온라인을 통해 많은 기능을 지원하고, 활용한다. 그 중 대표적인 사례를 소개하며 가능하다면 온라인을 유지하는 것을 권장한다. 라이선스 유지 및 활성화는 기본이다.

먼저 업데이트다. 모든 프로그램이 그러하듯 지금까지 알려진 모든 오류나 문제를 해결한 버전으로 구동될 수 있도록 하는 업데이트가 온라인으로 제공된다. 젯브레인 툴박스를 사용하면 무려 자동으로 업데이트가 수행된다.

다음으로는 플러그인 사용이다. 플러그인이 온라인으로 제공된다. 필요할 때 언제든 마켓플레이스에서 검색하고 기존의 플러그인은 업데이트가 되는 잇점이 있다. 이를 오프라인에서 활용하기에는 너무나 많은 불편함이 있다.

온라인으로 수행되는 코드 검사와 외부 문서 로드는 인터넷이 연결된 상태에서 가능하다.

빌드 및 의존성 지원 도구인 메이븐(Maven)과 그레이들(Gradle)의 효과적인 사용은 온라인 유지가 담보되어야 한다. 물론 옵션으로 - - offline 옵션을 넣으면 로컬 오프라인 모드로 작동될 수 있다. (찾을 수 없는 항목은 리포팅 한다.)

< 전체 마무리 >

전체 마무리

추가로 정보 얻기

여기까지 함께 한 독자라면 인텔리제이를 활용하는 가운데 어떤 기능이 필요하거나 새로 도입되는 기능도 쉽게 찾고 자유롭게 이용할 수 있는 수준이 되었으리라 기대한다. 인텔리제이 사용자가 되어 동시에 커뮤니티를 활용하며 많은 내용을 익히고 나누고 성장할 수 있다면 저자와 독자가 책에 쏟은 시간이 보다 가치를 가질 것으로 생각한다.

젯브레인 유튜브 채널
https://www.youtube.com/@JetBrainsTV

젯브레인 인텔리제이 유튜브 채널
https://www.youtube.com/@intellijidea

JetBrains Korea User Group 페이스북 그룹
https://www.facebook.com/groups/1821879151380372

저자가 운영하는 '개발라디오 PSD' (개발 이야기 라디오 방송) 유튜브 채널
https://www.youtube.com/@parksangdonews

Give me six hours to chop down a tree
and I will spend the first four sharpening the axe.

- Abraham Lincoln -

6시간 동안 나무를 베라고 한다면
처음 4시간을 도끼날을 가는 데 할애할 것이라는 이야기에서
준비의 중요성과 작업 수행 전 필요한 도구를 단단히 갖추는 일이
중요한 가치임을 알게 됩니다.

이 책을 완독한 개발자는 '도끼날을 가는 시간'을 통해
능력을 강화하고 전문성을 한 단계 끌어올리는 기회였기 바랍니다.
오늘도 내일도 개발자로서 성장하고 발전하기를 바랍니다.

시작부터 마지막 페이지까지 빈 휴식 공간을 채운 바둑판을 통해
영혼을 불태우는 진검승부로 오목게임을 즐기시고
게임 장면 또는 인증샷을 책의 표지에 적힌 이메일이나 SNS를 통해 전해주시면
인텔리제이의 새 소식과 이슈, 팁, 책에 미처 담지 못한 기능과
개발자에게 필요한 많은 것을 담은 뉴스 레터로 보답하겠습니다.

개발자가 직접 글을 쓰고 책으로 편집하여 처음 세상에 내놓았습니다.
전문 출판 편집자의 손을 거치지 않아 세련되지 않고 거칠지만
부족한 부분이 있거나 잘못된 부분은 메일을 통해 알려주시면
더 날카롭고 단단한 개정판 도끼로 세상에 내놓겠습니다.

다음 크리스마스에는 또 다른 책으로 오목게임을 하는 멋진 날을 기대하며..

모든 완독자님. 감사합니다.